ullstein

Achiltibuie mit Free Church

Das Buch

Seit beinahe vierzig Jahren lebt Reiner Luyken in Schottland. Sein winziges Dorf Achiltibuie ist in vielerlei Hinsicht typisch für das Land: Die Einwohner trinken gerne Whisky und einen giftorangenen Saft namens Irn-Bru, der angeblich aus Eisenträgern hergestellt wird. Beste Freunde werden in ihrer Abwesenheit schon mal wohlwollend als Vollarsch bezeichnet. Wer sich der ausgefeilten Wink-Etikette verweigert, fällt schnell in Ungnade. Und die Familie geht über alles, weswegen seine Frau Sheileagh auch heute noch niemandem mit dem Namen Campbell über den Weg traut. Reiner Luyken unternimmt unterhaltsame Streifzüge durch Schottlands historische, politische und kulturelle Landschaft. Ein humor- und liebevoller Blick auf schottische Marotten.

Der Autor

Reiner Luyken, geboren 1951 in Starnberg, schreibt als Auslandskorrespondent für *DIE ZEIT*. Nach einer Lehre als Cembalo- und Orgelbauer arbeitete er als Zimmerer und Fernfahrer. 1978 wanderte er nach Schottland aus, wo er sich als Lachs- und Langustenfischer verdingte. Für seine Reportagen wurde er mehrfach ausgezeichnet.

9,99

REINER LUYKEN

SCHOTTEN DICHT

Nachrichten
aus Schottland und Achiltibuie

Ullstein

Besuchen Sie uns im Internet:
www.ullstein-taschenbuch.de

FSC
www.fsc.org
MIX
Papier aus verantwortungsvollen Quellen
FSC® C083411

Originalausgabe im Ullstein Taschenbuch
1. Auflage August 2015
3. Auflage 2016

Umschlaggestaltung: ZERO Werbeagentur, München
Titelabbildung: FinePic®, München
Satz: KompetenzCenter, Mönchengladbach
Gesetzt aus der Berkeley Oldstyle Std
Druck und Bindearbeiten: CPI books GmbH, Leck
Printed in Germany
ISBN 978-3-548-37578-6

Oh meine Distel, tapfre schottische Distel!
Die Blume, die der stolze Adler grüßt aus der Höh',
Wenn seine Schwingen die Sterne decken.
Oh meine Distel, tapfre schottische Distel!
Die Blume, die lachend dem Sturme trotzt,
in dessen wütender Wucht sie ergrünt.
Rüstige Herzen, bluten werden wir in deinem Namen,
Oh Distel, meine tapfre schottische Distel!

Nach Alexander MacLagan, 1811–1879

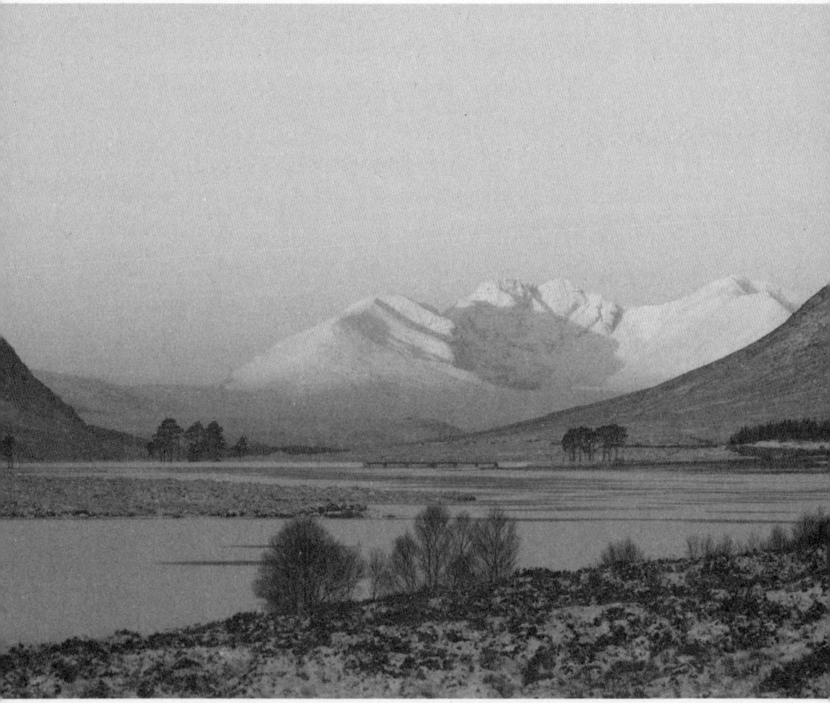

Die Straße über die Berge

Das irdische Paradies

Der Sturm peitscht graue Wolkenberge über den Himmel. Böen reißen die Gischt von Wellenkämmen, sie zerren Seeschaum über die winterbraune Heide. Im Rückspiegel meines achtzehn Jahre alten und dementsprechend zerbeulten Pick-up entdecke ich Ali Post in seinem mit einer königlichen Krone verzierten roten Lieferauto. Mit vollem Namen heißt er Alistair MacLeod, aber er wird Ali Post genannt, weil er die Post bringt. So wie Phil unter dem Zweitnamen »die Tonne« firmiert, nicht, weil er dick wie eine Tonne wäre, was er nicht ist, sondern weil er einmal bei der Müllabfuhr arbeitete, so wie unser Nachbar Kenny unter dem Namen »Ken the Bread« läuft, weil er als junger Mann gerne Nachbarn besuchte, wenn die Suppe aufgetischt wurde. Unser örtliches Telefonbuch ist ziemlich nutzlos, mit Nachnamen heißen die meisten Bewohner Achiltibuies MacLeod oder MacKenzie, und die Vornamen beschränken sich im Wesentlichen auf Alistair, Murdo und Kenny. Eigentlich bräuchten wir ein Telefonbuch mit Spitznamen. Da fände man dann unter B neben »Bin« für Tonne und »Bread« die Eintragungen »Babba«, »Boglie«, »Boisie« und »Bollocks« sowie unter P Nummern für »Pest« und »Post«.

Auf seiner durch mehrere Teepausen und endlose Schwätze gestreckten, achtstündigen Runde verteilt Ali

Post Briefe an sage und schreibe achtzig Adressen in den fünf Weilern unserer Halbinsel. Heute steuert er zur falschen Zeit in die falsche Richtung. Ich bugsiere mein Gefährt in eine Ausweichbucht, um ihn vorbeizulassen. Er winkt mir fröhlich zu, wie Postbote Pat in Greendale. Das ist ungewöhnlich. Normalerweise blickt er eher bärbeißig drein. Aber heute ist der letzte Tag des Jahres. Da gelten andere Regeln.

Eigentlich wollte ich ihn immer schon mal fragen, wie er sich in seinem mit dem Emblem des großbritischen Reichs geschmückten Gefährt fühlt. Ich habe es mich nie getraut. Er ist eingeschworener schottischer Nationalist. Andererseits ist die Royal Mail eine dem Königshaus in ihrer Beständigkeit gleichwertige und an universaler Respektbezeugung sogar überlegene Institution. Als Postbote zehrt Ali davon. Er ist gewissermaßen die Säule, auf der das Wohl unserer Gemeinde ruht. Er sitzt seit Menschengedenken dem Gemeinderat vor, und er wird auch so lange Vorsitzender bleiben, bis er aus freien Stücken zurücktritt. Ihm mit einer schwierigen Frage auf den Leib zu rücken, wäre fast so schlimm, wie der Queen ein faules Ei an den Kopf zu werfen. Vermutlich denkt er nach den vielen Jahren, die er seinen kronengeschmückten Dienstwagen über unsere Halbinsel chauffiert, gar nicht mehr darüber nach. Vielleicht ist er insgeheim sogar stolz auf das Emblem. Viel schlimmer wäre es, wenn er auf einmal kein kleines rotes Auto mit dem feudalen Wappen mehr hätte, sondern ein von Thrifty Car Hire ausgeliehenes, charakterloses Nullachtfünfzehngefährt. Anderswo sieht man das schon. So viel hat sich anderswo schon geändert. Wer weiß, wann es auch unserem Postboten an den Kragen geht.

Achiltibuie ist ein glücklicher Ort, eine glückliche kleine Gemeinde. Jeder versteht sich mit jedem. Alle verfolgen einen gemeinsamen Lebenszweck. Es gibt keine Hast und keine Hetze. Die Menschen haben Zeit füreinander. Sie erzählen sich lustige Geschichten. Sie treffen sich zu *Cèilidhs* und entlocken ihren Harfen und Violinen in gemeinsamer Anstrengung zugegebenermaßen oft kratzige, aber von Herzen kommende Weisen. Wenn Not am Mann ist, helfen sie einander. Jeder unterstützt jeden. Früher bekriegten sich die Clans, heute ziehen sie alle an einem Strang. Die Gemeinde ist eine irdische Verwirklichung des alten Menschheitstraums ewigen Friedens.

Deshalb ist Achiltibuie natürlich ein sehr langweiliger Ort. Wenn alle Menschen zufrieden sind, geht ihnen die Kurzweil aus. Denn besteht unser Lebenszweck nicht darin, dass unsere Nachbarn sich über uns lustig machen, und wir unsererseits unsere Nachbarn verspotten? Oder ist diese von Vater Bennet in Jane Austens Roman *Stolz und Vorurteil* geäußerte Einsicht zu bissig, zu »englisch«? Eine aufrechte Bürgerin von Achiltibuie wies sie entrüstet von sich, als meine traute Frau ihr diese Weisheit einmal ans Herz legte.

Achiltibuie ist von Grund auf schottisch. Ist nicht ganz Schottland ein glückliches Land, ein gesegneter Flecken auf dieser Erde? In gewisser Hinsicht ist Achiltibuie sogar noch schottischer als Schottland. In diesem kleinen, abgelegenen Ort wohnt die Seele der Nation. Jeder, der hier wohnt, weiß, wovon ich rede. Sogar viele Besucher, die dem Dorf in von patriotischen Herzgefühlen beschwingter Laune ihre touristische Aufwartung machen, hegen keinen Zweifel an dieser Sonderstellung.

Aber da Achiltibuie nun einmal eine derart glückliche und deshalb wenig kurzweilige Gemeinde ist, müssen wir die Seiten dieses Buches mit Erfundenem füllen. Manche Vorkommnisse sind wahr, andere sind halb wahr, aber die meisten entspringen meiner Einbildung. Die Erzählung schöpft aus einem Fundus an Fantasie und Übertreibung. Zwar hätte die Wirklichkeit sich genauso abspielen können, wie sie dargestellt ist. Aber alles hätte auch ganz anders kommen können. Wer weiß das schon?

Manche Personen sind völlig frei erfunden, andere ähneln lebenden Charakteren. Das hat mit dem Inhalt dieses Buches zu tun. Es geht um die Schotten ganz allgemein, und wie jedes Volk haben Schotten Macken und Flausen, die im Individuum ihren Ausdruck finden. Ich bin mir auch gar nicht so sicher, ob der Erzähler real oder fiktiv ist. Vermutlich ist er mein Alter Ego, ein zweites Ich. Dieses Ich könnte man als einen etwas naiven Spross einer Generation beschreiben, der sich im deutschen Schicksalsjahr 1968 zum Entsetzen seiner Eltern das Haar lang wachsen ließ, an Schulungen der Marxistischen Gruppe München teilnahm und, anstatt zu studieren, in den Stand der Arbeiterklasse überwechselte und an die internationale oder zumindest europäische Bruderschaft der Menschen glaubte, in der nichts den Schotten vom Deutschen und den Gälen vom Bayern unterschied. Man könnte dieses Ich auch als einen Hans Castorp des ausgehenden 20. Jahrhunderts beschreiben, der seinen Zauberberg nicht in den Schweizer Alpen, sondern seit seinem persönlichen Schicksalsjahr 1978 im schottischen Hochland sucht. Ein mittelmäßig begabter Mensch klassisch-bürgerlicher Bildung also, hin- und hergerissen zwischen humanistischen Idealen und radikaler Ideologie.

Wie jede Erzählung gewinnt also auch diese ihr Leben nicht aus Objektivität, sondern aus einer Mischung von Vorstellung und Überspitzung. Wir wollen ihren Fortgang dem Leser in Form von Vignetten, Skizzen und Karikaturen darbieten, nicht wie einen im Lehm des Alltags steckenbleibenden Bericht. Deshalb wäre es völlig müßig, Achiltibuie aufzusuchen in der Hoffnung, den Ort so vorzufinden, wie er hier beschrieben wird.

Er könnte nämlich auch ganz anders heißen. Killochyett oder Auchtermuchty, Muldoanich, Stromness oder Coill' an Fhoghnain. Vielleicht wäre Coill' an Fhoghnain ein viel treffenderer Name. Achiltibuie ist Gälisch und bedeutet, »Die Weide des blonden Jünglings«, womit man ja nicht viel anfangen kann, es sei denn, man erblickt in dem blonden Jüngling einen Urengel des irdischen Paradieses. Coill' an Fhoghnain heißt auf Deutsch »Distelhain«. Die Distel ist Schottlands Nationalblume. Aber es scheint kein Dorf dieses Namens zu geben, sonst hätte ich den Ort des Geschehens so genannt. Der einzige Verweis auf einen solchen Ort findet sich in einem Gedicht des Versschmieds John Scott, der reimte: »Versäume nicht, der Distel stolzes Haupt / zu kürzen, eh sie ihren Flaum verstreuet / Der leichte Flaum vom Wind umher gehaucht / wird sonst empor zum Distelwalde schießen.«

Wir müssen also mit Achiltibuie vorliebnehmen, das auch Auchtermuchty oder Muldoanich heißen könnte und hinter hohen Bergen auf einer abgelegenen Halbinsel liegt. Die ragt in ein Meer, welches die alten Gälen je nach Laune An Cuan Sgìth, Cuan na Hearadh oder An Cuan Leòdhasach nannten, und dem marodierende Wikinger, die das Land der Gälen im Jahr 800 heimsuchten, den Namen Skotlandsfjörð gaben. Die Seestraße trennt das Festland von den Äußeren Hebriden. Die Halbinsel liegt auf demselben Grad nördlicher Breite wie das südliche Norwegen im Osten und die Südspitze Grönlands im Westen. Im Sommer ist es fast rund um die Uhr hell, aber die Winternächte sind, um eine Metapher des walisischen Dichters Dylan Thomas zu borgen, *bible black* – schwarz wie eine in einem abgegriffenen Samteinschlag steckende Bibel.

Auf der Fahrt hierher in einer solchen Winternacht könnte man meinen, das Monster von Loch Ness, das ich eigentlich nicht erwähnen wollte, habe einen verschluckt und wieder ausgespien. Hier und da hebt ein grasender Hirsch den Kopf und glotzt ins Scheinwerferlicht, bevor er sich quer über die Straße davontrollt. Der Mond lugt kurz zwischen dunkel dräuenden Wolken hervor. In seinem Licht zeichnen sich die Umrisse schneebedeckter Berge ab. Dann hämmert ein Hagelsturm gegen die Windschutzscheibe. Aus der eben noch romantisch anmutenden Einöde wird eine bedrohliche Natur, in der mein unverwüstlicher Pick-up seinen Dienst vor allem als Trutzburg gegen die Außenwelt versieht. Ich bin mir nicht so sicher, ob das vor achtzehn Jahren von der mittlerweile aufgelösten Firma IBC Vehicles Ltd. im englischen Luton zusammengeschraubte Gefährt wirklich so unverwüstlich ist, wie ich es mir einrede. Ich bleibe stehen, die Scheibenwischer sind nicht mehr imstande, ein Sichtloch freizuschaufeln. Währenddessen verwirrt sich die auf Landkarten eingezeichnete Geografie; sie weicht einer wirklichen Fantasiewelt, die man auch als eine fantastische Wirklichkeit beschreiben könnte.

Ebenso plötzlich, wie der Hagelsturm hereingebrochen ist, zieht er vorüber. Der Mond reißt wieder ein Loch in die wild dahintreibenden Wolkenhaufen. Nach jähen Bergauf- und Talabfahrten steht ein Schild mit dem Namen des Sehnsuchtsorts am Straßenrand. Endlose Meilen windet sich nun ein einspuriges Sträßchen engkurvig an Bergrücken entlang. Gelegentlich glitzern langgestreckte Seen im Mondleuchten auf. Die Straße scheint kein Ende zu nehmen. Kein Wunder, dass die alte *Lang Scots Mile* 1,8 und nicht wie die Englische Meile 1,6 Kilometer maß. Jetzt existiert diese nur noch in der Royal Mile in Edinburgh, der Hauptstraße vom königlichen Schloss weit unten durch die Altstadt zur Burg hoch oben.

Am Straßenrand steht ein blaues Schild, das Motoristen ungemein höflich ermahnt, »Bitte benutzen Sie die Ausweichplätze, um schnelleren Verkehr überholen zu lassen«. Es scheint ziemlich überflüssig. Es gibt weder schnelleren noch langsameren noch Gegenverkehr. Zumindest um diese Jahres- und Nachtzeit. Nur Dunkelheit und wieder ein Hagelschauer. An einer Weggabelung neigt sich ein Sträßchen nach rechts zum Meer. Hier unten brennt ein einsames Licht in einem einsamen Haus. Es brennt immer. Bei Tageslicht betrachtet, ist das Haus ein langgestreckter, einstöckiger Bau mit zwei Speichergaupen im Schieferdach und einem modernen Glasvorbau. Es wird in unserer Geschichte eine wichtige Rolle spielen. Jetzt wollen wir den Bewohner, der sich selbst nur P. nennt, einen ergrauten, stoppelbärtigen Junggesellen, erst einmal in Ruhe lassen. Er hat immer »zu tun«.

An dem letzten Tag des Jahres, an dem diese Geschichte beginnt, steuert Ali Post sein rotes Postautomobil zu einem Uferstreifen vor dem langgestreckten Haus, der freilaufenden Schafen als Weide und im Sommer Touristen gelegentlich als Lustwiese zum Sonne-auf-den-Bauch-scheinen-Lassen dient, aber meistens, um in Goretex-Jacken verpackt dem Wind die Stirne zu bieten. Unser Postbote parkt sein Gefährt vor einer aus Natursteinen erbauten Schafhürde zwischen den Audis des ländlichen Mittelstandes und den Pick-ups der Bauern, die hier aus einem Grund, den wir später noch beleuchten müssen, *Crofter* heißen. Er öffnet die Tür, streckt seine Beine heraus und klettert in einen blauen Overall, den er mitgebracht hat, um seine Dienstuniform vor den Folgen einer pünktlich um ein Uhr beginnenden Schlammschlacht zu schützen. Das jährlich ausgetragene *Ba'Game*.

Ba'Game heißt »Ballspiel«. Der Name führt in die Irre. Spiel klingt nach Technik, Eleganz und Leichtigkeit. Das *Ba'Game* dreht sich vor allem um Entschlossenheit. Teilnehmer werden nicht nach sportlichen Fähigkeiten ausgewählt. Wer will, macht mit. Männer, Frauen, Amazonen, Wuchtbrummen, Kinder, Großväter, Bohnenstangen, Pummel, breitbeinige Fischer, o-beinige Schafhirten, Sprinter, Gewohnheitstrinker, Ehrgeizlinge und Fitnessfanatiker. In welchem Team, hängt vom Wohnsitz ab. Diejenigen, die landeinwärts im Schatten eines aus dem Meer in alpine Höhen aufsteigenden Bergmassivs wohnen, sind die Upenders, diejenigen, die in den verstreuten Weilern des zur offenen See hin abfallenden Moor- und Hügellandes der Halbinsel leben, nennen wir Downenders. Nur weil jeder jeden kennt, weiß man, wer in der bald schlammverschmierten Masse welcher Seite angehört.

Die Menschenherde rennt blindwütig einem eiförmigen Ball hinterher, sie stolpert und stürzt in einem Berg aus Leibern aufeinander, ein wildes Gedränge aus Armen, Beinen und erhitzten Körpern. Manche Beine stecken in Gummistiefeln und Jeans, andere in Bergstiefeln und Regenhosen, wieder andere in Sportschuhen, deren Träger ihre rote Haut besinnungslos den rohen Elementen feilbieten. Ich liege ganz unten in dem laokoonartigen Haufen und schnappe nach Luft. Mein dabei lädiertes Knie macht mir bis heute zu schaffen. Einem Erstickungsanfall nahe, passe ich den Ball in die Arme eines Gegners.

Die Wolken haben ihre Schleusen geöffnet, der Regen peitscht fast waagerecht über die Uferwiese, die zusehends einem Kriegsschauplatz nach einer Panzerschlacht gleicht. Hinter der Mauer des Pferchs hüpfen in Anoraks und Wollschals gehüllte, zum Warmhalten mit Whiskyflaschen ausgerüstete Zuschauer auf und ab. Die Upenders haben uns geschlagen, nein, auseinandergenommen, nein: gedemütigt. Nach neun Niederlagen hatten sie rugbyerfahrene Engländer und sogar einen Neuseeländer mit der fadenscheinigen Erklärung rekrutiert, sie seien »Freunde« und »junge Leute, die hier das Neujahr feiern«.

Ali Post verliert nicht gerne. Er verbirgt seinen Ärger hinter einem heiseren Lachen. Es entfährt ihm in kurzen Stößen. Man weiß nicht recht, ob er die Luft dabei ausstößt oder einzieht. Er macht eine freudlose Bemerkung über die »Bonglies«, die auf der gegnerischen Seite spielten. Sogar die englischen Mädels hatten uns fintenreich ausgetrickst. Ich nehme an, das ging ihm besonders auf den Keks. Ali Post erinnert mich oft an Alan »Breck« Stewart, den noblen und zugleich stocksturen Helden in Robert Louis Stevensons Roman *Kidnapped*, dem mehr als alles andere seine leicht gekränkte Eitelkeit zu schaffen macht. Zwar schätzt er bereitwillig den Mut seiner Mitmenschen, aber er bewundert diese Tugend am meisten bei sich selbst.

Einmal, das geht nun schon ganz zum Anfang unserer Erzählung zurück, die erst im zweiten Kapitel so richtig beginnen wird, einmal fühlte sich unser Alan »Breck« von mir bei einem Dartturnier gekränkt. Ich weiß bis heute nicht, warum. Ich beförderte die kleinen Pfeilchen ganz gewiss nicht besser ins Ziel als er. Ich versuchte auch gar nicht zu schummeln. Vielleicht bestand der alleinige Grund darin, dass die Natur mich ein Stück hat höher wachsen lassen als ihn. Jedenfalls wollte er mich vor dem Pub zu einem Kräftemessen herausfordern. Seine spätere Frau, eine sehr resolute und selbstbewusste Person, trat dazwischen und brachte ihn von seinem Vorhaben ab. Ich glaube, das hat er mir nie nachgesehen.

An dieser Stelle, bevor wir noch einmal kurz auf das *Ba'Game* eingehen, ereignet sich etwas, das für eine wenig romantische, eher vernunftsuchende Seele wie mich den Charakter Achiltibuies viel mehr widerspiegelt als das große Wort vom Schottischen. Ein Junge rast in Höllentempo auf einem knatternden Motorrad vorbei. Es ist kein gewöhnliches Motorrad. Er steht auf den Pedalen. Ihm bleibt gar nichts anderes übrig, als zu stehen. Sein Krad hat keinen Sitz. Es ist total illegal. Am Ende unserer Spielwiese biegt der Junge von der Straße ab und reitet seinen Feuerstuhl wie einen bockenden Bronco über das buckelige Moor.

Das Knattern verklingt. Zurück zum *Ba'Game*. Mein Sohn Lewis und sein Freund Neil, der mit Nachnamen wie so viele Schotten unserer Geschichte MacKenzie heißt und den Spitznamen Bell trägt – auf den wenig appetitlichen Grund dafür wollen wir nicht weiter eingehen –, führten es vor zehn Jahren nach einem Besuch auf den Orkneyinseln bei uns ein. Dort wird es seit Jahrhunderten am Neujahrstag in der Hafenstadt Kirkwall ausgetragen. Es gibt alle möglichen Legenden über seinen Ursprung, deren eine von abgeschlagenen Köpfen und einem aus Norwegen oder Dänemark stammenden Fürsten namens Hasenzahn handelt und deren zweite mit einem keltischen Helden namens Gawain zu tun hat. Bei einer dritten Version geht es um einen mittelalterlichen Streit zwischen dem Bischof von Kirkwall und dem Grafen der Inselgruppe. Vermutlich kam es den dortigen Upenders einfach einmal in den Sinn, den Downenders zu zeigen, wer mehr Mumm in den Knochen und mehr Schmalz in den Beinen hat.

Bei unserem ersten *Ba'Game* ging es besonders roh zu. Ein kräftiger Junge im Alter meiner Söhne und ich, eine nun doch schon eher den Gealterten zuzurechnende Bohnenstange, begruben einen superschnellen Upender unter uns, von dem später in dieser Geschichte mehr zu hören sein wird, bis eine Rippe knackste. Er nahm nie wieder an der Silvesterschlacht teil. Eine Upenderin versuchte, den Ball im Auto ins Ziel zu transportieren, bis ihr Gefährt mit wagemutigen Attacken zum Halten gezwungen wurde. Ein zierliches junges Mädchen namens Eilean ließ unseren

Freund Bell über ihre ihm entgegengestemmte Schulter durch die Luft segeln, dass er mit fliegendem Blondschopf voraus im Schlamm landete.

Wie sich das mit Achiltibuies himmlischem Frieden auf Erden verträgt?

Nun, vielleicht ist doch nicht alles Gold, was wie Messing glänzt. In den Folgejahren erlebte das »Spiel« seine Höhe- und Tiefpunkte. Es schien in den letzten Zügen zu liegen, als es einigen von gutbürgerlichen Mittelstandswerten durchdrungenen Upendern gelang, ihm ein sportliches Regelwerk überzustülpen. Bei diesem zehnten *Ba'Game* gewann Anarchie wieder die Oberhand. Trotz oder vielleicht gerade wegen der externen Winterfrischler auf Seiten der Gewinner.

Ali Post schlägt ganz gegen seine Gewohnheit ein ihm offeriertes Glas Whisky aus, er pellt sich samt seiner tadellosen Postbotenuniform aus dem erdverschmutzten Overall, verstaut ihn hinten in seinem Postbotenwagen und macht sich auf zum Rest seiner Runde. Uns treibt der Regensturm nach Hause. Auf dem Herd dampft ein Eintopf aus Kartoffeln, Zwiebeln und Hammelgulasch. *Stovies* heißt das schottische Mahl in Schottland. Am besten schmeckt es mit Basstölpelfleisch ... aber wir eilen voraus. Oder genauer: zurück.

Zu Hause setze ich mich an den Computer, um den nicht Dabeigewesenen das Neueste vom *Ba'Game* auf Facebook mitzuteilen. Unsere Peninsula verfügt über eine Facebook-Szene wie kein zweiter Ort. Alle sind vernetzt. Es gibt eine *Achiltibuie Appreciation Society* genannte Gruppe, in der »Leute, die unsere staunenswerte Landschaft und Dorfgemeinschaft zu würdigen wissen«, Fotos hochladen und die Einzigartigkeit Achiltibuies feiern. Fast alle im Dorf sind Mitglieder, auch etliche häufig wiederkehrende Sommerfrischler. Und natürlich unsere »Diaspora«, wie die Gründerin der Gruppe aus Achiltibuie in ferne Regionen ausgewanderte Menschen nennt. Zu den »ferneren Regionen«, in die es diese verstreuten Elenden verschlug, gehören Inverness, die Hauptstadt der Highlands, Aberdeen, Glasgow und Edinburgh.

Die *Achiltibuie Appreciation Society* präsentiert das offizielle Bild der Gemeinde. Oder zumindest das Bild der Gemeinde, das sich ebendiese Gründerin namens Miss Brodie von ihr macht. An dem von ihr geprägten Begriff der Diaspora kann man gleich erkennen, dass für nichts Gutes stehende Kräfte unserer glücklichen, festgefügten Gemeinde übel mitzuspielen versuchen. Nur durch einen immer festeren Zusammenhalt können wir uns ihnen widersetzen. Das ist nicht anders als in einer Glaubensgemeinschaft. Wenn wir alle am gleichen Strang ziehen, werden wir der Diaspora die Heimkehr ermöglichen.

Miss Brodie war Lehrerin in der Dorfschule. In den Jahren, als sie die unteren Klassen unterrichtete, platzierte sie gerne ein auf Pappkarton gemaltes offenes Holzfeuer vor dem aus Brandschutzgründen schon lange nicht mehr benutzten Kamin und flötete: »Kommt, Kinder, setzt euch um mich in wärmendem Kreis!« Anstatt einen Schüler zu bitten, das Licht auszuschalten, pflegte sie zu säuseln, »Nun lasst uns die Welt retten, Kinder!«.

In späteren Jahren, als sie die oberen Klassen unterrichtete, nannten die Kinder sie wegen des Schattens, den ihr Busen warf, wenn sie sich über sie beugte, Titten-Liz. Natürlich nur untereinander. Als Miss Brodie sich um die frei gewordene Stelle als Schulleiterin bewarb, wollte sie beim besten Willen nicht verstehen, warum die Erziehungsbehörde ihr die Ernennung versagte. Sie rief dort an und ließ eine Tirade ab, das sei völlig unverständlich, niemand anderes habe sich beworben, sie sei bestens qualifiziert, zudem ortsansässig und bei Schülern und Eltern hoch angesehen …

Der Beamte am anderen Ende der Leitung unterbrach ihren Redefluss. »Wir hätten Ihnen den Job gegeben«, sagte er, »aber der Elternbeirat hat sich quergestellt.«

Den Schlag hat Miss Brodie nie ganz verwunden. Sie lastete ihre Ablehnung der in ihren Augen ungebrochenen Macht der Anhänger des grimmen schottischen Reformators John Knox an, die sich sonntags um drei Uhr nachmittags in dem schmucklosen, weiß geschlemmten Bethaus der von Nichtkirchgängern *Wee Frees* genannten *Free Church of Scotland* treffen und, so meinte sie, sich gegen sie verschworen hätten, weil sie ein Freigeist sei. Sie zeichnete gerne Nacktporträts junger Männer, die sie zu sich ins Haus lud und deren männliches Gehänge sie sehr gefällig darstellte. Und sie unterhielt jahrelang ein als »Liebesaffäre« firmierendes Verhältnis mit jenem Mann, dem ein kräftiger Bursche und ich bei unserem ersten *Ba'Game* eine Rippe gebrochen hatten.

Dieser Mann hat sich mittlerweile mit einem anderen Frauenzimmer vermählt, einer Miss Brodie an Jahren jüngeren und, soweit sich das beurteilen lässt, an Kunstsinn überlegenen Edinburgherin. Miss Brodie schickte sich heroisch in ihre selbstgenügsame Einsamkeit, trat als Lehrerin zurück und erfand für sich eine neue Persona als Facebookerin, dörfliche Protagonistin schottischer Unabhängigkeit und Vorkämpferin keltischer Hochlandidentität, Letzteres übrigens ganz unabhängig davon, dass sie selbst aus dem feinen, gentilen Edinburgh stammt. Genauer gesagt, aus einem der kleinbürgerlichen Viertel der feinen, gentilen Hauptstadt.

Ich habe mich oft gefragt, ob Miss Brodies Namensgleichheit mit einer der bekanntesten schottischen Romangestalten Zufall ist – mit der romantisch selbstverliebten und bis zur Selbstaufgabe idealistisch veranlagten Hauptfigur in Muriel Sparks *Die Blütezeit der Miss Jean Brodie*. Auch die ist übrigens Edinburgherin. Unsere Liz Brodie stellte nach dem Ende ihrer »Affäre« von der Abbildung männlicher Gehänge auf die Töpferei um, also mehr auf die handgreifliche Seite der Kunst. Je länger sie sich damit befasst, umso volkstümlich-kitschiger werden ihre Werke. Ein Freigeist bekehrt sich zu altjüngferlicher Blumigkeit.

Unser Dorf ist übrigens voller Künstlerinnen. Man könnte Achiltibuie beinahe eine Künstlerkolonie nennen. Fast in jedem Haus wohnt eine. Die meisten haben den Ruf der Muse in fortgeschrittenen Jahren erlauscht. Eine führte zuvor ein Hotel, eine andere war Ingenieursgattin, eine dritte Sekretärin. Die eine oder andere besuchte sogar eine Kunstschule. Sie knüpfen Wandteppiche mit heimatlichen Motiven, sie basteln putzige Miniaturen oder malen gewagt abstrakte Landschaften mit Acrylfarben auf Leinwand. In der Fremdensaison stellen sie ihre Werke gemeinsam im örtlichen Kunstverein aus. Dort kann man die Erzeugnisse ihrer Schaffenskraft für bescheidene Summen käuflich erwerben.

Miss Brodies Werke bekommt man dort nicht zu sehen.

Sie fühlt sich zu Höherem berufen. Sie beauftragte einen örtlichen Schreiner, in ihrem Vorgarten ein holzverschaltes Atelier mit großen Fenstern zur Straße hin zu bauen. Auf dem Fensterbrett stehen Pötte mit Pinseln und Stiften, eine dunkelgold bemalte Büste und eine aus Weidenruten geflochtene Kopfschablone. Davor steht ein Schild mit der Aufschrift »Atelier Brodie«. Vor der Eröffnung des Ateliers schaffte sie sich einen karminroten Tam o' Shanter an, eine modische Verfremdung der traditionellen Kopfbedeckung der Hochlandregimenter des 18. Jahrhunderts. Damit angetan, schreitet sie nun oft die Dorfstraße auf und ab. Wenn sie mich erspäht, stimmt sie eine Hochlandmelodie an, von der sie sich derart fortreißen lässt, dass sie gar nichts anderes um sich her bemerkt. Mir bleibt nichts übrig, als ihrer musischen und in sich selbst Genugtuung findenden Veranlagung Respekt zu zollen.

Als ich jetzt Facebook anklicke, erfahre ich, dass Miss Brodie in ihrer Oberhoheit über die Selbstdarstellung der Gemeinde einen jungen Mann aus der *Achiltibuie Appreciation Society* ausgeschlossen hat. Sein Freund postet: »Wird hier Rock 'n' Roll gespielt, oder was? Was hast du angestellt?«

»Weiß nicht. Bin vielleicht zu sehr auf dem Boden der Tatsachen geblieben.«

»Also, das ist scheiße. Bist du sicher, du hast dich nicht aus Versehen ausgeklinkt?«

»Nee, eindeutig geschubst. Sie hat meine Mama und Schwester auch rausgeschmissen.«

Die zierliche Eilean, die unseren Freund Bell beim *Ba'Game* durch die Luft segeln ließ, klinkt sich ein: »Du musst irgendwann Reiner beigepflichtet haben.«

Der erste Freund: »Ich mach bei dem Schwachsinn nicht mit. Hab mich abgemeldet.«

Ein anderer: »Kampf dem Establishment!«

Ein Dritter schlägt vor, eine neue *Appreciation Society* zu gründen, einen »Wertschätzungsverein für die Demokratisch Sozialistische Republik Achiltibuie und umliegende Territorien«. – »Hurra, Genossen!« – »Zum Teufel mit den Territorien!!!!!« – »Ethnische Säuberungen in Territorien mit anderer Postleitzahl!« – »Ein neuer Morgen bricht an.« – »Morgenröte, oh tiefrote Morgenröte!« – »Und wenn wir unsere Ideale aus den Augen verlieren, wird Maggie Han Chef der Geheimpolizei.«

Maggie »Han« MacKenzie ist kaum einen Meter fünfzig hoch und resolut wie Messerstahl. Niemand kennt ihr Alter. Niemand kann sich an den Ursprung ihres zum Hauptnamen avancierten Mittelnamens erinnern. Sie ist verwitwet und hat Kinder in aller Welt. Ihr jüngster Sohn, dessen Alter bekannt ist – 55 Jahre –, lebt bei ihr zu Hause. Sie hat nie aufgehört, ihn mit strenger Liebe wie einen Teenager zu bevormunden. Maggie Han weiß alles, was im Dorf vor sich geht. Bei jeder sich bietenden Gelegenheit lädt sie Männer aller Altersstufen in ihre Küche und löst ihnen mit Bechern voll Whisky, den sie im Großmarkt in Inverness einkauft, die Zunge. Jeder, der nicht bei ihr in der Küche trinkt, ist entweder »ein Arsch« oder »ein Vollarsch«. Arsch muss man in diesem Zusammenhang als Kompliment verstehen, Vollarsch als Tadel. Einmal landete der Rettungshubschrauber aus Inverness in ihrem Garten. Dazu muss man wissen, dass sie aus eigenen Mitteln einen Hubschrauberlandeplatz vor ihrem Haus baute, für alle Fälle. Und auch um der Nachbarn willen. Der Pilot machte eine Probelandung. Er setzte seinen Drehflügler nicht genau in der Mitte ab. Als er ausstieg und seinen Helm vom Kopf nahm, fuhr sie ihn an: »Da hast du aber echte Scheiße gebaut, eh?«

Ich bin in Maggie Hans Vokabular ein Arsch, natürlich nicht in meiner Anwesenheit, und das bedeutet, wie gesagt, wir sind beste Freunde. Wenn wir uns im Wagen auf der Straße begegnen und sie oder ich in einer Ausweichbucht stehenbleiben, um den anderen vorbeizulassen, winken wir uns wild zu, wobei wir die rechte Hand mit raschen Scheibenwischerbewegungen hin- und herwedeln. Das Zuwinken auf den Ausweichbuchten der einspurigen Sträßchen ist die wichtigste Form, gegenseitige Wertschätzung oder Abneigung zum Ausdruck zu bringen. Hinter dem Winken, das Außenstehenden als sympathischer Dankeserweis und Zeichen ungemeiner Freundlichkeit erscheint, verbirgt sich eine systematische Stufenleiter von Nachbarschaftsliebe über Sozialpartnerschaft bis zu dörflichem Hass (falls es so etwas in unserem irdischen Paradies gibt). Das Scheibenwischerwedeln steht an einem Ende. Das andere Ende bildet ein bewegungsloses durch den anderen Hindurchstarren, höchstens begleitet durch ein millimeterhohes Anheben des linken Zeigefingers. Dem bin ich ausgeliefert, wenn ich Miss Brodie begegne. Oder Mister MacSporran, einem pfiffigen Augenoptikermeister im Ruhestand und örtlichen Vertreter des schottischen Staatswohls, der seine Umwelt gerne über den Rand einer schmalen, rechteckigen Lesebrille mustert, so wie ein Landgerichtsrat die Angeklagten in Augenschein nimmt.

Die nächste Winkstufe besteht in einem etwa zehn Zentimeter hohen Anheben des rechten Zeigefingers, ohne dass die Hand dabei das Lenkrad losließe – die unterste Stufe zumindest frostiger Anerkennung. Mit der nimmt der stoppelbärtige Junggeselle, der in dem langgestreckten, einstöckigen Bau mit den zwei Speichergaupen im Schieferdach und einem modernen Glasvorbau wohnt, sich selbst nur P. nennt und immer »zu tun« hat, von meiner Gegenwart Kenntnis.

Ein kurzes Anheben und Ausdrehen der Hand bezeugt eine etwas mildere Form der Geringschätzung, ein halbsekündiges Anheben der Handfläche signalisiert Duldung. Mit dieser Gebärde nimmt mich Ali Post üblicherweise zur Kenntnis. Zwischen dieser Geste und dem frenetischen Scheibenwischerwedeln kommt es auf die genaue Länge des Handanhebens und Wedelns an. Nach etlichen Jahren entwickelt man eine innere Stoppuhr, die einem haarklein mitteilt, woran man mit der einen oder anderen Person gerade ist. Will man sich der Zensur der Ausweichbuchten entziehen, so gibt es nur ein Mittel – in einem neuen Auto, das noch niemand kennt, über das Straßennetz zu kurven. Dann winken einem auch die Sauertöpfe und Knatschköpfe mit derselben eingeübten Freundlichkeit zu, die man Touristen gegenüber an den Tag legt.

Der Trick mit dem neuen Auto hat einen Nachteil. Er hält nicht lange vor. Dann geht das Gerede los, wo das Geld für das neue Auto herkomme. Aber da ich schon beim Winken bin, darf ich eine Episode nicht vergessen, in der sich Maggie Hans` von ihr trotz seiner über fünfzig Jahre wie ein Teenager bemutterter Sohn Roddie von mir beleidigt fühlte. Der ist ein herzensguter Mensch und obendrein unser Aushilfsbriefträger (was ihn übrigens nicht zum Tragen des Ehrentitel »Post« berechtigt). Einmal hörte er auf, mir zuzuwinken. Das gab mir Rätsel auf. Ich weiß, dass er wie die meisten meiner schottischen Mitbürger leicht beleidigt ist. Aber ich war mir nicht bewusst, ihn in irgendeiner Weise verletzt zu haben. Einige Tage später zwang ihn seine Dienstausübung, unser Haus zu betreten. Er brachte einen eingeschriebenen Brief, was ihn üblicherweise in einen Zustand aufgeregter Wichtigkeit versetzt. Ich knüpfte ein unverfängliches Gespräch an. Es dauerte nicht lange, bis es aus ihm hervorbrach, warum ich ihm neulich den doppelten Stinkefinger gezeigt habe?

Wie bitte? Ich war perplex. Ich stotterte verlegen, das würde ich niemals tun, selbst wenn mir eine Laus über die Leber gelaufen sei. Dazu kenne er mich doch gut genug. Er blickte auf meine Hand. Er erbleichte. Vor vielen Jahren hatte ich mir den Ringfinger abgeschnitten. Das war ihm nie aufgefallen. Mein kleiner Finger ist altersbedingt nach innen gekrümmt. Wenn ich mit der Hand winke, sieht das tatsächlich wie eine Beleidigung aus. Weiß der Teufel, wie viele Leute ich mit meiner Krüppelhand schon vor den Kopf gestoßen habe!

Um elf Uhr am Abend nach dem *Ba'Game* schlägt mein Collie an. Vor dem Hoftor staucht der Fahrer eines dunkelroten VW-Busses mit jedesmal aufheulendem Motor abwechselnd den Vorwärts- und Rückwärtsgang ins Getriebe. Als er das mit einer Sperrholzplatte anstelle einer Heckscheibe ausgestattete Gefährt zu seiner Zufriedenheit weit genug an den Straßenrand bugsiert hat, fällt eine mächtige Gestalt aus der Fahrertür. Fluoreszierende, ölverschmutzte Allwetterjacke, gelbe, ölverschmutzte Gummistiefel, ein selbstgedrehter Glimmstängel im Mund.

Hamish Sinclair. Er rafft sich auf und torkelt die Stufen zum Haus herauf. Er ist pures Gold. Er hat sein Leben lang gefischt. Fischen ist ein Vabanquespiel. Mal bläst einen Monat lang ein Sturm, und kein Boot verlässt den Hafen. Mal zeigt die See sich von ihrer großzügigen Seite, und die Fischer verdienen ein Vermögen. Hamish hält es mit der Großzügigkeit. Vor ein paar Tagen brachte er einen Zwanzigliterkübel voller Langusten und einen zweiten Kübel voller Krebse vorbei. Einfach so. Nie kleckern, immer klotzen. Wenn er in den Pub geht, schmeißt er oft eine Runde für die ganze Kneipe. Zweihundert Pfund sind da schnell futsch. Auf dem Weg vom Pub nach Hause kommt er heute Abend wieder mal auf die Idee, bei uns einen Zwischenstopp zu machen.

Das Haus ist voll, zwei Söhne, zwei Töchter, ein Schwiegersohn, eine Schwiegertochter, vier Enkel und ein schwuler Freund aus London. Die Enkel sind im Bett, die Schwiegertochter und der schwule Londoner nicht. Meine Schwiegertochter entstammt einer gutbürgerlichen Familie aus Tunbridge Wells im südlichen England, wo manierliche Banker und Rechtsanwälte wohnen und Pu der Bär und seine Freunde im nahen Hundert-Morgen-Wald auf einer Brücke über einen kleinen Bach das Pustöcke-Spiel erfanden. Bei dem Spiel wirft man Stöcke auf einer Seite der Brücke mit der Strömung ins Wasser und läuft auf die andere, um zu sehen, wessen Treibgut zuerst auftaucht. Wir spielten es mit unseren Kindern jedes Jahr am Weihnachtstag in Culnacraig, wo die hohen Berge die Halbinsel überschatten. Unsere Kinder spielen es jetzt bei jeder Gelegenheit am gleichen Schauplatz mit ihren Kindern, Nichten und Neffen.

Der Freund aus London heißt Sam, er ist Kunsthistoriker, ein urkonservativer Anhänger des Champagner und Gin trinkenden Intellektuellenflügels der Labour-Partei. Die Malerei hört für ihn in der Renaissance auf, die Musik bei Beethoven und die Schriftstellerei bei Jane Austen. Er hält das Leben außerhalb Londons für total nichtssagend. Trotzdem kommt er immer wieder zu Besuch und führt meine geliebte Frau mit zahllosen fachgerecht gemixten Gläsern mit Hendrick's Gin in Versuchung. Mich lud er einmal in einen Schwulenclub in London ein. Der Club heißt Gay Gordons. Die Mitglieder treffen sich zweimal in der Woche zu Tanzstunden in der champagnersozialistischen Hochburg Islington. Sie tragen mit Vorliebe Kilts. *Gay Gordons* ist der Name eines beliebten schottischen Volkstanzes. Er geht auf die *Gordon Highlanders* zurück, ein Regiment, das in den Tagen des Empire Typen wie Hamish rekrutierte und mit besonderem Stolz auf eine Schlacht 1897 im afghanisch-pakistanischen Grenzland zurückblickt. Der Dudelsackpfeifer der Einheit, George Findlater, erkraxelte während des Gefechts trotz eines durchschossenen und eines gebrochenen Beins einen Geröllhaufen und entlockte seinem Instrument auf dem Hintern sitzend seine jedem Feind durch Mark und Bein gehenden Töne. Er hörte nicht auf zu spielen, bis seine Kameraden, angespornt durch die von ihnen als mitreißend empfundenen Melodien, den Sieg errungen hatten. Dafür erhielt er das Victoria-Kreuz, die höchste Tapferkeitsauszeichnung des Empire.

Das Regiment der *Gay Gordons* wurde 1994 aufgelöst. Um die Zeit begann ein Bedeutungswandel des Adjektivs *gay* von »draufgängerisch, fröhlich, bunt« zu schwul. Wer heute *gay* sagt und fröhlich meint, wird kaum verstanden. Der Londoner Tanzclub hat die ehemals militaristische Tugend unbefangenen Draufgängertums in einen ebenso unbefangenen »Partnertausch nach jedem Tanz« umgemünzt. Die Tänzer tragen Schuhe mit weichen Sohlen und werden von dem Conférencier immer wieder ermahnt, hinreichend Wasser zu trinken, um bei ihrer Energiearbeit das Gleichgewicht der »Prana« aufrechtzuerhalten.

Bei Hamish hätte Findlaters Kriegsgepfeife keine Wirkung gezeigt. Er kann Dudelsäcke nicht ausstehen. Aber er hätte mit seinem Bajonett auch ohne das Gepfeife eine Schneise durch die feindlichen Reihen geschlagen. Selbst mit schwulen Tänzern könnte sich ein Haudegen wie er abfinden. Aber mit weichen Sohlen und Wasser anstatt mit harthackigen Brogues und Whisky? Mal sehen, wie die fremden Welten an diesem Abend in unserem Wohnzimmer zueinanderfinden. Die wohlerzogene englische Schwiegertochter. Der manierierte Kunsthistoriker. Und der schwer mit Alkohol beladene Wikinger mit den Gesichtszügen eines Preisboxers.

Hamish lässt sich auf ein für drei Personen konzipiertes Sofa fallen. Er benötigt Platz für zwei Personen und zerquetscht fast die elfenschlanke englische Mutter zweier unserer Enkel. Er ist nicht fett, ganz und gar nicht. Er ist schlicht bärenstark. Ein Brustkasten wie eine Tonne und eine Visage, die so aussieht, als habe er in seinem Leben mindestens ein halbes Dutzend Schlachten geschlagen. Zwei Mal haben er und ich uns total zerstritten, jedes Mal wegen absoluter Lächerlichkeiten und jedes Mal im Rausch. Beide Male hatte ich eine schnoddrige Bemerkung fallengelassen, die bei ihm als Affront angekommen war.

Einmal ging es um einen ertrunkenen Hund, das zweite Mal ... ich kann mich gar nicht mehr erinnern. Ich sehe nur noch seine wankende, tobende Gestalt. Dabei muss gerade er reden! Als ein ziemlich dürrer Seeschneckensammler von der Flut eingeholt wurde und ertrank, bemerkte er obenhin, er habe eben nicht genug Auftrieb gehabt. Trotzdem dauerte es jedes Mal ein Jahr, bis die Verletzungen hinreichend vernarbt waren. Letzthin hatte er mich zu einem Pubbesuch abgeholt. Auf der Heimfahrt hatte ich ihm gestanden, dass ich mir Sorgen machte um mein geliebtes, seit Monaten kränkelndes Weib. Er wusste, dass sie vor Jahren an Krebs erkrankt war. Vor unserem Haus drückte er mich an seine mächtige Brust und erklärte, *You'll never be alone.*

Jetzt will er sich erheben und einen Trinkspruch zum Besten geben. Er stürzt um, fällt mit dem Gesicht auf den Ofen und zieht sich eine Platzwunde an der Oberlippe zu. Die will nicht aufhören zu bluten. Das stört ihn kein bisschen. Als Nächstes fällt er auf den mit Getränken beladenen Couchtisch. Er bringt es fertig, ohne sich weitere Wunden zuzuziehen, ein halbes Dutzend Gläser zu Splittern zu verarbeiten. Die Splitter erinnern in ihrer ausgesuchten Feinheit an ein maschinell hergestelltes Produkt. Unser schwuler Freund hüstelt, zieht eine Augenbraue in die Höhe und will sich in sein Schlafgemach zurückziehen. Das wird ihm selbstverständlich nicht gestattet. Unsere Schwiegertocher unternimmt den Versuch erst gar nicht. Sie weiß, wie sehr die ganze Familie unseren ungezähmten Abkömmling der im neunten Jahrhundert die schottischen Küsten plündernden Horden Norwegens liebt. Unsere jüngere, in der Londoner »Diaspora« lebende

Tochter Annabel ganz besonders. Hamish ist ihr heimatliches Sehnsuchtssymbol. Typen wie ihn gibt es nicht in London, trotz der Ich-weiß-nicht-wie-vielen-Millionen-Einwohner.

Und *Maccy Pies*, die gibt es dort auch nicht. Das sind mit Makkaroni und Käsesoße gefüllte Pasteten, wie sie der Bäcker Deas zum Verzehr bei Heimspielen von Ross County, dem Fussballclub unserer Grafschaft, in Dingwall herstellt. Kürzlich schrieb Annabel der Großbäckerei Greggs, die in ihren Londoner Filialen Pasteten nach den Rezepten Cornwalls und nicht gerade appetitliche, englische Blätterteigröllchen mit Hühnchen- und Würstchenfüllung vertreibt, sie vermisse ihre schottische Leib- und Magenspeise über alle Maßen. »Bitte, bitte nehmen Sie unsere Nudel- und Käsesoßendelikatesse in Ihr Sortiment auf! Falls Sie meinem Appell nachkommen, werde ich mich mit allen Kräften gegen eine Abspaltung Schottlands vom Vereinigten Königreich einsetzen. Aber wirklich nur, wenn ich mein Leibgericht in London bekommen kann. Hochachtungsvoll, Annabel Luyken.«

Die Mitternachtsuhr schlägt. Unser Wikingergast sollte zu Hause sein. Textnachrichten seiner Frau fruchten nichts. Seine Lippe blutet immer noch. Wir stoßen auf das neue Jahr an. Dann drückt, wie es sich gehört, jeder jedem einen Kuss auf den Mund. Jeder Hamishschmatzer hinterlässt eine rote Spur. Schottischer Lippenstift. Plötzlich fällt die Tür ins Schloss. Draußen heult ein Motor auf. Der Wikinger ist verschwunden.

Üblicherweise mündet das schottische Neujahr in ein mehrtägiges Besäufnis. Am nächsten Morgen um halb neun Uhr treffe ich Hamish wieder, er ist stocknüchtern und mit seinem Crewman unterwegs zum Hafen. Er hält an, kurbelt das Fenster herunter und gibt rau lachend zu verstehen, die protestantische Arbeitsethik habe ihn übermächtigt. Oder hatte er Krach mit seiner Frau? Das fragt man nicht. Zwei Tage später im Pub trinkt er Wasser. Sein Crewman trinkt ebenfalls Wasser. Sein Freund David auch. Die drei haben einen auf drei Monate angesetzten Enthaltsamkeitspakt geschlossen. Wer schwächelt, muss hundert Pfund in den Pott zahlen und darf sich eine Woche ausklinken.

Schottland ist eine Nation von Alkoholikern, Gratwandlern und Antialkoholikern. Manche harte Trinker empfangen den *cùram*, der ihnen eine fuselfreie Daseinsalternative eröffnet. *Cùram* ist ein gälisches Wort für den Weg zu gottgefälligem Leben. Ich sage »empfangen«, weil der Anstoß in der calvinistisch inspirierten Theologie der Landeskirche von Gott kommt, nicht vom Menschen. Das ist das Prinzip der Prädestination. Nicht, dass die Religion hier eine größere Rolle spielte als anderswo. Doch der *cùram* kommt nach wie vor von Gott, und wenn es nur ein Dreimonats-*cùram* ist. Dafür trinkt die Dorfjugend an diesem Abend, was das Zeug hält. Der eine still vor sich hinlächelnd, der andere laut und ausgelassen. Morgen werden sie sich mit Irn-Bru wiederbeleben. Irn-Bru ist Schottlands zweites Nationalgetränk, und angeblich das probateste Mittel zur Überwindung der am nächsten Tag auftretenden Nebenwirkungen des ersten Nationalgetränks. Dem Mythos zufolge wird der giftorangefarbene Saft aus Eisenträgern hergestellt, *made in Scotland from girders.* Er schmeckt nach Eisen, aber mit Rostschutzfarbe drauf, und ist grauslich süß. Das Sprudelwasser hilft schon Kindern, eine schottische Rekordstellung zu halten. Sie haben die schlechtesten Zähne Europas. Über die Hälfte der Schulanfänger leiden unter Zahnverfall, jedem erwachsenen Schotten fehlen im Mittel sieben Zähne, das Restgebiss ist mit elf Plomben zugekleistert.

Der superschottische Nationalist und erste James-Bond-Darsteller Sean Connery wählte Irn-Bru aus als persönliches Sinnbild seiner Heimat für eine Ausstellung in Edinburghs Museum of Scotland. Die Irn-Bru-Werbung hat nationalen Kultstatus. Für die 2014 in Glasgow abgehaltenen Commonwealth Games, eine Olympiade des alten Empire, produzierten die Irn-Bru-Werber die beste Selbstdarstellung Schottlands, die ich kenne: »Oh, mein stolzes Land, wir machen eher kleine Schritte als große Sprünge, aber das beweist unseren Mut. Wir mögen nach den Sternen greifen und in den Wolken hängenbleiben, aber im Greifen finden wir Genugtuung. Zugegeben, wir haben Angst zu träumen, weil uns das Verlieren immer vor Augen steht, aber wir träumen trotzdem. Enttäuschung mag unser täglich Fleisch (mit den zwei vom Gesundheitsministerium dazu verordneten Portionen Gemüse) sein, aber das macht uns nur umso hungriger. Wir lächeln, wir singen, wir ziehen uns an wie Trottel. Obwohl der Pfad unserer Errungenschaften über Maulwurfshügel führt, erklimmen die Besten unter uns die höchsten Gipfel, und wenn die Sportgötter ihr Licht auf unsere käsigen Gesichter fallen lassen, brauchen die Marsbewohner Ohrenstöpsel. Warum? Weil wir Underdogs mit Löwenherzen sind. Warum? Weil wir dazu geboren sind, mit Leidenschaft unsere Sache zu unterstützen, und weil wir Eisen im Blut haben. Und dazu sagen wir: Das geht schwer in Ordnung.«

Heute Abend feiert Hamishs Tochter ihren 21. und ihr Cousin Joseph seinen 18. Geburtstag. An den Tag, als Joseph auf die Welt kam, erinnern sich alle, die damals schon im Dorf lebten. Wir waren nach einem Schneesturm drei Tage von der Außenwelt abgeschnitten gewesen. Haushohe Wechten blockierten die Straßen. Ein Militärhubschrauber flog Josephs Mutter nach Inverness aus. Jener Winter war der Punkt, an dem die erste Hälfte dieser Geschichte zu Ende ging und ihre zweite Hälfte begann. Es wird Zeit, zum Anfang zurückzukehren.

Granny Muirs House

Frühzeit

An einem Apriltag des Jahres 1978 wachte ein junger Mann im Schlafwagenbett des *Caledonian Sleeper Train* von London Euston nach Inverness auf. Er zog den Vorhang auf, blinzelte in die Morgensonne und erblickte auf dem Rücken baumloser Bergrücken mannshohe Schneeverwehungen. Der Zug schaukelte langsam eine Passhöhe hinan. Als er die erreicht hatte, ratterte er über eine schier endlose Hochebene, eine von Bergen besäumte Moorlandschaft. Schnepfen flatterten auf, Hirsche hoben ihre Köpfe und blickten ihm träge kauend hinterher. Jemand klopfte mit einem Schlüssel an die Abteiltür. Als der junge Mann die Tür öffnete, reichte der Schaffner ihm ein Tablett mit Orangensaft, Tee und einem Hörnchen mit Butter und Marmelade.

Als der junge Mann in Inverness aus dem Zug stieg, schlug ihm das wild triumphierende Kreischen sich gegenseitig ihre Beute abjagender Raubmöwen entgegen. Das Gekreische berührte ihn wie ein Schrei der Freiheit. Er blieb kurz stehen und atmete tief die nach dem Salz des nahen Meeres schmeckende Luft ein. Dann kaufte er im Bahnhofskiosk die *Northern Times*, die seine Neugierde wegen ihrer antiquierten Aufmachung auf sich zog. Er trat ein in das *Station Hotel*, ließ sich auf einem mit Tartanstoff bezogenen Sessel nieder, bestellte eine Tasse Kaffee und vertiefte sich in die Lektüre des Nachrichtenblattes des nördlichen Hochlands. Er entdeckte, dass die interessantesten Artikel auf einer Seite mit Nachrufen zu finden waren. Hingerissen las er die Würdigung eines Kleinbauern, der den größten Teil seiner achtundsechzig Lebensjahre in einer einsamen Schäferhütte in den Bergen der Grafschaft Sutherland zugebracht hatte. Er hatte, berichtete der Chronist, einen »leidlich rührigen Lebenswandel« geführt, was wohl bedeutete, dass er sich nie ein Bein ausgerissen hatte. Er hatte seinem Vater bei der Bewirtschaftung der Schafherde geholfen, die er nach dessen Ableben geerbt hatte. Vor allem aber, und deshalb erhielt er diesen Nachruf, hatte der Bauer sich durch eine tiefe Hingabe an den Dudelsack und eine umfassende Kenntnis der heimischen Musik ausgezeichnet, »eine in seiner Linie seines Clans tief verwurzelte Tradition«. Sein Enthusiasmus hatte ihn jedes Jahr am Tag der *Highland Games* von seiner Hütte in den Bergen nach Dornoch pilgern lassen, um den dort um Ehre und Preisgeld spielenden Sackpfeifern zu lauschen.

An dieser Stelle bediente sich der Chronist nach der Wendung des »leidlich rührigen Lebenswandels« eines zweiten Euphemismus. Die unter Dudelsackspielern übliche Gastlichkeit, berichtete er, hatte sich meist als derart überwältigend erwiesen, dass regelmäßig ein alter Freund der Familie zu Hilfe gerufen werden musste, um unseren nun verstorbenen Bekannten wieder auf die Beine zu bringen. Wie lange das dauerte, ob Stunden oder Tage, erwähnte der Bericht nicht. In seinen mittleren Jahren war der Schafbauer dann aus seinem Heimatsprengel verschwunden. Niemand wusste, was sich während seines selbstauferlegten Exils zugetragen hatte. Er war auf jeden

Fall als geläuterter Mann zurückgekehrt. Er hatte hinfort gewissenhaft an den Gottesdiensten der *Free Church* in seiner Gemeinde teilgenommen, Abstechern zu den *Highland Games* in Dornoch und »ähnlichen Zerstreuungen«, sprich, dem Whisky entsagt. Das, stellte der Chronist fest, habe sich als Segen für jedermann erwiesen. Bei seinem Begräbnisgottesdienst hatten drei Pfarrer gepredigt. Drei Dudelsackspieler hatten ihm das letzte Geleit an sein Grab gegeben. »Wieder einmal«, schloss der Nachruf, »haben wir von einem Grandseigneur unserer Gemeinde Abschied genommen.«

Als er das las, wusste der junge Mann, dass er angekommen war. In Inverness wollte er nicht weiter verweilen. Er begab sich zur nördlichen Ausfallstraße und streckte den Daumen raus. Ein Lieferwagen der Marke Morris hielt an. Auf der Seite stand in schwungvollen roten Lettern: *W.W. Brown*, und darunter: *Qualitätsmetzgerei, Aultbea, Wester Ross*.

Der rotgesichtige Schlachtermeister stieß von innen die Beifahrertür auf und fragte den jungen Mann, wohin er unterwegs sei.

»Nach Achiltibuie.«

»Nach Achiltibuie? So, so.«

»Ja.«

Er könne ihn bis zur Abzweigung nach Aultbea mitnehmen, sagte der Schlachtermeister. Von dort sei es nur noch eine Stunde.

»Zu Fuß?«

»Nein, mit dem Auto.«

Auf der Fahrt zur Abzweigung, die ebenfalls eine Stunde dauerte, nahm der Schlachtermeister seinen Passagier in ein sanftes, aber dennoch unerbittliches Verhör. Als er anhielt, um ihn aussteigen zu lassen, wusste er so gut wie alles über den jungen Mann und seine Pläne. Und der junge Mann hatte erfahren, dass Achiltibuie im weiten Umkreis den Ruf einer Ortschaft hatte, in der eher ausgefallene Charaktere den Ton angeben, die sich nie unterordnen wollen, auch nicht untereinander; der Ort – »lass dir das gesagt sein!« – sei alles andere als eine glückliche kleine Gemeinde, in der sich jeder mit jedem verstehe und alle einen gemeinsamen Lebenszweck verfolgten. Vielleicht verstand ich ihn aber nur falsch. Mein Englisch war ziemlich mies.

Aber das war, wie gesagt, nur eine Sichtweise von außen. Von der anderen Seite der großen Bucht, die in das Seegewässer mündet, das die Wikinger das Skotlandsfjörð nannten. Als der kleine Lieferwagen über eine Brücke nach Süden davongetuckert war, stand der junge Mann in einer Stille, die er kaum mit dem Wort »Abzweigung« in Einklang bringen konnte. Niemand zweigte ab. Kein Auto weit und breit. Die Straße, auf der sie gekommen waren, verlor sich in schimmriger Mittagswärme auf einem Hochmoor. Dort, wo er hinwollte, stürzte sie in einen Talabgrund. Von dort glaubte er dann doch, ein Rauschen zu hören, das Rauschen eines Wasserfalls. Hoch oben am blauen Himmel zog ein riesiger Raubvogel seine Kreise. War es ein Adler? Vielleicht. Er hatte noch nie einen Adler gesehen. Ein Windstoß säuselte ihm in den Ohren. Eine tiefe Zufriedenheit ergriff Besitz von seinem Körper, von seinem Geist und seiner Seele.

Nach langer Zeit näherte sich dann doch ein Autogeräusch, ein tief blubbernder V8-Motor. Ein blauer Range

Rover. Er hielt auf der anderen Straßenseite. Der Fahrer kurbelte das Seitenfenster herunter. Er sah aus wie ein in die Jahre gekommener Hollywoodstar, das silbrige Haar in Wellen nach hinten gekämmt, ein Hochland-Cary-Grant. Er rief: »Reiner!«

Der Range-Rover-Fahrer war einer der Gründe, warum ich nach Achiltibuie zog. Ein zweiter Grund war, dass ich in meiner Jugend zu viel Hemingway gelesen hatte; der Mythos vom einsamen Mann und der See hatte sich tief in mein Bewusstsein gegraben, der Traum vom Fischen und von unberührter Natur, in der ein Mann sich bewährt. Doch ohne Willie Muir, so hieß der Cary Grant der Highlands, hätte sich der Traum nicht verwirklicht. Im Krieg war er Luftwaffenoffizier gewesen. Nach dem Krieg bezirzte er im besetzten Deutschland mit seinen gefälligen Gesichtszügen ein deutsches Mädchen. Sie wurde seine Frau, sie kam nach Achiltibuie. Zwei Söhne, eine Tochter und zehn Ehejahre später entzweiten sie sich. Die Frau kehrte mit den Kindern nach Deutschland zurück. Die Tochter wurde die beste Freundin meiner ersten Freundin. Durch sie lernte ich Achiltibuie kennen.

Sechzehn Jahre nach meiner Ankunft an diesem strahlenden Apriltag war es an mir, einen Nachruf in unserer Grafschaftszeitung zu schreiben. Der lautete so: »Am 4. August erlag Willie Muir, Lachsfischer in Achiltibuie, einem plötzlich in seine Lunge eingedrungenen Embolus. Er war 69 Jahre alt. Er hinterlässt eine große Leere, und seine Familie und viele seiner Freunde waren tagelang in Schock und Benommenheit befangen. Als ich ihn das letzte Mal sah, saß er in seinem Schnellboot und reparierte den Motor, um mit seinem Enkel zum Fischen hinauszufahren. Er winkte mir zu, ich winkte zurück, aber ich blieb nicht stehen, um mich mit ihm zu unterhalten. Warum bin ich nicht stehengeblieben?

Selbstbezogenheit und Mangel an Rücksicht. Sich mit Willie zu unterhalten, war immer ein zeitaufwendiges Geschäft. Aber es war auch unterhaltsam – und zwang gelegentlich auf unbequeme Art, sich selbsterzieherisch unter die Lupe zu nehmen. Dennoch war er immer, so beschrieb ihn der Kolumnist der *West Highland Free Press*, Aimsir Eachainn, das Inbild eines Gentleman. Er war das, und er war mehr, ein Mann mit der Fähigkeit, in allem, was ihn umgab, das Wesentliche zu erblicken.

Seine Liebe für sein heimatliches Hochland war kein Provinzpatriotismus. Seine Umgebung war für ihn ein Labor des Lebens, das ihn ständig zu neuen Ideen und Theorien inspirierte. Ich habe sonst nie jemanden kennengelernt, bei dem die Rückkehr arktischer Seeschwalben im Mai oder die Entdeckung einer Veränderung der Kiesablagerungen am Strand von Badentarbet ähnlich tiefe Gefühle auslöste und den Anstoß für oft hochoriginelle intellektuelle Betrachtungen gab, Begebenheiten, die kaum die Aufmerksamkeit anderer Menschen auf sich zogen.

Willie Muir wurde 1924 geboren. Sein Vater war der wohlgelittene Sohn eines von den Orkneyinseln stammenden Mannes, der sich in Achiltibuie niedergelassen hatte. Seine Mutter war Abigail, eine der Frasers von Achiltibuie. In ihren späten Jahren war sie die Nabe im Zentrum der Gemeinde. Sie saß, mittlerweile behindert durch zwei Schlaganfälle, im Verandazimmer ihres Hauses in Badentarbet und überblickte alles, was in der Bucht und in Achiltibuie selber vor sich ging.

Sie sah alles, und sie wusste alles. Einmal ankerte die königliche Yacht *Britannia* in der Bucht. Ein Bote der Königin kam an Land und wollte Fisch einkaufen. Abigail sagte, ›Es tut mir leid, ich kann Ihnen keinen verkaufen, es ist Sonntag, der Tag des Herrn‹. Der Bote erwiderte, ›Aber er ist für Ihre Majestät, die Königin‹. Da antwortete sie ihm, ›Ihre Majestät sollte es besser wissen‹.

Sie erzog ihren Sohn in diesem Geist unerschütterlicher Selbstgewissheit. Und während die Mutter die Nabe der Gemeinde war, hatte man in seinem Haus gelegentlich das Gefühl, in einem Knotenpunkt menschlicher Erfindungsgabe zu sitzen. Die vielen Nächte, die wir mit Streitgesprächen über Prädestination, seine Theorien der unendlichen Wiederkehr des Seins oder die Anwendung des dialektischen Materialismus im täglichen Leben zubrachten!

Das war beileibe nicht nur eitles Geschwätz. Willie Muirs Beitrag zur Erforschung der Materie, von der er am meisten verstand – Fischerei und die Lebensgewohnheiten der Lachse –, war enorm. Sein Wissen rührte her von Beobachtungen, die er mit seinem durchdringenden Verstand analysierte und zu Verständnis zusammensetzte. Er entdeckte, dass man Fische mit großmaschigen Netzen zusammentreiben kann. Damals glaubte jeder, sie würden durch die Maschen hindurchschwimmen. Heute nimmt man diese Entdeckung als selbstverständlich hin, auf ihr basiert das Design jedes Schleppnetzes – jener Netze, die so viel zur Überfischung der Meere beitragen.

In späteren Jahren war sich Willie Muir dieser Schattenseite enthusiastischer Erfindungsgabe voll bewusst. In jüngeren Jahren war er einer der ersten Verfechter der Idee gewesen, Lachse zu züchten. In späteren Jahren realisierte er lange vor anderen, dass die Lachszucht sich zu einer umweltzerstörenden Milliardenindustrie auswuchs, der auch sein eigenes Lebenswerk zum Opfer fiel.

Zuvor war Willie Muirs Lachsstation die bei Weitem fortschrittlichste Fischerei Schottlands gewesen. Jedes Detail war bis ins Kleinste durchdacht, durchplant und immer wieder neu konzipiert. Er fing mehr Fische als die Konkurrenz und verdiente eine Menge Geld. Nicht durch Glück, sondern durch sein Verständnis von Naturprozessen. Er setzte wissenschaftliche Methoden in der Fischerei ein. Viele hundert in Achiltibuie markierte und wieder freigesetzte Lachse bildeten die Grundlage des Wissens über die Wanderrouten dieser magischen Fische. Die von ihm entwickelten Methoden zu Lagerung und Umschlag des Fangs waren seiner Zeit um Jahrzehnte voraus. Trotzdem konnte er den durch die Zuchtindustrie eingeleiteten Niedergang seines alten Erwerbszweiges nicht aufhalten.

Was uns nun aber in erster Linie bedrückt, ist der Verlust eines wundervollen Freundes. Seine Loyalität und seine Hilfsbereitschaft kannten keine Grenzen. Vielleicht hatten sie ihre Wurzel in seiner Gabe, alles immer wieder mit neuer, nie versiegender Frische zu sehen. Keiner, der mit ihm im Boot zum Fischen hinausfuhr, wird je die echte Überraschung in seiner Stimme vergessen, wenn er einen perfekt geformten Salm mit den Worten betrachtete, ›Welche Schönheit!‹.

Er sah, und er konnte anderen das Sehen beibringen.«

Als ich den Nachruf verfasste, hatte ich in mir die Gabe entdeckt, Texte zu schreiben, die gelegentlich andere und vor allem mich selbst tief anrührten. Aber so weit sind wir ja noch gar nicht! An diesem strahlenden Apriltag im Jahr

1978 fragte mich Willie, als ich neben ihm in seinem Range Rover saß, ob ich denn schon ein Unterkommen habe. Ich zögerte. »Nein«, gab ich dann zu.

»Du kannst im Haus meiner Mutter wohnen«, sagte er. »Im Dachzimmer über der Veranda.«

Wow, jubelte ich innerlich. Das Haus ist der langgestreckte, einstöckige Bau mit zwei Speichergaupen im Schieferdach und dem Glasvorbau, der am Ende des Uferstreifens steht, der viele Jahre später der Schauplatz unseres *Ba'Games* wurde. Direkt über dem Meer, immer hört man die Wellen – und der Blick! Der Blick! Unbeschreiblich. Jenseits der Bucht das Dorf und dahinter das jeden Tag in anderen Farben aufragende Ben Mór-Massiv, schneebedeckt im Winter, rotglühend in der Abendsonne, mattgrün im Juni, heidelila im August, tweedfarben im Oktober. Achthundert schroffe Höhenmeter steigt die Bergkette aus der See auf.

Granny Muir schlurfte auf ihren Gehrahmen gestützt und mit leicht schräg gestelltem Kopf von der Küche auf die Veranda. Sie ließ sich in ihren Lehnstuhl fallen, neben sich ein Fernglas und das Telefon. Sie lächelte halb skeptisch und halb amüsiert, ob über ihre Invalidität oder über etwas, das ich gesagt hatte, war schwer zu beurteilen. Sie trug immer dieses zweideutige Lächeln mit sich herum. Sie war siebenundachtzig Jahre alt. Wir waren ein sonderbares Paar. Ich, mit siebenundzwanzig Jahren ein erlebnishungriger junger Mann, der in seiner Jugend zu viel Hemingway gelesen hatte, und sie eine selbstgenügsam in ihrem Dasein eingeschlossene alte Frau, die sogar die Königin zurechtweist, wenn die nicht versteht, was der Tag des Herrn einem Menschen wie ihr bedeutet.

Ich verstand es natürlich auch nicht. Granny Muir sagte mir oft: »Du musst noch viel lernen.« Von ihr ließ ich es mir gefallen. Sie brachte mir alles bei, was es über Achiltibuie zu wissen gibt. Einmal, ich lebte mittlerweile nun schon ein halbes Jahr in ihrem Haus, ging ich am Sonntagmittag in die Bar des *Summer Isles Hotel*. Dass die Bar am Sabbat aufmachte, war ihr ein Dorn im Auge. Ian »Stùcie« MacLeod und ein paar andere Typen forderten mich zum Poker heraus. Klaro.

Die Nachricht vom Kartenspiel am Sabbat sickerte wie Güllegeträufel aus der Lasterhöhle nach draußen. Die Telefondrähte begannen zu glühen. Achiltibuie-zwei-null-sechs (Bessy Campbell) teilte die Neuigkeiten Achiltibuie-zwei-eins-null (Bella Campbell) mit. Achiltibuie-zwei-eins-null setzte Achiltibuie-zwei-sechs-eins (Mairi-Ann MacLean) in Kenntnis. Achiltibuie-zwei-sechs-eins gab sie weiter an Achiltibuie-zwei-null-zwei (Mairi-Ann MacLachlan). Achiltibuie-zwei-null-zwei wählte Achiltibuie-zwei-fünf-fünf an. »Achiltibuie-zwei-fünf-fünf?«, meldete sich Granny Muir, wie sie es in der Frühzeit der Fernmeldetechnik gelernt hatte. »Hast du schon gehört?«, fiel Mairi-Ann mit der Tür ins Haus, ganz gegen ihre sonstige Gewohnheit, zunächst den Regen, oder falls es trocken war, den unausbleiblich kommenden Regen zu bejammern und sich dann nach Granny Muirs Wohlbefinden zu erkundigen: »Hast du schon gehört, dein junger Hausgenosse und Stùcie sitzen im Pub und spielen Karten. *Um Geld! Am Tag des Herrn!*«

Sie betonte jede Silbe wie ein von der Sündhaftigkeit der Welt erschütterter Prediger in der Kirche. Die zwei kamen überein, dass die Schuld nicht bei Granny Muirs Hausgenossen liegen könne, der sei ein so umsichtiger und rücksichtsvoller Mensch. Stùcie müsse ihn auf die schiefe Bahn gebracht haben. Ihre Aufgabe war es, dem jungen Deutschen den rechten Weg zu weisen.

Folgender Umstand kam Granny Muir dabei zupass. Wenig später klingelte das Telefon erneut. Diesmal kam der Anruf von der Telefonzentrale Ullapool, die ein von der Telefonvermittlung Glasgow aus Deutschland angemeldetes Gespräch durchstellen wollte. Granny Muir schoss sofort durch den Kopf, ihren in Deutschland lebenden Enkeln sei etwas zugestoßen. Aber es war die Stimme meiner Mutter. Ein internationales Gespräch aus Kempfenhausen am Starnberger See nach Achiltibuie im schottischen Nordwesten war damals mit technischen Komplikationen verbunden, die man sich heute nicht mehr vorstellen kann. Außerdem war es sehr teuer. Kurz und gut, oft kam es nicht vor. Bei den seltenen Gelegenheiten hatte Granny Muir mit weiblicher Einfühlungsgabe dennoch spitzgekriegt, dass ich der Liebling meiner Mutter war.

Jetzt war sie wütend. Ich versündigte mich nicht nur beim Kartenspiel am Sabbat. Ich war nicht zu Hause, als meine mich inständig liebende Mutter anrief. Sie siedete, sie kochte. Als ich schließlich mit seligem Alkohollächeln die Türe öffnete, kanzelte sie mich ab, wie das nicht einmal meine Eltern in meinen schlimmsten Teenagerjahren getan hatten. Ich kann mich gar nicht mehr erinnern, was sie mir alles an den Kopf warf. Sie endete mit dem apodiktischen Satz »Ich nehme an, du hast dein Abendbrot gehabt«. Was bedeutete, sie schickte mich wie einen kleinen Jungen ohne Essen zu Bett. Ich nahm es ihr nicht krumm.

Granny Muir war mein Großmutterersatz. Eine Nacht mit knurrendem Magen nahm ich als Lehrgeld in Kauf. Beim Poker hatte ich ausnahmsweise ganz gut abgesahnt.

Während der Lachssaison von Mai bis August ging Granny Muir nicht ins Bett, bevor »die Jungen von der Nordseite« vom Fischen nach Hause gekommen waren. Schon kurz nach meiner Ankunft im April wurde ich selber Lachsfischer. Ich hatte meine rasche Beförderung dem goldenen Handwerk zu verdanken. Ich bin gelernter Musikinstrumentenbauer. Auf dem Uferstreifen lag ein Boot auf dem Bauch, dessen Kiel die Neigung hatte, sich in den Netzen zu verheddern. Dafür gab es eine einfache Lösung, nämlich die, einen Kiel mit fugenlosen Verbindungen zu bauen. Akademische Bildung und Fortkommen in der Welt gehörten seit jeher zu den Tugenden der Gegend. Nur als ein Beispiel, die Familie des Arztes, der den an Kehlkopfkrebs erkrankten deutschen Kaiser Friedrich III. 1888 zu Tode operierte, stammte aus Achiltibuie. Das soll nichts über seine medizinischen Fähigkeiten aussagen. Aber elementares Handwerk, oder zumindest, was man in Deutschland darunter versteht, war nicht die starke Seite des Dorfes. Willie Muir war derart angetan von dem Werk meiner neun Finger – einen hatte ich mir, wie schon erwähnt, ein paar Jahre zuvor mit einer Kreissäge abgetrennt –, dass er mich umgehend als Crewman engagierte.

Nicht in der geschützten Bucht vor Granny Muirs Haus, sondern auf der Nordseite der Halbinsel, auf dem offenen Meer. Die in der geschützten Bucht von Badentarbet fischende Crew galt als zweite Wahl, nicht see- und charakterfest, man erkannte sie an ihren grünen Bauerntrampelstiefeln. Die Helden der See auf der Nordseite trugen hüfthohe Seemannsstiefel. Wenn sie in ihren nach Fischöl und Tang riechenden Wollpullovern in der Bar des *Summer Isles Hotel* aufkreuzten, bekamen die dort arbeitenden Mädels ganz schwache Knie. Die Jungs von der Nordseite hatten Sexappeal.

Ich war damals – heute würde man es nicht mehr glauben – ein blendend aussehender junger Mann. Gutes Aussehen hilft im Leben weiter. In Willies Augen war ich obendrein ein Glücksbringer. Trotz aller Verwissenschaftlichung der Fischerei konnte er den alten Aberglauben seines Berufsstandes nicht abschütteln. In meinem ersten Jahr als Lachsfischer gingen uns auf der Nordseite mehr Fische in die Netze als je zuvor in der über jahrhundertealten Geschichte der Lachsstation. Das Meer wimmelte von Lachsen. Wir brachen einen Rekord nach dem anderen. An einem Tag und in der darauffolgenden Nacht fingen wir auf drei Fischzügen 1056 Fische. 1056 Salme, jeder so lang wie der Arm eines ausgewachsenen Mannes. Unser Boot versank fast unter der Last, wir standen bis zu den Knien in den silbrigen Leibern und krochen mit zwei Handbreit Freibord nach Hause. Die Kunde von dem Fang eilte von einem Fischerdorf zum nächsten um die schottische Küste. An einem anderen Tag hievten wir einen der größten je gefangenen Salme an Bord. Wir zimmerten eigens eine Kiste für ihn für den Transport nach London. Dort kaufte ihn, rechnet man es in heutiges Geld um, ein Händler für gut 500 Pfund. Am Ende der Saison waren uns mehr Lachse in die Netze gegangen als der heutige Gesamtfang sämtlicher noch existierender Wildlachsfischereien.

Ein viertes Plus, das ich neben Handwerk, gutem Aussehen und Glücksbringertum mitbrachte, waren meine Fahrkünste. Der Hafen, in dem wir die Fänge anlandeten, war nicht mehr als eine holprige, enge Felsschrunde, eine bei Wellengang halsbrecherische Landestelle. Ich konnte einen Land Rover samt Anhänger in kürzester Zeit rückwärts hinunterbugsieren. Niemand sonst schaffte das. Nach einem Jahr stieg ich zum Ärger ältergedienter Fischer zum Skipper des Boots mit dem nunmehr perfekten Kiel auf, nach zwei Jahren wurde ich Betriebsleiter.

Mein Boss mit den Gesichtszügen eines in die Jahre gekommenen Hollywoodstars, das merkte ich sehr schnell, war eine umstrittene Gestalt. Er hatte, wie gesagt, viel Geld verdient mit der Fischerei. Das passte vielen nicht. Schotten behaupten gerne, sie hätten im Gegensatz zu »den Engländern« einen besonders ausgeprägten Sinn für Gleichheit und soziale Gerechtigkeit. Hinter der großartigen Formel verbirgt sich oft nicht mehr als Neid. Willie Muir forderte diesen als Moral und Gemeinschaftsgefühl verbrämten Neid geradezu heraus. Er genoss es, unglaublich großzügig mit seinem Geld umzugehen. Er war die verkörperte Antinomie des Vorurteils vom knickerigen Schotten. Er kaufte einen Range Rover nicht lange, nachdem das erste Modell auf den Markt kam. Er behandelte ihn mit nonchalanter Unbekümmertheit. Er verlieh ihn mit weniger Vorbehalten an seine Freunde, als andere ein dreißig Jahre altes Fahrrad hergeben würden. Wenige Jahre später kaufte er einen zweiten Range Rover. Der erste stand fortan völlig seinen Freunden zur Verfügung.

Ein Neider flüsterte mir ein, am Cairn, der Landzunge, an der wir die meisten Lachse fingen, bräuchte man nur ein Fass zu Wasser zu lassen, um sie herauszuziehen. Er heißt Sandy »Boots« MacLeod und fischte ebenfalls Lachse, aber mit Willies jüngerem Bruder Jim. Willie habe Jim seinen gerechten Anteil an der Fischerei gestohlen, flüsterte der Neider, er habe seinen Vater auf dem Sterbebett mit einem Gewehr bedroht, damit er ihm die besten Fischgründe überschreibe. Wir verdienten blendend. Sandy Boots saß inmitten von Pornoheften auf dem Bett eines Wohnwagens, der sein sommerliches Zuhause war, und jammerte, Jim müsse sich mit den Überbleibseln begnügen, da sei es kein Wunder, dass sie zu zweit gerade so eben durchkämen.

Willie gab in der Lachssaison zwölf Jungen Arbeit. Die *Bodachs*, der gälische Ausdruck für alte Männer, vor allem für jene, die immer den alten Stiefel weitermachen und sich gegen jede Neuerung sträuben, und der immer noch in Umlauf ist, hatte er abserviert. Für Willie war das Neueste das Beste. Als die ersten Heimcomputer auf den Markt kamen, stand umgehend einer in seinem Büro. Er trug die teuerste Hochseesegelkluft, die man kaufen konnte. Er fuhr jedes Jahr im *Caledonian Sleeper* zur großen Bootsausstellung in Earl's Court nach London. Er ließ sich in der Savile Row Hemden und Hosen maßschneidern. Sein Bruder trug Latzhosen aus Jeansstoff und ein schottisches Beret. Willies Fischerei war eine Ideenfabrik. Er kaufte eine Unterwasserkamera, das war damals sensationell, um die Lachse im Netz zu beobachten. Jim war allseits gut gelitten, er schwatzte leutselig daher. Willie war nicht weniger redselig. Aber er hatte die Eigenheit, jedermann ständig herauszufordern, durch Fragen, Nachfragen und Gegenfragen über Dinge, die mal mit dem Fischen und meistens mit Philosophie, Naturbeobachtung oder Wissenschaft zu tun hatten. Er paffte auf seiner Pfeife, stieß kleine Rauchwolken aus und erwog die Antworten. Viele konnten das nicht ab. Sie fühlten sich total überfordert. Viele glaubten, der Mann spinne. Und er konnte Leute auf extrem unterkühlte Art zur Minna machen. Ich kann ihn heute noch vor mir sehen, als er auf seiner Pfeife paffte und einem Lastwagenfahrer lauschte, den wir Gaddafi nannten. Er kam häufig und holte Fisch für Levy Neil's Räucherei in Glasgow. Dieses Mal erzählte er uns nicht von seinen Abenteuern in Libyen, sondern er gab eine Zote zum Besten. Er hatte gerade die Pointe beendet und wollte in brüllendes Gelächter ausbrechen, als Willie die Pfeife aus dem Mund nahm und fragte, »Ist das so?«. Gaddafi blieb das Gelächter im Hals stecken.

Willies Bruder Jim traute mir übrigens nie recht über den Weg. Seine Frau sagte mir, das sei meiner Herkunft geschuldet, Jims bester Freund war im Krieg auf einer von einem deutschen U-Boot versenkten Fregatte ertrunken. Ich glaube, meine Freundschaft mit seinem in abgeschiedener Dörflichkeit aus der Norm ragenden Bruder war mindestens ebenso sehr der Grund. Jim und Willie wechselten nie ein Wort.

Willies großes Vorbild war der irische Physiker John Desmond Bernal. Ich hatte den Namen noch nie gehört, offenbar war er der umstrittenste Wissenschaftler seiner Zeit. Die *British Association for the Advancement of Science* schloss ihn aus, weil er sich zu einer durch nichts zu erschütternden Bewunderung für die Sowjetunion und die Lehren Trofim Denissowitsch Lyssenkos hinreißen ließ, den Andrej Sacharow für die Verbreitung pseudowissenschaftlicher Theorien und für die Diffamierung, Verhaftung und Tode ehrenhafter Wissenschaftler unter Stalin verantwortlich machte. Ich glaube, Willie hatte Bernal einmal getroffen, oder Bernal war in seinen Ferien nach Achiltibuie gekommen und hatte in Willies Wohnzimmer auf demselben Stuhl gesessen, auf dem ich jetzt so oft saß, und hatte ebenfalls bis tief in die Nacht ein durch reichhaltig mit Glenmorangie gefüllte Gläser befeuertes Streitgespräch geführt. Bevor er auf die Pfeife umstieg, rauchte Willie dazu zwei bis drei Schachteln Gauloises. Vor ihm stand ein tellergroßer, in einen Gummireifen eingelassener Aschenbecher. Oft verstand ich nur die Hälfte seiner auf Bernal und Marx beruhenden Theorien, die er mit der Intensität eines Bekenntnischristen vortrug.

Was Willie an Bernal faszinierte, war – so scheint es mir zumindest im Rückblick – dessen unfügsames Wesen. Er sah in ihm einen wie sich selbst. Der englische Schriftsteller Samuel Johnson, wegen seiner Gelehrtheit allgemein als Doktor Johnson bekannt, bereiste 1773 das Hochland und die Hebriden. Er bemerkte in seinem berühmten Tagebuch, seiner *Journey to the Western Isles of Scotland*, »Der Hochländer antwortet auf jede Frage so prompt und entschieden, dass alle Zweifel sofort ausgeräumt scheinen und man ihnen die kühnsten Behauptungen ohne Weiteres glaubt.« Er setzte dann aber hinzu: »Kaum aber wagt man eine andere Frage zum selben Thema zu stellen, so bricht der Zauber. Man entdeckt nämlich sofort die Widersprüche und merkt, dass das, was so selbstbewusst behauptet wurde, völlig aus der Luft gegriffen war; entweder aus Nachlässigkeit oder aber aus völliger Ignoranz. Die Leute widersprechen sich selbst andauernd. Es darf einen deshalb nicht verwundern, dass sie auch untereinander ständig gegensätzlicher Meinung sind.«

Bernal beharrte darauf, dass Naturwissenschaft und dialektischer Materialismus zwei Seiten derselben Münze seien. Das war auch Willies Credo. Er habe es in der Praxis ausprobiert, dozierte er und holte zu langen Erklärungen aus, wie er seine Lachsnetze diesen Prinzipien folgend konstruiert habe. Ich war zu diesem Zeitpunkt meistens zu betrunken, um mir die Details des Muir-Bernal'schen Theorems zu merken.

Wenn ich mich nächtelang im Haus ihres ältesten Sohns betrank, tadelte mich Granny Muir nicht. Willie war ihr seinen Brüdern vorgezogener Lieblingssohn. Seit dem Pokerspiel am Sabbat tadelte sie mich überhaupt nie mehr. Ich hatte meine Lektion gelernt. Seither waren wir ein Herz und eine Seele. Für den Fall, dass sie Hilfe brauchte, installierten wir eine Klingel neben ihrem Bett, die oben bei mir läutete. Um drei Uhr morgens schreckte ich aus dem Schlaf hoch. Granny Muir war aus dem Bett gefallen und lag wie eine auf den Rücken gefallene Schildkröte auf dem Boden. Ich versuchte, sie zurück auf ihre Matratze zu hieven. Sie fand das urkomisch. Sie steckte mich mit ihrem Lachen an, mir ging die Kraft aus, dann begannen wir von Neuem. Willie durfte nichts davon erfahren. Sie lebte in ständiger Angst, wieder in das entsetzliche Krankenhaus von Invergordon eingewiesen zu werden, ein im Zweiten Weltkrieg notdürftig errichtetes Spital, in dem sie nach ihrem Schlaganfall interniert war und in dem demente Frauen wie in einem Horrorfilm mit Bandagen an Stühlen festgebunden und unbotsame Männer mit Spritzen stillgelegt wurden.

Als wir ihren alten Körper mit viel Krabbeln und Schulterstemmen und Lachen ins Bett gewuchtet hatten, ging ich in die Küche und bereitete die Ingredienzen für eine nächtliche Party zu. Digestive-Kekse und in einem Blechtopf aufgegossenen Tee, den ich auf dem Elektroherd ein zweites Mal aufkochte, bis er dunkelbraun war wie Kaffee. Die Milch gab ihm den Farbton von Nougatschokolade.

Die Tea Party folgte einem festen Ritus. Granny Muir schlürfte einen Schluck aus ihrer Tasse, zog eine Grimasse, die mir zu verstehen gab, dass ich noch weit davon entfernt war, anständigen Tee zu brauen, und räumte nachsichtig ein, »Na ja, Hauptsache, er ist heiß und flüssig«.

Dann erzählte sie mir alles und jedes von allem und jedem im Dorf. Von den zehn Töchtern des Krämers Campbell, die nie einen Mann fanden und jetzt eine nach der anderen wegstarben. Von Mairi-Ann MacLean, die in Südafrika verheiratet war, aber ihren Ehemann verließ und zurückkehrte, um ihren einsamen, krank gewordenen Bruder zu pflegen. Von den MacLeods in Achnahaird, die sich immer zurückgesetzt fühlten, weil der Earl of Cromartie ihnen vor vielen Generationen weniger Weiderechte zugesprochen hatte als den anderen Siedlungen der Halbinsel. Viele waren traurige Geschichten wie die von einem jungen Mädchen, das in einem Schneesturm nicht nach Hause fand und einer Steinmauer in die Berge folgte, wo sie am nächsten Tag tot aufgefunden wurde. Als sie davon erzählte, gewann das Mitleid die Oberhand über Granny Muir, als habe es sich gestern zugetragen. Die Tränen stiegen ihr in die Augen. Als sie sich ins Gedächtnis rief, wie ihr 1960 gestorbener Mann mit einer Blinddarmentzündung mitten im Winter nach Inverness gebracht wurde und der Krankenwagen im Schnee steckenblieb, konnte sie die Tränen überhaupt nicht mehr zurückhalten. Schnee war für sie gleichbedeutend mit Tod und der schlimmste Schrecken der Natur. Sie konnte nicht verstehen, dass ich im Winter nichts Besseres zu tun hatte, als die tiefverschneiten Berge zu erklimmen und mich auf meinen Skiern in die Tiefe zu stürzen. Das hatte vor mir noch niemand getan. Jedes Mal, wenn ich loszog, fürchtete sie, sie werde mich nie wiedersehen.

Die Trauer währte nie lange. Bald folgte ihr wieder eine bissig-amüsante Episode aus der Vergangenheit des Dorfes. Ich erfuhr den Ursprung der Spitznamen, die manchmal von einer Generation an die nächste weitergegeben wurden. Die Rolls verdanken ihren Namen ihrer verhalten rollenden Art, sich fortzubewegen. Boglie wurde von »Black« Donald nach dem italienischen Zweite-Weltkriegs-General Pietro Badoglio benannt, der immer wusste, auf welche Seite er sich schlagen musste, damit ihm aus seinen Missetaten kein Strick gedreht wurde. Die Lalas heißen in dritter Generation so, weil ein Großvater mit drei Jahren immer noch wie ein Baby lallte. Gary Dos hat seinen Namen der kecken Stirnlocke eines Großvaters zu verdanken. Sein Vater hörte wegen seiner Vorliebe für Cowboystiefel auf den Namen Cowboy, aber der Name blieb nicht hängen. Die Wests heißen so, weil sie am Westende eines Dorfs voller MacLeods wohnen. Der älteste Sohn beginnt sein Leben jeweils als »der junge West« und wird nach Ableben des Vaters und Erreichen einer bestimmten Altersgrenze in »Old West« umbenannt. Der letzte »Old West« durchlief noch eine weitere Stufe, ein

Enkel Granny Muirs taufte ihn in Speedy West um, da er auf seine alten Tage die Vorteile der Langsamkeit des Seins entschieden zu weit trieb, wenn er seinen zerbeulten Audi 80 vom Pub nach Hause steuerte. Zur Sperrstunde versuchte jeder, vor ihm auf die Straße zu kommen, um die Bildung eines Staus zu vermeiden. Speedy West war allerdings ein Spitzname, den ihm niemand ins Gesicht sagte. Man muss sehr vorsichtig sein, welche Namen man direkt und welche man indirekt verwendet. Hinzu kommt, dass nicht jedermann gleicherweise mit ihnen verfahren kann. Ich würde beispielsweise nie Kenny Pest seinen sich selbst erklärenden Kosenamen entgegenschleudern. Der spitznamenlose Wikinger Hamish Sinclair tut sich da keinen Zwang an.

Granny Muir führte mich auch in die Art ein, wie man in den Highlands eine Geschichte erzählt. Die besten Geschichten, sagte sie immer, hebt man für den Torf auf. Früher war das jedenfalls so, als die ganze Familie, nachdem die Schafe ihre Lämmer geworfen hatten, in den trockenen Maiwochen in den Torfstich wanderte und das Heizmaterial für den nächsten Winter abbaute. »Abbaute« ist der richtige Ausdruck. Es gibt ein wunderschönes Schwarzweißfoto, das ein Fotograf in den zwanziger Jahren von Granny Muir als junger Frau aufgenommen hat. Sie hüpft über einen Wassergraben, in dem sich ihre in der Bewegung festgefrorene Figur spiegelt. Hinter ihr türmt sich ein enormer Torfstoß auf, so hoch wie eine Hütte und so lang wie ein Stall.

Das zweite Gebot einer guten Geschichte lautet, man müsse die handelnden Personen einführen, indem man das Geflecht ihrer verwandtschaftlichen Beziehungen aufbaut, ganz ähnlich wie in der Bibel. Zuerst will man wissen, woher jemand kommt. Bei mir verfehlte das seine Wirkung, weil ich die familiären Zusammenhänge nicht kannte. Der Unkenntnis verhalf sie bald gründlich Abhilfe.

Am Abend nach der Tea Party klingelte das Telefon. Es war eine dunkle Dezembernacht. Granny Muir meldete sich wie immer mit »Achiltibuie zwei-fünf-fünf«. Der Anruf war für mich. Gillies meldete sich, Gillies MacLennan, einer der wenigen im Dorf ohne Spitznamen. Oder wenn er einen hatte, so bekam ich ihn nie zu hören. Gillies war Langustenfischer. Im Winter, wenn die Lachsnetze im Schuppen verstaut waren und auf die nächste Saison warteten, arbeitete ich auf seinem Boot. »Arbeiten« ist wieder einmal so ein Euphemismus. Gillies war in Glasgow auf die Universität gegangen und hatte Gälisch und Latein studiert, kehrte danach in seinen Heimatort zurück und kaufte mit einem Darlehen einer Regionalentwicklungsbehörde einen kleinen Kutter. Unsere Fischzüge sahen in der Regel so aus, dass wir uns um sechs Uhr früh im Hafen verabredeten. Ich war um sechs Uhr dort. Nichts störte die Stille. Es war noch dunkel. Halb sieben. Sieben Uhr. Um Viertel nach sieben tauchte in der Ferne ein Scheinwerferlicht auf. Langsam wand es sich an der kurvigen Uferstraße entlang. Um halb acht Uhr parkte Gillies seinen rostigen Morris Minor auf einer abschüssigen Stelle über dem Pier, damit er ihn später per Rollaktion wieder starten konnte.

Er strahlte voller Tatendrang. Man konnte meinen, er sei auf die Minute pünktlich eingetroffen. Wir ruderten in einem kleinen Boot zur *Vestra* hinaus. Der Kutter lag im äußeren Hafen beschaulich vor Anker. Gillies verschwand durch eine Luke im Maschinenraum. Bald schallten in heller Tenorstimme zum Besten gegebene Psalmen nach oben. Gillies war Vorsänger der örtlichen *Free Church of Scotland*, einer jeglicher Ornamentik baren Kirche, in der eine Viertelstunde dauernde Gebete und die mindestens halbstündigen Predigten von unbegleitetem Gemeindegesang eingerahmt werden. Nach einer Weile erstarb die Tenorstimme. Gillies' dieselverschmiertes Gesicht erschien. Er bat mich, zu einem anderen Boot hinüberzurudern und ein paar Liter Öl zu fladern. Als ich zurückkam, sang er wieder.

Der Dieseltank war voll, das Öl aufgefüllt. Aber der Motor wollte nicht starten. Mittlerweile war es hell, die Crew des anderen Boots traf ein, sie warfen ihre Ankerketten los, ihr Kutter glitt durch die Hafenausfahrt der Sonne entgegen. Wir kletterten in unser Beiboot und ruderten zurück. Gillies hielt den Anlasser in der Hand, den es zu reparieren galt. Wir kletterten in seinen Morris Minor, er sprang schuckelnd an, und wir fuhren auf der kurvigen Küstenstraße zurück zu seinem Haus. Es war ein altes, langgestrecktes Steinhaus, das sein Vater und seine Mutter mit ihm, seiner Frau und seinen zwei Kindern teilten. Es war groß genug. Gillies hatte fünf Geschwister. Jedes Mal, wenn eines auf die Welt kam, hatte sein Vater ein Zimmer an das Haus angesetzt. Sie waren schon lange ausgezogen.

Sein Vater trug den gälischen Spitznamen Drilie, der jemanden beschreibt, der erst leicht beschwipst seine volle Persönlichkeit entfaltet. Als er älter wurde, nannten sie ihn merkwürdigerweise Old Drilie, obwohl keiner seiner Söhne den Spitznamen erbte, es gab also keinen Young

Drilie und einen Old Drilie wie bei den Wests. Old Drilie kümmerte sich hauptsächlich um seine nach einem Schlaganfall halbseitig gelähmte Frau. Sie und Gillies' Frau Kim stammten von der Hebrideninsel Lewis. Beide waren wundervolle Menschen. Beide leben nicht mehr. Kim starb an Krebs. Das letzte Mal sah ich sie im Northern Infirmary in Inverness, ganz blass lag sie in ihrem Krankenhausbett, aber ihre schön geschwungenen Engelslippen und ihre herzenswarmen braunen Augen waren unverändert. Vielleicht hob die Blässe sie sogar noch mehr hervor.

Kim und ich teilen ein Geheimnis, das ich nie jemandem anvertraut habe, aber das ich dieser Schilderung nicht vorenthalten kann. Einmal waren sie und Gillies und ich im Pub. Eine vierte Person schloss sich uns auf der Heimfahrt an. Wir waren alle etwas beduselt. Kim und ich saßen hinten im Lieferraum des holprigen Morris Minor. Plötzlich drückte sie mir mit ihren Engelslippen einen Kuss auf den Mund, den ich nie vergessen werde. Voll glühender Inbrunst und Sinnlichkeit. Das war es. Wir haben nie wieder etwas miteinander angestellt. Die Erinnerung an den Kuss weckt in mir bis heute erotische Gefühle.

An diesem typischen Fischermorgen mit mir als Crewman ihres Manns machte Kim erst einmal Tee und Toast. Nach diesem zweiten Frühstück begaben wir uns zu einem Schuppen, um den Anlasser zu reparieren. Als Gillies das Tor öffnete, versperrten uns drei von der Decke hängende Hirsche den Weg. Die hatte sein Bruder Kenny in der Nacht geschossen. Kenny »Manager«, die einzige Person, die Willie Muirs Redefluss zum Versiegen bringen konnte. Er trägt seinen Spitznamen nicht, weil er eine leitende Position in einer Firma bekleidete, sondern weil er von Kindsbeinen auf alle und jeden in allem und jedem in die richtige Richtung steuerte. Kenny und ich sind bis heute innige Freunde. Wir werden später mehr von ihm hören.

Jetzt bahnten Gillies und ich uns einen Weg durch die Tierleichen zur Werkbank, wo sich Gillies mit Hammer und Stemmeisen als Feinmechaniker zu schaffen machte. Als wir uns wieder zum Hafen aufmachten, war es elf Uhr, die Zeit, um die der Pub öffnet. Wir hielten auf ein halbes Bier an. Aus einem halben wurden zwei, jedes halbe begleitet von einem Gläschen Whisky. Jeder gab eine Runde aus. Wir beschlossen, dass der Tag zum Fischen zu weit fortgeschritten sei. Jeder gab eine zweite Runde aus. Donnie »Darling« MacKenzie kam herein. Das bedeutete, drei weitere Runden. Schließlich erschien Old West. Das bedeutete, der Tag war so gut wie gelaufen. Old West hatte den Körperbau eines Eichenfasses, und er hielt sich zugute, dass dieses Fass auch voll gefüllt nie ein Zeichen von Überfüllung verriet. Zum Glück gab es damals eine Sperrstunde um zwei Uhr nachmittags.

Granny Muir hielt glücklicherweise Mittagsschlaf, als ich durch die Verandatür stolperte. Am nächsten Morgen waren Gillies und ich wieder um sechs Uhr am Hafen verabredet. Der Wind heulte um meinen Wagen. Er kam um sieben. Wir ruderten zur *Vestra* hinaus. Sie zerrte wild an ihrer Ankerkette. Gillies verschwand Psalmen singend im Motorraum und montierte den Anlasser. Der Motor sprang an, als sei er neu aus der Fabrik. Ich warf die Ankerkette los. Wir fuhren in eine tosende Dunkelheit. Bald bäumte sich der kleine Kutter gegen steil anlaufende Wellen auf.

Als wir aus dem Windschatten der Inseln auf das offene Meer fuhren, konnten wir uns nur auf den Beinen halten, indem wir uns zwischen die Wände des winzigen Steuerhauses klemmten.

Je weiter wir uns hinauswagten, umso wilder gebärdete sich die See. Der Sturm riss die Gischt von den Wellenkämmen. Die Sicht schrumpfte auf die Länge eines halben, dann auf die eines Viertel Fußballfeldes. Nur der unermüdlich kreisende Radar verriet uns, wo wir waren. Es wurde hell. Plötzlich tauchte hinter uns geisterhaft ein Trawler aus einem anderen Hafen auf, gut drei Mal so lang wie unser Schiff. Eine Welle hob ihn auf, bis nur noch die Schraube und das Steuerruder Kontakt mit dem Wasser hatten. Der Rumpf schwebte in der Luft. Dann schlug er schwer in das nächste Wellental. Der Kapitän besann sich eines Besseren und drehte um.

Jetzt besann sich auch Gillies. Die Heimfahrt dauerte eine halbe Ewigkeit. Wir mussten vor dem Wind kreuzen, damit uns die wie grüne Wände nachlaufenden Wellen nicht vornüberkippten. Schließlich liefen wir mit stolzgeschwellter Brust im Hafen ein. Wir waren Helden! Die Helden von Achiltibuie! Keine Schönwetterfischer wie die anderen, die am Pier standen und nicht einmal zu ihren Schiffen hinausgerudert waren. Wir hatten den Elementen eins ausgewischt! Zufrieden, aber ohne eine einzige Languste gefangen zu haben, packten wir unsere für das Lunch gedachten Sandwiches aus und gossen Tee aus Thermosflaschen in unsere Becher.

Und nun, an diesem Abend nach der Tea Party, als Gillies mich unter »Achiltibuie zwei-fünf-fünf« anrief, erwartete uns ein neuer Heldeneinsatz. Ein Junge war auf seinem Feuerstuhl an der Küste zwischen Reiff und Altandhu entlanggebrettert und hatte ein brennendes, in der Minch treibendes Boot ausgemacht. Es wehte ein heftiger, auflandiger Wind, fast schon ein Sturm. Wir mussten helfen. Als ich am Hafen eintraf, war Gillies bereits zur Stelle. Der Motor sprang auf den ersten Knopfdruck an. Ich warf die Ankerkette los. Als die anderen Boote ihre Liegeplätze verließen, waren wir bereits halbwegs am Einsatzort. Es dauerte nicht lange, bis wir das unbeleuchtete Schiff entdeckten. Es war so lang wie jener Trawler, der im Sturm hinter uns aufgekreuzt war. Das Feuer war erloschen. Ein breitschultriger, hochgewachsener, windzerzauster Mann stand wie eine Mythenfigur im Bug. Das Schiff trieb unerbittlich auf die Klippen zu.

»Kennst du ihn?«, fragte ich Gillies.

»Das ist Desperate Dan!«, erwiderte er.

Desperate Dan? Der Hauptcharakter eines seit den 30er Jahren in Dundee verlegten Comichefts. Für Fragen blieb keine Zeit. Im letzten Augenblick gelang es uns dank eines gewagten Manövers, der heroischen Gestalt ein Tau zuzuwerfen, bevor sein Schiff auf die Felsen krachte. Ganz langsam, Meter um Meter, zerrte die *Vestra* den schweren Pott aus der Brandung. Als wir sicheren Abstand zwischen uns und das Ufer gebracht hatten, traf das Seenotrettungsschiff aus Lochinver ein. Es gab uns das Geleit. Wieder fühlten wir uns wie Helden.

Granny Muir amüsierte sich köstlich über unser Abenteuer. Der Tradition folgend, mich in familiäre Zusammenhänge einzuweihen, erzählte sie mir von Desperate Dans Vergangenheit. Sein Vater war ein bettelarmer Büdner gewesen, der seine Kinderschar nicht anständig zu ernähren vermocht hatte. Mehr mitleidsvoll als strafend machte sie die Trunksucht für eine sich von Generation zu Generation fortsetzende Geschichte von Tunichtguts verantwortlich. Die Familie lebte in einer feuchtnassen, ungeheizten Kate. Die Frau des Ladenbesitzers William Sinclair, des wohlhabenden Großvaters unseres Wikingerbärenfreundes Hamish, dem wir im ersten Kapitel begegneten, drehte immer mal wieder einem ihrer Hühner den Hals um, damit Desperate Dan und seine Geschwister jedenfalls hin und wieder etwas Anständiges zu essen auf den Tisch bekamen.

Desperate Dans Eskapaden trugen ihm seinen Spitznamen ein. Als Zehnjähriger unternahm er den Versuch, in einem am Ufer angeschwemmten, für Pökelhering bestimmten Holzfass zu der seinem Haus vorgelagerten Geißeninsel zu schippern. Das Fass schlug voll Wasser. Ein Bauer, der nach seinen Schafen sah, rettete ihn vor dem Ertrinken. Als Zwölfjähriger bekam der hoffnungslose Daniel die Knarre seines Vaters zu fassen. Er kniff ein Auge zu und inspizierte mit dem anderen Auge den Lauf. Dabei löste sich ein Schuss. Seither ist er auf einem Auge blind. Jetzt lebte er in dem Hafenstädtchen Ullapool, einem mit Sozialwohnungen und anderen Annehmlichkeiten des Wohlfahrtsstaates versehenen Auffangbecken für Achiltibuies Bevölkerungsüberschuss.

Am Tag nach der Rettung von Desperate Dans im Sturm treibenden Schiff vor den Klippen von Reiff wollte er die letzte Etappe seiner Fahrt nach Ullapool absolvieren. Er bat uns, sein Schiff zu schleppen. Nach zwei Seemeilen kam die *Vestra* nicht mehr vorwärts, der Pott im Schlepptau drohte abzusaufen, obwohl eine Pumpe, die wir an

Bord gehievt hatten, auf vollen Touren lief. Ich riskierte mein Leben und sprang an Bord des Seelenverkäufers. Desperate Dan hockte tief unten im Laderaum und versuchte mit seinen Fingern, den Wassereinbruch aus zwei Löchern zu stoppen. Er blickte nach oben und strahlte mich mit goldblitzenden Zähnen an, »Ich sag dir was, sie ist ein grandioser Dampfer, ein grandioser Dampfer, wenn ich sie erst einmal auf Vordermann gebracht habe. Hier und da ein paar Löcher, sonst fehlt ihr nichts. Ein grandioser Dampfer! Ein besseres Schiff findest du weder hier noch auf den Hebriden!«

Wie durch ein Wunder gelang es uns, den Untergang der morschen Titanic mit Holzscheiten und Lumpen und Teer aufzuhalten. Später hörten wir Desperate Dans Story. Der Pott hatte jahrelang halb unter Wasser im Hafenbecken von Stornoway, der Hauptstadt der Hebriden, gelegen. Dort hatte er ihn »günstig« gekauft. Der Kapitän der Hebridenfähre hatte ihn gewarnt, draußen in der Minch sei ein Sauwetter, aber er und seine zwei Helfer ließen sich nicht ins Bockshorn jagen, »sie ist ein grandioser Dampfer«. Halbwegs über der Minch hatte der Motor den Geist aufgegeben, »nur ein klitzekleines Problem«.

Aber groß genug, den Kahn nicht wieder in Gang zu kriegen. Sie trieben ruderlos mit der Breitseite zu den Wellen. Nichts funktionierte mehr, kein Licht und kein Funksignal. Sie schlitterten auf dem verölten und von Seetang glitschigen Deck wie Besoffene von einer Seite zur anderen. Einer der drei kam auf die Idee, einen ölgetränkten Lumpen anzuzünden. Das war ihre Rettung.

Ein paar Tage später gelang es Desperate Dan, den grandiosesten Dampfer zwischen der Westküste und den

Hebriden auf der Rückseite des Fähranlegers von Ullapool bei Flut auf Grund zu setzen. Es gelang ihm sogar, den brüchigen Pott weiterzuverkaufen. Der Käufer meldete ihn als Fischkutter an und kassierte ein paar Jahre später eine satte Abwrackprämie von der EU.

Granny Muir hielt nicht viel von Gillies' Begabung als Fischer, mit Ausnahme einer Nacht. In der Nacht fuhren wir zu viert mit Heringsnetzen hinaus. Die anderen Teilnehmer der Expedition waren der junge West und spätere Ali Post sowie Murdo MacNeileage, der wegen seiner Neigung zum Quartalssaufen den Beinamen »Brasso« trug. Brasso ist eine seit 1904 von der Firma Reckitt & Sons vertriebene Metallpolitur, die fünf Prozent Alkohol enthält. In dieser Nacht war er stocknüchtern. Heringsfischen war im gesamten Nordostatlantik bei schwerster Strafe verboten; die Bestände galten als ausgerottet.

Auf unserer Peninsula bleibt nichts geheim. Wenn sich jemand an ihrem westlichen Ende in Reiff die Zehennägel schneidet, kommt die Nachricht davon am anderen Ende als versuchter Selbstmord an. Niemand erfuhr ein Sterbenswörtchen von unserer Expedition, aber die ganze Halbinsel wusste Bescheid. Wir überquerten die schmale Meerenge nach Tanera, eine sichelförmige Insel, deren geschwungene Bucht auf ihrer Ostseite einen natürlichen Hafen bildet. Im Mittelpunkt der geschwungenen Bucht steht die Ruine einer Heringsfabrik. Sie war ein Zentrum europäischen Heringsfangs im 19. Jahrhundert. Hunderte Fischereifahrzeuge und Frachtschiffe ruderten, segelten und dampften hierher, kauften, verkauften, handelten oder suchten Schutz vor der See und den Stürmen.

Wir ließen unsere Netze unter einer dunkel aufragenden Felswand ins Wasser. Dann legten wir an dem alten Pier der verfallenen Pökelei an und warteten. Brasso holte eine Blechdose mit Golden Virginia hervor und drehte eine Zigarette. Ich tat es ihm gleich. Wir unterhielten uns mit gedämpften Stimmen, als ob wir die Heringe verschrecken und uns verraten könnten. Zwei Stunden später startete Gillies den Motor – er sprang sofort an! – und steuerte zum Netz. Es glitzerte und gleißte, es schimmerte und flirrte. Wir holten die zappelnde Masse an Bord und schüttelten sie aus. Ich weiß nicht mehr, wie viele Kisten wir füllten. Es war ein Fischzug aus dem Vollen. Wir tuckerten zum Kai der Pökelfabrik, machten das Boot wieder fest und brieten einen Mitternachtsschmaus. Frisch gebratener Hering! Gibt es etwas Besseres?

Am nächsten Tag brachten wir allen, von denen wir wussten, sie würden es zu schätzen wissen, eine mit Hering gefüllte Plastiktüte. Granny Muir und ich lebten tagelang von der Delikatesse. Ihr extravaganter Lieblingssohn mit den Gesichtszügen eines Hollywoodstars geriet total ins Schwärmen; seine Kindertage, in denen Hering und Kartoffeln fast jeden Tag auf den Tisch kamen, standen ihm als die glücklichste Zeit seines Lebens vor Augen.

Coigach Hills

Der Clan der Fraser

Ist »verkuppeln« ein zu starker Ausdruck?

Ich habe mir gerade folgenden Eintrag aus dem Alle-Welt-weiß-alles-Lexikon Wikipedia zu Gemüte geführt: »Bei einer arrangierten Heirat ist Vertrauen zwischen den Heiratswilligen und Heiratsvermittlern entscheidend für eine erfolgreiche Heiratsvermittlung. Die Heiratsvermittler bzw. Familien brauchen viel psychologisches Einfühlungsvermögen bei der Eheanbahnung. Wichtig ist nicht nur ein charakterliches Zusammenpassen der Brautleute, sondern auch ein passendes soziales und familiäres Umfeld. Das Arrangieren einer Heirat führt nicht immer zur vollen Zufriedenheit aller Beteiligten. Sozialer Druck und überzogene bzw. falsche Erwartungen können den Prozess überschatten, was die objektive Entscheidungsfreiheit von Braut und/oder Bräutigam beeinträchtigen kann. Natürlich gibt es auch eindeutige Fälle, in denen eine Braut oder ein Bräutigam zu einer Heirat gezwungen werden. Allerdings ist oft der feine Unterschied zwischen Zwangsheirat oder nicht (so wirklich) gewollter Heirat nicht leicht erkennbar.«

Vielleicht ist »zusammenführen« ein treffenderer Begriff für das, was sich abspielte. Die Wikipedia-Gründung lag zweiundzwanzig Jahre in der Zukunft, als Granny Muirs Enkelin Karin, ebenjene Enkelin, durch die ich den Weg nach Achiltibuie fand, mir von einer Cousine erzählte, die bald über ihre Ferien nach Achiltibuie kommen werde. Die lebte in London, ihr Vater hatte vor ein paar Jahren Big Hughs Haus erworben. Dass dieses Haus »Big Hughs House« hieß, ist mit der, oberflächlich betrachtet, patriarchalischen Gesinnung des Hochlands zu erklären, die das in Wahrheit herrschende Matriarchat den männlichen Mitgliedern der Gemeinschaft erträglicher macht. In Wahrheit hätte es den Namen »Minas Haus« verdient. Mina und Hugh MacLeod waren Geschwister. Wie die meisten Häuser bessergestellter Bewohner zu jener Zeit hatte es zwei Zimmer unten und zwei Zimmer oben sowie Bad und Küche in einem Wellblechanbau. Zwischen den zwei Zimmern im Obergeschoss besaß es obendrein eine Kammer. Die Kammer hatte ein eigenes, drittes Giebelfenster zwischen den Giebelfenstern der beiden Schlafzimmer, was dem Haus fast einen Hauch von Wohlstand verlieh, vor allem, da jede dieser Gaupen von einem kunstvoll geschwungenen gusseisernen Dachreiter gekrönt war. Die Kammer war winzig, aber die musste Big Hugh als Schlafzimmer genügen, obwohl er darin nur mit angezogenen Beinen liegend Platz fand. Er war, wie sein Name verrät, *big*. Groß. Das große Schlafzimmer war für durchreisende Pastoren reserviert, die seit dem Verkauf des großen Pfarrhauses gegenüber der Kirche bei gelegentlichen Besuchen auf das Unterkommen in Minas, Entschuldigung, Big Hughs Haus angewiesen waren.

Die gottesfürchtige Mina erhielt den zweiten Raum im Untergeschoss ebenfalls in tadellosem Zustand. Er diente den besuchenden Pastoren als Esszimmer. Big Hugh wich in einen etwas abseits gelegenen Wellblechschober aus, in dem er seiner Red- und Leutseligkeit sowie seiner Vorliebe für das bernsteinfarbene Nationalgetränk seiner Heimat unbeschwert frönen konnte. Wer dem Nationalgetränk zuspricht, ohne ihm total zu verfallen, verdient sich soziale Anerkennung. So war es kein Wunder, dass Big Hugh bald in das Grafschaftsparlament von Ross-shire gewählt wurde. Nach Ratssitzungen machte er ausgiebig von den sich ihm dadurch eröffnenden Gelegenheiten Gebrauch, dem Regime seiner Schwester zu entfliehen und nach politisch unabdingbaren Barbesuchen auf Kosten der Lokalverwaltung seine Beine auf einem Bett des *Royal Hotel* in Dingwall lang zu machen. Mina kümmerte sich unterdessen um ihre Gärten. Sie sprach immer im Plural von ihren Gärten. Granny Muir liebte es, Minas affektierte Art nachzuahmen, in der sie die Mehrzahl betonte, *garden***s** mit summendem S. Trotz oder vielleicht gerade wegen ihrer tief calvinistischen Gesinnung war es Mina nämlich wichtig, eine Sonderrolle einzunehmen. Ist es nicht genau das, was der Genfer Reformator und Urheber des schottischen Protestantismus Johannes Calvin mit dem Wort »Prädestination« gemeint hatte?

Dem Diktum Granny Muirs folgend, dass man in jeder Geschichte zuerst den familiären Hintergrund der handelnden Personen aufspannen müsse, wollen wir noch eine Generation weiter zurückgehen. Big Hugh kam seinen eigenen Worten zufolge als großes Baby auf die Welt, und er wuchs schnell. Er war noch nicht ausgewachsen, als der Vater, ein Mann von ebenfalls stattlicher Statur, für viele Jahre aus seinem und Minas Leben verschwand. Der örtlichen Sage nach wurde er zuerst Polizist in Glasgow, dessen Bewohner zwar zur Gewalttätigkeit neigen, aber mehrheitlich kleinwüchsig sind. Wenn die Pubs zumachten, griff er sich die renitentesten Charaktere und unterzog sie einer Schüttelstrafe, bei der er sie an den Fußgelenken griff und in die Höhe hielt. Er sammelte sorgsam die ihnen dabei aus der Tasche gefallenen Münzen auf. Als er genug Geld beisammen hatte, kaufte er eine Passage nach Amerika. Dort fand er eine Anstellung beim letzten großen Eisenbahnbau. Er setzte bei seinem Schichtführer doppelte Bezahlung dafür durch, dass er jedes Mal zwei anstatt einer Schwelle auf den Gleiskörper trug. Über seine späteren Heldentaten gibt es drei Versionen. Der ersten zufolge wurde er, als die Bahnlinie an der Westküste anlangte, Kabelbahnwagenführer in San Francisco, ein Job, der enorme Körperkraft und Ausdauer erforderte. Einer zweiten Version zufolge führte er während der Prohibition eine Kneipe, in der dritten Version war es ein Hurenhaus.

Als er Jahre später zurückkehrte, wollte seine Frau ihn nicht einlassen. Erst als sie von ihren Nachbarn zugesteckt bekam, er sei ein reicher Mann, ließ sie sich erweichen. Und tatsächlich: Bald kam ein Lieferwagen des Musikhauses Buchanan aus Inverness in das Dorf und brachte ein schön lackiertes Klavier für Mina. Das Autohaus MacRae & Dick lieferte einen ebenso schön lackierten Morris Eight für Big Hugh. Beides, das Klavier und das Auto, waren Sensationen auf der Halbinsel.

Minas und Big Hughs Vater überlebte seine Rückkehr nicht lange. Er hatte Raubbau an seinen körperlichen Kräften betrieben, aber er hinterließ ein beträchtliches Vermögen. Erst zu der Zeit begann übrigens die Geschichte vom Hurenhaus die Runde zu machen. Wie so oft spielte auch hierbei Neid eine Rolle, der, wie wir ja schon wissen, unter den Bewohnern Achiltibuies nicht weniger tief verwurzelt ist als anderswo in Schottland. Wenn man etwas tiefer in der Geschichte wühlt, hat der Unmut über den Erfolg anderer vermutlich seine Wurzeln im Calvinismus mit seiner Verengung der christlichen Wertgleichheit des Lebens auf eine nackte Gleichheit aller vor dem Gericht Gottes. Vielleicht ist es kein Wunder, dass erfolgreiche Schotten wie Andrew Murray und Sean Connery trotz ihrer Bekenntnisse zum Nationalismus lieber im Ausland leben. In Achiltibuie vermeiden die Söhne erfolgreicher Väter die Schmach öffentlicher Missgunst durch angestrengte Versuche, *nicht* aus der Menge zu ragen.

Bei Big Hugh war das auch der Fall. Er wollte beliebt sein, aber um Himmels willen nicht beneidet werden. Davon zeugen seine der Nachwelt überlieferten Kämpfe im Bezirksparlament, die jeweils über das Scottish Office in Edinburgh bis an die Regierung und das Parlament in London weitergereicht wurden. Er drängte darauf, dass Achiltibuie an das nationale Straßennetz angeschlossen werden sollte; er wollte einen Tunnel durch das Bergmassiv an der Landseite der Halbinsel sprengen lassen und dadurch die Fahrzeit nach Ullapool von einer dreiviertel auf den vierten Teil einer Stunde verkürzen. Dann reichte er ein Begehren ein, das es der Polizei ermöglichen sollte, Bewohnern entlegener und dünnbesiedelter Gebiete pauschale Ausnahmegenehmigungen zu erteilen, von der Kneipe nach Hause zu fahren, auch wenn sie zwei oder drei Drinks zu sich genommen hätten. »Zwei oder drei« ist im Gälischen, das in Big Hughs Generation als Muttersprache gerade vom Englischen abgelöst wurde, eine sehr unspezifische Mengenangabe, bei der es sich auch um vier oder fünf handeln kann. Die einzige Bedingung, die er vorschlug, hieß, die Kneipenheimkehrer müssten ganz langsam fahren. Beide Eingaben wurden abschlägig beschieden. Der zweite Vorschlag war seiner Zeit weit voraus. Im Jahr 2012 stellte der Abgeordnete eines Wahlkreises im Westen Irlands in der Dáil Éireann einen praktisch gleichlautenden Antrag an die irische Regierung. Er drang damit ebenfalls nicht durch.

Hughs Schwester Mina verlieh, wie wir an den Gärten im Plural gesehen haben, ihrer finanziell gesicherten Position durch gewisse soziale Allüren Nachdruck. Aber sie wusste die Allüren ihrer Gottesfurcht unterzuordnen. Sie führte ein frugales Leben. Sie überlebte ihren Bruder um etliche Jahre. Nach ihrem Tod erbte die *Free Church* ihre und ihres Bruders gesamte Hinterlassenschaft. Allein deshalb wollen wir den bösen Zungen keinen Glauben schenken, die bis heute die Geschichte vom Hurenhaus verbreiten.

Ein Gutteil der Hinterlassenschaft bestand aus dem Geld, das der Vater der mir von Karin angekündigten Cousine Mina für ihr Haus gezahlt hatte. Dass sie es ihm und keinem anderen verkaufte, hatte Granny Muir eingefädelt. Ihr Neffe hieß wie ihr Sohn Willie, aber mit Nachnamen Gunn. Er war in Ness, dem nördlichsten Dorf auf der nördlichsten Insel der Äußeren Hebriden, aufgewachsen. Die Bewohner von Ness sind von besonders strengen Calvinisten zu besonders fester Glaubenstreue bekehrte Wikinger. Willie Gunn hatte ein Gesicht wie ein Felsgestein. Alles an ihm war überlebensgroß, der blanke Schädel, die dröhnende Stimme, die riesige Nase, sogar die Papula neben der Nase. Seine Mutter, Granny Muirs

Schwester, kam unter den Inselbewohnern ins Gerede, weil sie das aus Pökelhering und Kartoffeln bestehende tägliche Brot durch selbstgezogenes Gemüse anreicherte und Willie wegen seiner Sehschwäche zum Optiker auf das Festland brachte, von wo er mit einer Brille zurückkam, anstatt ihn in dem Zustand zu belassen, in dem der Herrgott ihn erschaffen hatte.

Lewis ist eine Emigranteninsel. Die Emigranten fallen in drei Kategorien. Die einen machen auf dem Festland Karriere, die zweiten werden Alkoholiker, die dritten kehren zurück und bekehren sich zu gottesfürchtigem Leben. Willie Gunn und seine Geschwister gehörten der ersten Kategorie an. Sein älterer Bruder wanderte auf die Bahamas aus, kaufte eine Segelyacht und verlieh sie an reiche Amerikaner. Er ging mehrmals bankrott, aber machte die finanziellen Verluste durch gutes Heiraten wett. Seine Schwester heiratete einen englischen Teepflanzer und lebte im südindischen Kerala und in Kamerun. Willie ging in der englischen Kathedralenfeste Durham auf die Universität und wurde Atomphysiker. Er konstruierte in der britischen Atomfabrik Aldermaston den Zündmechanismus für die britische Bombe, probierte sie auf dem amerikanischen Testgelände in Nevada aus und arbeitete am Teilchenbeschleuniger des CERN in Genf, wo westliche und östliche Atomphysiker sich während des Kalten Krieges gegenseitig ausspionierten. Und … jetzt muss ich zwölf Jahre vorgreifen.

1992, die Zufälle des Lebens hatten aus mir mittlerweile einen rasenden Reporter der *ZEIT* gemacht, besuchte ich mehrere Tage lang das sowjetische Atomtestgelände Semipalatinsk im heutigen Kasachstan. Dort lernte ich einen

Juri Tscherepnin kennen. Der sprach von dem unwiderstehlichen Streben des menschlichen Geistes, über sich selbst hinauszuwachsen, und schwärmte strahlend wie ein bastelbegeisterter Junge von seinem Lieblingsprojekt, einem gerade 60 Zentimeter hohen und 34 Zentimetern breiten Reaktor mit der Codenummer 300 und dem Energieausstoß eines ganzen Atomkraftwerks, der Prototyp für ein Antriebsaggregat zukünftiger Marsraketen. Tscherepnin war in der Einöde Sibiriens aufgewachsen, hatte das Polytechnikum in Tomsk besucht und als Einserkandidat abgeschlossen. Ein Job in Semipalatinsk war sein Traumjob. Nur die wissenschaftliche Elite kam in die Auswahl. Atomphysik übte damals eine geradezu romantische Anziehungskraft auf junge Wissenschaftler aus.

Wie das in Russland so ist, gingen wir in die Sauna. Zwischen dem Schwitzen aßen wir mit Wurst belegtes Roggenbrot, tranken Wodka und kamen ins Reden. Ich erwähnte Willie Gunn, der wie er aus der Einöde stammte und ebenfalls als Einserstudent Karriere in der Atomforschung gemacht hatte, und dass ich bei einem Besuch in Vancouver Island an der kanadischen Westküste erfahren hatte, dass der dort als Ripple Rock Willie beträchtliches Ansehen genieße. Die Sprengung des Unterwasserfelsens, an dem über die Jahre hundertzwanzig Schiffe aller Größenordnungen aufgelaufen und hundertzwanzig Seefahrer ihr Leben gelassen hatten, hat einen legendären Status in Kanada. Der Mann mit dem Felsenschädel und der großen Pustel neben der Nase war als führender Mann eines britischen Teams beteiligt. Ihm ging es nicht in erster Linie darum, das Leben von Seefahrern zu retten, sondern ein an der kanadischen Küste vergrabenes seismisches Kabel zu kalibrieren, das durch Atomversuche in Semipalatinsk verursachte Erschütterungen aufzeichnete.

Zu meinem Erstaunen wusste Tscherepnin das. Nicht nur das, er wusste auch, dass Ripple Rock Willie mein Schwiegervater war … aber so weit sind wir ja noch gar nicht!

Willie Gunn empfand Achiltibuie immer als seine Urheimat und Granny Muir als seine Zweitmutter. Sie fädelte den Hauskauf ein. Sie machte ihm klar, dass kein Weg an den harten Holzbänken der *Free Church* vorbeiführe. Also holte er Mina zum angegebenen Zeitpunkt ab. Mina trug eine an eine gestrickte Nachtmütze erinnernde Kopfbedeckung und einen bis zu ihren Knöcheln herabfallenden schwarzen Rock, darüber eine dunkellila Wolljacke. In der Kirche herrschte eine andächtige Stille wie vor einem Begräbnisgottesdienst. Es war die einmal im Jahr abgehaltene Abendmahlsfeier. Sie dauerte drei Stunden. Willie Gunn, total nikotinsüchtig, blieb nichts anderes übrig, als sich drei Stunden mit seinen Fingern im Kirchengestühl festzukrallen. Aber er bekam sein Haus.

Nicht für lange. Schuld daran war wieder Granny Muir. Und seine jüngste Tochter Sheileagh, die ihre Cousine Karin mir mit subtil weiblicher List ans Herz legte. Ich fand schon den Namen in seiner gälischen Schreibweise total sexy. Ich hatte mich in sie verliebt, bevor ich ihr überhaupt begegnete. Ich sehnte mich nach ihrer Gegenwart ohne die leiseste Ahnung, wie sie aussah, wie sie sprach, wer sie war. Dann erschien sie auf der Bildfläche und übertraf all meine Erwartungen. Eine kühn gewölbte Nase; nussbraune Augen; ein ständig lachendes Gesicht; lange, schlanke Finger; ein wunderschön geformter Busen;

extravagantes Auftreten. Und das auf einem sonst gar nicht zu ihrer Erscheinung passenden, soliden Fundament aus Kletterstiefeln. Ich machte mich in der Wheelhouse Bar im benachbarten Lochinver während der dort jeden August abgehaltenen *Highland Games* an sie heran. Sie erwiderte meine prädestinierte Hingerissenheit mit kühler Unzugänglichkeit. Die hielt nicht lange vor. Bald lagen wir uns in den Armen. Zwei Wochen später brannten wir durch.

Wir trafen uns heimlich – das heißt, ohne Wissen Granny Muirs – in Glasgows Hauptbahnhof. Sheileagh hatte ihr Haar in ein paar Tagen, in denen wir uns nicht gesehen hatten, hennarot gefärbt. Nach überwundenem Schock schlenderten wir zum Bahnhof an der Queen Street und stiegen in den Zug nach Oban ein. In Oban bestiegen wir nach einer Nacht im *Caledonian Hotel* die Fähre nach Barra, der südlichsten Insel der Äußeren Hebriden. Die Lautsprecheranlage knackte. Eine heitere Kapitänsstimme verkündete erst auf Gälisch und dann auf Englisch die Wettervorhersage: »Stürmischer Wind 8 bis Sturm 9, Seegang rau bis sehr rau«.

Das Meer war so wild, dass man keine geordneten Wellen ausmachen konnte, nur weiß schäumende Wasserberge, die hier und da aus einem chaotischen Gewoge aufstiegen, und hin und wieder Delfine, die wie in wilder Freude aus der Gischt sprangen und von umstürzenden Brechern zurückgeschlagen wurden. Immer wieder stürzte das 100 Meter lange Schiff mit solcher Wucht in Wellentäler, dass der ganze Rumpf bebte und zitterte. Der Gedanke an ein herzhaftes Fisch-und-Pommes-Lunch im Schiffsrestaurant verlor bald seinen Reiz. Meine Arme und

Beine gehorchten nur noch mit Mühe den vom Hirn an sie gesendeten Signalen. Das Blut rann mir wie Blei durch die Adern. Die Augenlider wurden schwer. Und ich war Fischer! Sheileagh saß mir völlig unbekümmert gegenüber. Ich versuchte mit aller Willensanstrengung, mir nicht anmerken zu lassen, dass ich am liebsten wie ein ungestüm in der Wiege geschaukeltes Baby eingeschlafen wäre.

Ein Steward feudelte Erbrochenes am Nachbartisch auf und diagnostizierte: »Ah, Käsenudeln, die kommen gut wieder hoch.« Ein bärtiger junger Mann setzte sich in dem völlig leeren Schiffsrestaurant an unseren Tisch. Er erzählte, dass er einen Überlebenskurs in einem abgelegenen Trainingszentrum absolviert habe. Er sah ziemlich grün im Gesicht aus. Seine Worte verschliffen sich. So sehr er sich anstrengte – letztlich warf sein Magen doch seinen Inhalt aus. Er versuchte, das Unvermeidliche zu vermeiden, indem er mit der Hand die dem Druck von unten nachgebenden Lippen zusammenhielt. Die Magenkräfte waren stärker, sie quetschten sein halbverdautes Abendessen durch die Finger in sein Barthaar.

Die Überfahrt dauerte dreiundzwanzig anstatt fünf Stunden. Immer wieder versuchte das Schiff, aus dem Windschatten einer kleinen Insel in das offene Meer vorzudringen. Immer wieder wurde es zurückgeschlagen. Irgendwann in der Nacht gelang dem Kapitän das Unterfangen dann doch. Am nächsten Tag liefen wir erschöpft in den Hafen von Barra ein.

Auf einem Hügel über der Hafeneinfahrt sah eine Marmorstatue der heiligen Maria zu. Barra ist katholisch wie der Süden Irlands. Jedes zweite Geschäft und jeder zweite

Lieferwagen gehört jemandem mit Namen MacNeil. Die MacNeils sind Abkömmlinge eines High King of Ireland. Die Insel ist so anarchisch wie das von Heinrich Böll in seinem Irischen Tagebuch beschriebene Zauberland. Ein MacNeil stellte seinen Schaufellader mit laufendem Motor vor der Bar des *Castlebay Hotels* ab und verschwand auf ein Bier. Zwei Stunden später rumorte das Baufahrzeug immer noch auf dem Parkplatz vor sich hin. In der Lokalzeitung stand ein Artikel über einen zwischen einem vom Festland herübergebrachten Polizisten und ortsansässigen Verkehrsteilnehmern ausgebrochenen Kleinkrieg. Einen TÜV gab es nicht, Trunkenheit am Steuer war normal. Rostlauben jagten in Hochgeschwindigkeit über die Straßen. Die Einheimischen empfanden das Ansinnen des Polizisten, dem ein Ende zu setzen, als Schikane. Also schikanierten sie ihn, hämmerten nachts mit den Fäusten an seine Tür und machten ihm auf jede erdenkliche Art das Leben zur Hölle.

Wir quartierten uns im *Castlebay Hotel* unter dem Namen Gunn ein. Auf den Straßen mag Anarchie herrschen, aber Katholizismus ist Katholizismus. Wir wanderten liebesnärrisch über die Insel, wir gaben unserem Verlangen im Moos hinter einer steingemauerten Schafhürde nach. Wir tanzten auf einer *Cèilidh* in der Dorfhalle. Eine Barbekanntschaft horchte uns auch über unsere Herkunft aus. Wir gaben bereitwillig Auskunft. Als wir nach zwei Tagen abreisten und ich die Hotelrechnung mit einem auf meinen Namen ausgestellten Scheck beglich, machte die Wirtin mich zur Schnecke. Jemand habe ihr schon zugesteckt, schimpfte sie, dass wir nicht verheiratet seien, sie habe das gleich gerochen. Wir machten uns wie begossene

Pudel davon nach Eriskay. Das offene Boot glitt durch windgeschützte Gewässer nach Norden. Uns gegenüber saßen vier Nonnen. Sie durchbohrten uns wie Nornen mit unverwandten Blicken. Wir entkamen ihnen an Land in den einzigen Pub der winzigen Insel, einem grau verputzten Bungalow namens *Politician*. Wir fanden eine Verschnaufpause auf unserer Flucht vor der Moral.

Im Eingang der Kneipe stand in einer Glasvitrine ein zu drei Vierteln mit honigbrauner Flüssigkeit gefüllter Flachmann. Drinnen hing ein Foto von einem zahnlosen alten Mann, der stolz zwei ähnliche Flaschen hochhielt. Der Wirt berichtete uns respektvoll, er habe nicht mehr die Ehre gehabt, den Gentleman auf dem Bild kennenzulernen, der sei vor einigen Jahren gestorben. Die *SS Politician*, nach der der Pub benannt wurde, war ein Frachter, der 1941 Schiffbruch erlitt. In den Frachträumen lagerten 22000 Kisten Whisky, die auf mysteriöse Weise verschwanden. Der pflichteifrige Zollinspektor des Bezirks führte endlose Razzien zu deren Wiedererlangung durch und drang auf drastische Bestrafung der Whiskydiebe. Er scheiterte kläglich. Die Flasche in der Vitrine war eines der letzten unkonsumierten Zeugnisse der hochprozentigen Ladung.

Der Gentleman auf dem Foto war einer der Komplizen in dem Komplott, das den Stoff für einen humoristischen Roman abgab, der unter dem Titel *Whisky Galore!* verfilmt wurde. Es erschien auch ein Sachbuch über den Vorfall, das in der Bar auslag. Sheileagh fand darin flugs ihren Großonkel Willie, Granny Muirs Bruder, der eine Rolle in der Affäre gespielt hatte. Er war Polizeipräsident des Hochlands gewesen; zu seinem Bezirk gehörte die Insel. Er hatte dem Zoll polizeilichen Beistand verweigert. Die Polizei, meinte er, habe Wichtigeres zu tun. Er selbst war dabei gewesen, einen Mordfall aufzuklären, ein melodramatisches Verbrechen in einem dunklen Felsental über Loch Ness. Die Zollbehörde beschwerte sich, aber er hatte nicht nachgegeben. Ein paar Monate später stand eine Kiste aus der Ladung auf den Stufen seines Kücheneingangs, als habe der Milchmann sie dort hingestellt. Das stand nicht in dem Buch, das hatte er Sheileagh erzählt.

Ein gewisser Stolz schwang da mit. Sheileagh fühlte sich, dem kam ich erst später auf die Spur, den Frasers zugehörig, nicht den Gunns. In Achiltibuie heißt es, wenn man einen Fraser mit einem Gorilla kreuze, komme immer noch ein Fraser heraus. Etwas vornehmer könnte man sagen, einmal ein Fraser, immer ein Fraser. Sheileaghs Großonkel Willie Fraser war der Häuptling der Achiltibuie-Frasers. Er galt als abgedreht und unzugänglich, eine harte Nuss und völlig unbekümmert um die Meinungen anderer Leute. Er hatte ein fein gemetztes Gesicht und riesige Hände. Pratzen, die, wenn er aufrecht stand, fast bis zu seinen Knien baumelten. Wenn er in seinem Garten arbeitete und orangefarbene Bauhandschuhe trug, erschienen sie fast grotesk in ihrer Größe. Ich kannte ihn, weil er jeden Sonntagmorgen, wenn sich nichts im Dorf rührte, am Ufer entlangwanderte, um Granny Muir zu besuchen. Er saß auf einem Stuhl in ihrem Schlafzimmer, sie war noch nicht aufgestanden, und sie unterhielten sich leise auf Gälisch. Die melodischen Sätze drifteten wie Wölkchen durch die offene Tür in die Küche. Er wohnte in einem Haus mit einer mannshohen Steinmauer drum herum. Von der Straße aus sah man nur eine gepflasterte

Einfahrt und weitere Steinmauern an deren Ende. Die meisten Dorfbewohner wagten es so wenig wie die auf der Dorfstraße herumstromernden Schafe, das in die Einfahrt eingelassene Rinderrost zu überschreiten. Sie wären auch gar nicht willkommen gewesen. Ulleam Rhuadh, wie er sich auf Gälisch nannte, der »rote William«, folgte mit Miss Mac einem bis auf die Minute festgelegten Tagesablauf. Miss Mac war seine »Haushälterin«. In Gegenwart Dritter nannte Miss Mac ihn nur Mister Fraser oder, wenn diese dritte Person Sheileagh war, »dein Onkel«. Als der damalige Polizeipräsident in den fünfziger Jahren seine Frau verließ und in wilder Ehe mit Miss Mac zusammenzog, war das ein Riesenskandal in den Highlands gewesen. Er musste den Dienst quittieren. Aber davon erfuhr ich erst sehr viel später.

Der Hauptsitz des Clans war Beaufort Castle bei Beauly. Das klingt französisch und ist es auch. Die Frasers sind Immigranten aus der Normandie, sie erhielten ihre Ländereien mit dem Titel »Lord Lovat« im 13. Jahrhundert von Schottlands drittem König Alexander. Der erste Chief hieß mit Vornamen Simon wie die meisten Clanobersten seit der Zeit. Der elfte Lord Lovat trug den Beinamen »Der Fuchs«. Er tat sich vor allem dadurch hervor, während der Jakobitenaufstände im 18. Jahrhundert wiederholt die Seiten zu wechseln und als letzter Mann auf dem Tower Hill in London geköpft zu werden. Elizabeth Grant of Rothiemurchus beschrieb in ihrem im 19. Jahrhundert verfassten *Tagebuch einer Hochlanddame* einen total exzentrischen Lord Lovat, der sich für eine Gluckhenne hielt und sich immer wieder in seiner Kutsche auf ein Ei setzte, wenn er zu Besuch kam. Der fünfzehnte Lord Lovat führte seine

Truppen bei der Landung in der Normandie 1944 als General persönlich durch die Brandung ins Gefecht, ihm voran nur ein Dudelsackspieler, um auf alterprobte Art die Moral der Truppe zu stärken. Als ihm jemand zurief, das widerspreche einer Anordnung des Kriegsministeriums, gab er zurück, das sei eine Order des englischen Kriegsministeriums, die gelte für Schotten nicht. Sein Enkel, der heutige Chief, heißt ebenfalls Simon. Der wohnt allerdings nicht mehr im Schloss, sondern in einer Pförtnerloge. Ihm raubte die Erbschaftssteuer seinen rechtmäßigen Besitz. Das Schloss gehört seit 1994 einer ehemaligen Krankenschwester aus Perth namens Ann Gloag, die im Privatisierungsrausch der Thatcherjahre zur reichsten Schottin aufstieg.

Die Frasers von Achiltibuie zogen erst 1825 in den Ort, sie waren also ebenfalls Spätankömmlinge, »Zugroaste«, wie man in Bayern sagen würde. Ihr örtlicher Stammvater hatte vier Söhne. Der zweite Sohn bevölkerte vermittels seiner zehn Abkömmlinge die halbe Halbinsel. Viele Mitglieder des neuen Clans gaben den angestammten MacLeods und MacKenzies gerne auf sublime Art zu verstehen, dass sie edlerer Abstammung und ihnen, nun ja, überlegen seien. Sie arbeiteten härter. Als der ganze Ort sich zu einer Hochzeit aufmachte, ließ Granny Muirs Vater seine Sprösslinge nicht ziehen, bevor die Kartoffeln gepflanzt waren. Bald gehörte ihm das beste Land und die örtliche Mühle. Doch letztlich erging es den Frasers wie allen *blow-ins*, um den irischen Begriff für Hereingeschmeckte zu verwenden. Die MacLeods und MacKenzies, die hier seit tausend Jahren wohnen, bewiesen ihre Dauerhaftigkeit. Die Frasers sind heute wie vom Erdboden verschluckt. Alles, was von ihnen geblieben ist, sind Abstammungen in der weiblichen Linie und selbstgezimmerte Mythen wie der von einem »Grauen Wolf«, der eigentlich als Clanfürst in das Schloss Beaufort hätte einziehen sollen, aber nach stammesinternen Auseinandersetzungen an die Westküste floh. Viele Jahre später werden Sheileagh und ihre aufs »Zusammenführen« spezialisierte Cousine Karin einmal in der Austernbar des *Café Royal* in Edinburgh sitzen. Ein gediegener Herr wird mit ihnen ins Gespräch kommen. Wie jeder Plausch unter Schotten wird er sich bald dem familiären Hintergrund zuwenden. Sie seien Frasers, so, so? Fraserborough-Frasers oder Beauly-Frasers? Beauly-Frasers, werden sie entrüstet zurückgeben. Fraserborough-Frasers gibt es wie Sand am Meer. Und sie werden ihm die verwickelte Geschichte vom Grauen Wolf in freien Ausschmückungen auftischen, bis er ihnen praktisch zu Füßen liegen und aus den Händen essen wird.

Jetzt setzten Sheileagh und ich auf unserer Flucht vor der Moral erst einmal nach South Uist über. An der Landestelle stand ein einsames Gasthaus, aus dessen Schornstein ein süßlicher Duft auf die Straße drang. Drinnen saßen zwei betrunkene Gäste an der Bar. Im Kamin flackerte ein offenes Torffeuer. Von heftigen Böen getriebener Regen trommelte an die Fenster. Die Wettervorhersage für den nächsten Tag lautete: »schwerer Sturm mit orkanartigen Böen bis 120 Stundenkilometer«. Hier fanden wir eine Herberge. Ich trug uns als Mr & Mrs Luyken in das Gästebuch ein.

Am nächsten Tag, einem Samstag, flüchteten wir weiter nach Norden, nach Benbecula, hier überschneiden sich Katholizismus und Protestantismus, und von Benbecula nach North Uist, wo nur noch presbyterianische Gotteshäuser aus der brettflachen Moorlandschaft aufragen. Von Benbecula setzten wir in einem offenen, mit einer Plane gegen Regen und Gischt abgedeckten Boot nach Harris über. Harris ist die Tweedinsel, auf der Weber mit Frisuren, die so aussehen, als sei ihnen die Schere ausgerutscht, in kleinen Hütten wie Organisten auf Orgelbänken an nach Schmieröl riechenden Webstühlen sitzen, auf Pedalen trampeln und mit Adleraugen das hin- und herknallende Holzschiffchen mit dem Schussfaden beobachten, der die Wolle ihrer Schafe zu Stoffen in den Farben der rotgoldenen Moore, der braunen Bergseen, der grauen Felsen, der grünen Wellen des Atlantiks und des irisierenden Lichtspiels von Regen und Sonne zusammenfügt.

Wir saßen in dem Boot eng zusammengedrängt mit einer betrunkenen Fußballmannschaft, ihrem Trainer und einem Schlachtenbummler, dem Filialleiter der *Royal Bank of Scotland* in Tarbert. Sie reichten Halblitergläser mit einem Cocktail aus Pernod und Newcastle Brown Ale herum. Ich kam nicht drum herum, mich an der Feier ihrer jüngsten Niederlage zu beteiligen, obwohl ich noch nie einen abscheulicheren Trunk in mich hineingeschüttet habe. Nur ein Passagier blieb nüchtern, er hieß Brian Wilson, seines Zeichens Journalist und Herausgeber der *West Highland Free Press*, ein von ihm gegründetes, stramm linkes Provinzblättchen, der es später zum Minister in Tony Blairs Regierung brachte. Er versuchte, die stramm presbyterianischen Fußballer davon zu überzeugen, dass Religion das Opium des Volkes sei. Sie füllten ihre Gläser und verteidigten mit schweren Zungen Gott und die Kirche.

Am jenseitigen Ufer bot uns der Bankmanager eine Mitfahrgelegenheit in seinem orangeroten Mini an. Wir bereuten schnell, dass wir sie angenommen hatten. Er bearbeitete das Getriebe mit seinem Ganghebel wie mit einem Brecheisen und schnitt in das Sträßchen doppelt so viele Kurven, als es ohnehin besaß, mal links haarscharf an einer Felswand vorbei, mal rechts über einem Abgrund, unter dem sich jaspisfarben das Meer auftat. Nach drei Meilen erreichten wir das *Rodel Hotel*. Die Fußballmannschaft hatte bereits Besitz von der Bar ergriffen, nur der redliche Journalist war weitergefahren. Jeder schmiss eine Runde. Der eine und dann der andere und dann noch einer begannen, unseren Bankmanager um einen Kredit anzuhauen. Er flüsterte mir ins Ohr, ich müsse ihn retten, und steckte mir seinen Autoschlüssel zu. Er verschwand auf der Toilette und entkam durch einen Hinterausgang, ich zog Sheileagh durch die Vordertür aus dem Pub. Er saß bereits in sich zusammengesackt auf dem Beifahrersitz. Wir flüchteten zum zweiten Mal.

Nach zwanzig, dreißig Meilen auf der halsbrecherischsten Straße Europas erreichten wir Tarbert. Der Banker war zu neuem Leben erwacht und brachte uns im *Hotel Harris* unter. Niemand stellte Fragen. Wir sanken erschöpft und liebesunfähig ins Bett. Am nächsten Morgen saßen wir still und verkatert beim Frühstück. Mir dämmerte, dass ich Granny Muir nie wieder unter die Augen treten konnte, wenn sie erfuhr, dass ich mit der Tochter ihres Lieblingsneffens durchgebrannt war. Vor dem Zwölften auszugehen, wie sie das nannte, war akzeptabel, solange man die Konsequenzen zog. Bei dem Zwölften handelt es sich um den 12. August, an dem die Moorhuhnjagd beginnt.

Ich aß *guga stovies*, mit Kartoffelbrei vermischtes Basstölpelfleisch. Das gibt es nur auf den Hebriden. Junge Männer aus Ness, dem Heimatort von Sheileaghs Vater mit dem Felsgesteingesicht, angeln die Seevögel jedes Jahr im Spätsommer auf einer weit draußen im Atlantik aus dem Meer ragenden Klippe mit langen Stangen aus ihren Nestern und salzen sie in Fässern ein. Man muss sie zweimal kochen, um sie halbwegs gar zu kriegen. Sie schmecken nach kalt gewordenem Makrelenöl. Die Leute aus Ness halten das für eine Delikatesse. Sheileagh begnügte sich mit einem hart durchgebratenen Spiegelei. Aus einem Transistorradio erklang Glucks anrührende Arie *Che farò senza Euridice*. Ich fragte sie, »Willst du mich heiraten?«

Natürlich! Wir kannten uns ja schon fast vier Wochen!

Das mussten wir nun unseren Familien klarmachen. Sie ihren Eltern, ich meinen Eltern – und Granny Muir. Zuerst Granny Muir. Sie fragte mich: »Bist du sicher, dass du die richtige Schwester ausgesucht hast?«

Als Sheileagh ihre Eltern ins Bild gesetzt hatte, rief ihr Vater Granny Muir an und erkundigte sich, was für ein Typ ich sei. Sie antwortete ihm, *one of the best*. Damit waren alle Zweifel ausgeräumt. Sie setzte hinzu: »Die beiden brauchen ein Haus. Du musst ihnen dein Haus geben, Willie Gunn.«

Sie redete ihn immer mit Vor- und Nachnamen an. Was Granny Muir anordnete, geschah. So kam Big Hughs Haus in unseren Besitz. Bald hieß es »Reiners Haus«. Ein paar Monate später heirateten wir. Der halbe Clan versammelte sich in einem Schlosshotel bei Edinburgh, Onkel und Tanten, Vettern und Cousinen, Vettern und Cousinen zweiten, dritten und vierten Grades. Die MacLennans waren ebenfalls eingeladen. Kenny Manager war total abgebrannt. Ein paar Tage vor der Hochzeit zog er noch einmal zur Geldbeschaffung los. An der Flussbrücke über der Garvie stand ein kapitaler Hirsch. Bang! Seine Teilnahme an den dreitägigen Festivitäten war gesichert.

Und so wurde ich in den Clan aufgenommen. Sheileagh und ich wurden gerngesehene Besucher im Haus von Ulleam »Ruadh« Fraser, des für unwirsch erachteten ehemaligen Polizeipräsidenten, der in Wirklichkeit das völlige Gegenteil war. Vor allem nach der Geburt unserer Kinder. Unsere ältere Tochter Siân lief manchmal von zu Hause fort über das Moor hinter dem Dorf und in weitem Bogen zu Onkel Willies Haus. Wir bekamen einen Anruf von Miss Mac. Als wir kamen, um sie abzuholen, saß sie auf einem Hocker und Onkel Willie fütterte sie aus einer blauen Blechdose mit Bonbons. Als wir sein selbstgebrautes Bier tranken, spielten sie und ihre Geschwister im Garten. Es war ein außerordentlicher Garten. Rundherum gab es nur wenige, vom Wind nach Nordost verzurrte Bäume, und das Gras wuchs den ganzen Sommer nicht höher als die Spannweite einer Hand; jeder Spatenstich blieb auf halber Tiefe in Fels und eisensaurer Tonerde stecken. Onkel Willie hatte hinter seinen hohen Steinmauern ein Kleinklima geschaffen, in dem alles gedieh, Azaleen und Araukarien, Rhododendren und Olearia, Birnbäume, Pfirsichbäume und Rosenbüsche. Dazwischen spross alles Gemüse, was er und seine »Haushälterin« das Jahr über benötigten. Pfade führten lustgartenartig in einen kleinen Wald, der von Glockenblumen und Primeln übersät war.

Es gibt zwei Fotos von ihm im Ersten Weltkrieg. Auf dem einen sieht man ihn und seine Kameraden auf der

Überfahrt nach Frankreich Übungsflöten für den Dudelsack spielen, auf dem anderen liegen sie einige Monate später im Lazarett. Nach der Heimkunft stand er in der Kirche auf und wies den Pfarrer zurecht, der für den Sieg betete. Sein Vater war Kirchenältester. Das störte ihn keinen Deut. Er setzte nie wieder einen Fuß über die Schwelle des Gotteshauses. Wenn er einmal mit jemandem brach, war es aus und vorbei. Für immer. Nach dem Skandal um Miss Mac kaufte er das *Cluanie Inn*, ein Hotel in einem abgelegenen Hochtal. Er führte es mit kapriziöser Strenge. Als ein Reisebus anhielt und seine ältlichen Insassen in die Toiletten schwärmten, sperrte er sie ein und ließ sie nur gegen Bezahlung wieder heraus. Miss Mac musste die Wogen glätten. Das war ihre Hauptaufgabe für den Rest ihres Lebens.

Miss Mac hieß mit ganzem Namen Miss MacDonald. An einer anderen Macke Mister Frasers hatte sie nichts auszusetzen. Er gewährte Reisenden mit Namen Campbell keinen Zutritt in das Inn. Die Campbells ermordeten 1692 achtunddreißig MacDonalds im winterlichen Glencoe, einem eisigen Hochtal. Die MacDonalds hatten ihnen Gastfreundschaft gewährt, aber sie waren gekommen, um sie zu zwingen, dem britischen Königshaus die Treue zu schwören. Sie brannten ihre Häuser nieder und überließen Frauen und Kinder ihrem Schicksal. Vierzig erfroren in der Kälte. Das ist drei Jahrhunderte später unvergessen. Der letzte Campbell, dem die Missetat seiner Clanvorderen zum Verhängnis wurde, war Tony Blairs Spin-Doctor Alastair Campbell. Der besuchte eines Tages das *Clachaig Inn* in Glencoe, an dessen Eingang ein Schild mit der Aufschrift »Kein Zutritt für Hausierer und Campbells« hängt.

Er wartete am Tresen, um bedient zu werden. Der Barmann ignorierte ihn. Schließlich räusperte er sich und gab seine Bestellung auf. Der Barmann entgegnete ihm, »*can ya nae read*?«, »Kannst du nicht lesen?«.

Bevor wir mit der Vorstellung der Frasers fortfahren können, drängelt sich wieder einmal ein Kradfahrer in unsere vignettenhafte Darstellung. Eines Abends saß ich zu später Stunde in der Kammer, die als Schlafzimmer zu benutzen in alten Tagen Mina ihren zu mächtiger Größe gewachsenen Bruder Big Hugh verdonnert hatte, und die mir nun als Schreibstube diente. Plötzlich platzte unten jemand zur Tür herein und hastete die Treppe herauf. Es war derselbe Typ, der an jenem Tag im Jahr eins meines schottischen Daseins, als Granny Muir mir wegen des sonntäglichen Pokers den Kopf gewaschen hatte, in Höllentempo an ihrem Haus vorbeigeknattert war, über die Uferwiese gerast und wie ein seinen bockenden Bronco reitender Cowboy auf dem Moor verschwunden war. Dieses Mal, nun schon einige Jahre älter, trug er einen dicken Packen mit Heftklammern zusammengebündelter Papierbogen im Arm. »Die *Ullapool News*«, keuchte er. »Die neuesten Nachrichten aus der Stadt müssen in den Laden. Die Bullen sind hinter mir her. Du musst mir helfen.«

Keine Frage. Die *Ullapool News* mussten durchkommen. Das wöchentlich erscheinende Lokalblättchen ist unser Lebenselixier. Wer verkauft Kleinvieh, wer einen Schafanhänger? Wer hat eine polemische, mit der Formel »Lieber Herausgeber« eingeleitete Epistel verfasst? Um wie viel Uhr und an welchem Tag ist die Sitzung des Dorfhallenkomitees und des Ausschusses zur Verwaltung der gemeinsam bewirtschafteten Weidefläche von Altandhu,

Reiff und Camuscoillie angesetzt? Wer das nicht erfährt, ist verloren.

An diesem Abend hatte die in Ullapool stationierte Polizei ein Rollkommando nach Achiltibuie in Bewegung gesetzt. Es war wie üblich eine erfolglose Razzia. Sobald der Streifenwagen das Schäferhaus in Badnagyle passierte, eilte ihm die Nachricht seiner Ankunft durch die Telefondrähte voraus. Nicht versteuerte Autos, Autos ohne Versicherung oder TÜV verschwanden hinter Schuppen. Die Pubs schlossen pünktlich zur Sperrstunde. Niemand fuhr alkoholisiert nach Hause. Der wilde Kradfahrer hatte die Signale verpasst, die Constabler hatten ihn auf seinem illegalen Motorrad entdeckt und die Verfolgungsjagd aufgenommen. Er bog auf einen Seitenweg ein und raste Richtung Meer zu Bella Campbells Haus, wo der Weg endete. Er warf sein Gefährt in ein Gebüsch und rannte querfeldein zu unserem Haus. Er hatte die Constabler abgeschüttelt. Nun musste das Zeitungsbündel seine Bestimmung erreichen.

Ich chauffierte ihn zum Laden. Auf dem Rückweg blockierten zwei ratlose Polizisten unseren Weg. Sie richteten die Taschenlampen auf uns. Wir konnten durch die Windschutzscheibe sehen, dass einer erst uns und dann seinem Kollegen einen Blick zuwarf und die Lippen zu den Worten formte: »Das ist der Scheißkerl.« Der eine umkreiste meinen Wagen, um etwas Beanstandenswertes zu finden. Er fand nichts. Der andere trat neben mein Seitenfenster. Ich kurbelte es herunter. »Guten Abend, Herr Wachtmeister«, sagte ich unschuldig. Er steckte seinen Zinken durch das Fenster, um etwaige Geruchsfäden von Alkohol aufzufangen. Aber da war nichts. Null. Fehlanzeige. Nach einer

Weile zuckelten die beiden ab. Der Kradfahrer schwelgt bis heute in der Episode.

Zurück zu den Frasers, deren örtliches Oberhaupt es bis zum Polizeipräsidenten gebracht hatte. Es heißt bis heute, dass in Schottland nur Freimaurer bei der Polizei, bei der Feuerwehr und im Justizapparat Karriere machen. Ob das stimmt, weiß ich nicht. Die Freimaurerei ist geheim, da liegt das in der Natur der Sache. Bei Ulleam Rhuad Fraser bemerkte ich jedenfalls nie eine Spur von komischem Händedrücken und Fingereinwärtsdrehen, mit dem Donnie »Darling« MacKenzie oder William »Boisie« Sinclair einem in angetrunkenem Zustand von ihrer Stellung in der Loge des Heiligen Sankt Martin Kenntnis gaben.

An dieser Stelle muss ich nun aber doch schnell eine damit in Zusammenhang stehende Episode einfügen. Es geht um ein Begräbnis. Bei Beisetzungen fahren die Fischer nicht zum Fischen hinaus, der Laden schließt und das normale Leben kommt zum Stillstand. Bei dieser Totenfeier hielt unser Pfarrer eine einfühlsame Rede, in der er seiner Überzeugung Ausdruck verlieh, der Verstorbene habe sich in seinen letzten Stunden zum Christentum bekehrt. Die Witwe weinte. Die Tochter weinte. Selbst ein oder zwei sonst weniger sentimentale Dorfbewohner wischten sich Tränen von den Wangen.

In der Trauergemeinde saßen etliche Männer von außerhalb, die niemand kannte. Sie standen dicht am Grab, als der Sarg in die Tiefe gelassen wurde. Der Pfarrer sprach einen letzten Segen. Der Dorflehrer wollte gerade auf seinem Dudelsack den letzten Salut blasen, als einer der Männer von außerhalb vortrat und von einem Zettel ein Hohelied auf den Toten ablas. Er nannte ihn seinen Bruder. Er hielt in seiner Hand einen Strauß blühenden Farnkrauts. Zum Ende des Vortrags warf er dem Verstorbenen den Farn mit den Worten hinterher, er sei auf dem Grab des Meisters der Großen Loge gewachsen. Die Männer von außerhalb formten mit ihren Armen ein Andreaskreuz vor der Brust und verneigten sich. Der Pfarrer blickte verlegen vor sich hin. Der Dudelsackspieler verpatzte den letzten Salut. Ein Spaßvogel verbreitete am nächsten Tag das Gerücht, das Farnkraut habe bereits ausgeschlagen. Ein oder zwei Dörfler fuhren insgeheim zum Friedhof, um sich ein eigenes Bild vom Wahrheitsgehalt des Gerüchts zu verschaffen. Der Spaßvogel war der wilde Kradfahrer Duncan Ross.

Zum zweiten Mal: zurück zu den Frasers. Da gab es einen zweiten Großonkel namens Donnie. Im *Oxford Dictionary*, der Bibel der englischen Sprache, findet man unter D das Wort *didos*. In der etymologischen Erklärung steht »19. Jahrhundert, unbekannt«. Das Wort stammt aus Achiltibuie. »Donnie's didos« nannte seine Mutter nachsichtig die Eskapaden ihres jüngsten Sohns. Der mütterliche Stoßseufzer gewann Popularität, bald bedeutete *didos* Mätzchen. In den fünfziger Jahren machte Onkel Willie die Redaktion in Oxford auf den Begriff aufmerksam. So gelangte er in das Wörterbuch. Onkel Donnie war 1900 auf die Welt gekommen und verschwand in den zwanziger Jahren. Sein Bruder Willie spürte ihn über seine Verbindungen in der Polizei Jahre später in Australien auf. Dort hatte Donnie zuerst das Metzgerhandwerk gelernt und wurde dann Polizist im Outback. Wenn Händel ausbrachen, versuchte er nicht, sie zu schlichten, sondern schiedsrichtete sie entsprechend dem Regelwerk des

9. Marquess of Queensberry, nur ohne Boxhandschuhe, die er in dem Rahmen als zweckabträglich erachtete. Seine nächste Station war Rhodesien. Im ersten Krieg war er zu jung gewesen zum Mitmachen, er hatte sich unter falscher Altersangabe gemeldet, aber er wurde erwischt und nach Hause geschickt. Im zweiten Krieg war er zu alt. Er schloss sich dem Afrikakorps an, das rekrutierte auch Vierzigjährige. Er brachte grausame Schwarzweißfotos von Hinrichtungen nach Hause, die er noch im hohen Alter immer mal wieder aus einer Schublade hervorkramte. Die Kolonialverwaltung räumte ihm eine Landkonzession ein. Er wurde Tabakfarmer. In den fünfziger Jahren kehrte er mit seiner Familie zurück nach Achiltibuie.

Als seine Frau Rachel starb, reiste mein Schwiegervater noch am gleichen Tag aus Edinburgh an. Onkel Donnie war sein und Willie Muirs Jugendheld. Mein Schwiegervater war trotz seiner Felsgesteinerscheinung ein sehr einfühlsamer und warmer Mensch. Onkel Donnie war hart wie Gneis. Wir besuchten ihn, er lebte in einer winzigen, schmucklosen Kate. Die Küche bestand aus dem Notwendigsten, ein dürftig gestrichener Geschirrschrank, ein Gasherd, eine Anrichte, ein Tisch, ein paar Stühle, ein Kessel. Donnie trug wie immer eine blaue Latzhose und eine Baskenmütze. Er machte Tee. Donnie und sein Neffe wechselten ein paar Worte auf Gälisch, dann fuhr Donnie ihn an: »Dein Gälisch ist schrecklich.«

Wir tranken Tee. Die beiden redeten über alles und jedes, nur nicht über Rachel. Sie redeten, als sei nichts vorgefallen. Donnie war nicht ganz so streitbar wie sonst, das war der einzige Unterschied. Üblicherweise lenkte er das Gespräch auf ein Gebiet, in dem er überraschenderweise ungeheuer beschlagen war. Schwierige Dinge, Sachen wie Akustik, Astigmatismus, Alexander II., Blutbildung. Er pflegte seinen hochstudierten Neffen aufs Glatteis zu locken und ihn dann mit einem überlegenen Wissensschatz zu schlagen. Bald merkte der, dass die Gegenstände ganz langsam dem Ablauf des Alphabets folgten. Einmal ertappte er seinen Onkel, als er die *Encyclopaedia Britannica* studierte. Er war gerade bei E angekommen.

Als wir uns an diesem Abend verabschiedeten, sagte Onkel Donnie obenhin: »Wir haben übrigens Rachel verloren.«

Er sagte das mit der Sachlichkeit eines Offiziers, der seine Kollegen nach einer Lagebesprechung von dem Verlust einer Kampfgruppe in Kenntnis setzt. Aber wir spürten, dass wir einen tief getroffenen Mann zurückließen. Er würde es nur niemals zugeben. Onkel Donnie und Rachel hatten einen lebenslangen Krieg geführt. In Rhodesien war sie dem Charme von Gin Tonic verfallen. Sie kam nie mehr davon los. Donnie versuchte, ihr das Trinken auszutreiben. Es war hoffnungslos. Vermutlich liebte er sie dennoch.

Rachel war oft in unser Haus gekommen, sie konnte sich gar nicht schnell genug ihres Dufflecoats entledigen, aus dem sie noch rasch eine Packung filterloser Capstan Full Strength zog, und sie begann schon beim Hinsetzen, uns die neuesten Dorfnachrichten mitzuteilen. Sie hatte ein total zerknittertes Gesicht, aber hübsch war es immer noch, trotz der Spuren, die Nikotin und Alkohol in ihm hinterlassen hatten. So wie in ihrem Gesicht sah es drinnen aus. Sie war warmherzig und bissig und in ihrem Job als Gemeindekrankenschwester selbst volltrunken besser als alle Nachfolgerinnen, die nie einen Tropfen anrührten. Manchmal parkte ihr roter Mini in einem Ausweichplatz, drinnen schliefen sie und ihr mittlerweile erwachsener Neffe, den sie nach dem Tod ihrer Schwester adoptiert hatte. Er war ebenfalls Alkoholiker. Brasso, mit dem Gillies und ich unsere Heringsexpedition unternommen hatten.

Einmal, Donnie war schon über achtzig Jahre alt, gewann Rachel die Oberhand. Sie verführte ihn zum Trinken. Er trank eine ganze Flasche Malzwhisky aus. Zufällig besuchte ich die beiden am nächsten Tag. Es war Anfang Januar, die Küche war eiskalt und das Haus unbeheizt. Ich fand sie oben in ihrem winzigen Schlafzimmer, sie auf dem Bettgestell links, ein höllisch kicherndes Skelett. Er wand sich stöhnend unter einem alten Militärmantel auf dem Bettgestell rechts. Als er mich sah, raffte er sich auf und sagte, für den Mantel habe er im Krieg beinahe sein Leben gegeben. Sie krähte von der anderen Seite, »Papperlapapp! Papperlapapp! Den hat dein Bruder Alasdair in der Bürgerwehr getragen!«

Er war todkrank. Ich rief den Arzt an. Der wies ihn ins Krankenhaus ein. Dort brachten sie ihn mit intravenöser Flüssigkeitszufuhr wieder auf Trab. Bei Rachels Begräbnis trug Onkel Donnie wie bei jedem Begräbnis seinen rhodesischen Pflanzerhut. Zwei Männer stützten ihn, als er mit steifen Beinen über den windzerzausten Friedhof stakste und mit einer Hand die breitkrempige Kopfbedeckung festhielt. Er verzog keine Miene.

Ein, zwei Jahre folgte er danach wieder seiner alten Routine. Er lebte von Porridge. Morgens rührte er sich einen Pott voll an, und aus dem Pott löffelte er sein Mittagessen und sein Abendbrot. Porridge, behauptete er, sei alles, was der Mensch zum Leben brauche. Er studierte die *Encyclopaedia Britannica* und versuchte, seinen Neffen mit seinem Wissensschatz zu überrumpeln. Jeden Samstag chauffierte Miss Mac ihn auf Geheiß Onkel Willies erst zum Einkaufen in den Laden und dann zu Granny Muir. Willie Muir gesellte sich dazu, und bald brachte Donnie das Gespräch auf ein Thema, über das er sich in der abgelaufenen Woche kundig gemacht hatte. Er wurde schwerhöriger, und das sich aus gewagten Thesen ergebende Streitgespräch, das er durch sein enzyklopädisches Fachwissen untermauerte, artete in ein sich gegenseitiges Anbrüllen aus. Granny Muir verlor die Fassung und drang in Miss Mac, ihn nach Hause zu fahren. Seinen Bruder Ulleam Rhuad besuchte Donnie nie. Die beiden hatten seit Jahren kein Wort gewechselt. Der eine war so starrköpfig wie der andere.

Nicht lange nach Rachels Tod begann der Lebensmut aus ihm zu weichen. Unmerklich erst, dann konnte er es nicht mehr verbergen. Er wurde in die Altenstation des *County Hospital* in Invergordon eingewiesen, das Barackenlazarett aus dem Weltkrieg, das Granny Muir so sehr fürchtete. Als sie ihn abholten und er zum letzten Mal auf die Berge blickte, die hinter dem Dorf wie aus Granit gehauene Hünen in den Himmel ragen, sagte er resigniert, »Ich bin doch nicht so wie die«.

Die Station war ein offener Saal mit zwei langen Bettenreihen, jedes Bett ein schäbiges Zuhause für die Dauerpatienten. Die Greise saßen trübe neben ihren Betten, rauchten, warteten. Jeder für sich. Ein Bett, ein Stuhl, ein schäbiger Koffer, der die letzten paar Habseligkeiten enthielt. Die Mahlzeiten kündigten sich durch den appetittötenden Geruch verkochten Kohls an. Hier verbrachte

Donnie seine letzten Monate. Er konnte sich nicht unterordnen. Die Ärzte spritzten ihn mit Beruhigungsmitteln voll, bis er nachgab. Als ich ihn zum letzten Mal sah, saß er neben seinem Bett ganz hinten im Saal. Seine Augen waren klein geworden, klein und trüb. Die Lider schienen von den Seiten her zuzuwachsen. Er wusste, dass es zu Ende ging. Ich wusste es auch. Wir sprachen nicht darüber. Nur einmal leuchteten seine Augen auf. Ich sagte, »Donnie, Sheileagh und ich fahren nach Rhodesien«.

Ein Leuchten huschte über sein ganzes Gesicht, das sonst so harte und widerspenstige Gesicht. Dann erwiderte er: »Ihr verdammten Glückspilze!«

An dem Tag, an dem Miss Mac begraben wurde, schneite es. Am Morgen fielen dicke, nasse Flocken, die sich zuerst fleckenhaft wie weißer Schafdung auf die grünen Wiesen betteten und nach und nach einen dicken Teppich bildeten. Sie wurde in Inverness zur Ruhe gebettet. Ihre Familie hätte es nie und nimmer zugelassen, dass sie in demselben Grab läge, in dem die Asche des nicht lange vor ihr gestorbenen Mannes eingeurnt worden war, bei dem sie als »Haushälterin« angestellt gewesen war. Ihre Familie war streng und rechtschaffen, der Skandal war für sie immer noch ein Skandal. Miss Mac war in ihren Augen ein Flittchen. Sie trank, sie rauchte, und dann diese Affäre …

Willie Muir und ich fuhren im Range Rover zum Begräbnis. Willie war eigentümlich humorvoller Laune. Sein Humor war so schwarz wie sein Anzug, ganz im Gegensatz zu dem weißen Schnee. Er habe kürzlich den Bestattungsunternehmer getroffen, sagte er, in dessen Kapelle die Trauerfeier stattfinden sollte, den gegenwärtigen Inhaber der einhundert Jahre alten Firma John Fraser & Son.

Der habe ihn auf merkwürdig vieldeutige Weise gefragt, »Und wie geht es euch allen dieser Tage in Achiltibuie?«. So, als sei er auf Kundenfang aus und als habe unser Ort seinem Geschäft letztlich nicht den gewohnten Nachschub geliefert. Es habe fast geklungen, als wollte er ihn animieren, die geschäftlich unerfreuliche Lage auf diese oder jene Art ins Lot zu bringen.

Als wir an diesem schwarz-weißen Morgen die steile Straße nach Ullapool hinabfuhren, von wo die Straße landein über die Berge auf die andere Seite des Hochlands führt, lag ein Mann mit blutleerem Gesicht am Straßenrand. Es sei nur ein gebrochenes Bein, versicherten uns zwei Leute, die bei ihm standen, die Ambulanz sei bereits alarmiert. Der Mann war an seiner Augenklappe als Billy Einauge erkenntlich. Mit vollem Namen hieß er ebenfalls Willie Muir, er war ein Vetter unseres Willie Muirs, aber nicht auf der Fraser-Seite der Familie und deshalb als solcher nicht zur Kenntnis genommen, vor allem auch aufgrund seiner exzessiven Liebe für beidhändiges Trinken – Bier in der einen und Whisky in der anderen Hand. Billy Oneeye und sein Bruder brachten den größten Teil ihrer Freizeit, und davon hatten sie sehr viel, in der Bar des *Hotel Caledonia* zu. Billy wird eines Tages an der Bar stehend zusammenbrechen. Der herbeigeeilte Arzt wird Billys Zechgenossen, nachdem er den Tod festgestellt hat, trösten, »Er musste keinen Augenblick leiden«.

Worauf einer der Zechgenossen dem Arzt erwidern wird, »Und er hat keinen Tropfen verschüttet«. Das Glas Bier und das Glas Whisky werden unversehrt auf dem Tresen stehenbleiben.

Der physische und psychologische Abstand des Fährhafens von unserer Halbinsel kommt der Nichtanerkennung solch ungeliebter verwandtschaftlicher Beziehungen sehr zugute. Unten in Ullapool versuchten Sanitäter, ihren durch den Wintereinbruch außer Gefecht gesetzten Krankenwagen anzuschieben. Sie waren von innen bereits von Schweiß und äußerlich von Schnee durchnässt. Die Flocken fielen immer dichter. Wir knüpften ein Schlepptau an und halfen mit mechanischer Allradkraft aus. Im Rückspiegel beobachtete ich den wie einen Kinderschlitten auf dem Schnee schlingernden Krankenwagen. Bei der zweiten Runde durch Ullapool entdeckte ich eine Stelle noch nicht völlig bedeckten Asphalts. Der Krankenwagen ruckelte plötzlich und sprang an.

Wir kamen zu spät und standen ganz hinten in der Kapelle. Wie es sich für eine altpresbyterianische Grablegung gehört, ignorierte der Prediger die toten Gebeine völlig. Die Person, wer immer sie war, war zu Höllenqualen verurteilt oder nicht, vermutlich traf Ersteres zu, daran ließ sich jetzt nichts mehr ändern. Er nahm die Gelegenheit wahr, uns noch Lebende wachzurütteln, damit wir uns klarmachten, was die Lehren der Propheten des Alten Testaments für das christliche Leben bedeuten. Bei der Beisetzung waren die Schneeflocken fast tellergroß. Ein Bruder Miss Macs, der Erde auf den Sarg warf, rutschte aus und wäre um ein Haar selbst ins offene Grab gefallen, hätten zwei junge Männer ihn nicht geistesgegenwärtig am Mantel gegriffen. Hinterher beim Leichenschmaus in dem unbeheizten Gesellschaftsraum der Culduthel Bar gab es dünne Sandwiches und keinen Tropfen Alkohol. Wir standen in Mänteln mit unseren Teetassen in der Hand herum und blieben nicht lange. Wir fuhren zum Bezirkskrankenhaus, um meinen schwerkranken Schwiegervater zu besuchen. Der saß in einem Rollstuhl im Eingang und erklärte, er käme mit uns nach Hause, er habe sich selbst entlassen. Ein paar Krankenschwestern standen verlegen herum. Willie Muir versuchte, das Vorhaben durch ein Ablenkungsmanöver zu unterminieren, indem er der Predigt von den Propheten des Alten Testaments einen originellen Dreh versetzte. Willie Gunn erwiderte mit seiner wie ein Schiffshorn dröhnenden Stimme, »Die Propheten des Alten Testaments können mich mal. Ich will nach Hause!«.

Das Echo hallte durch die Krankenhausgänge. Die Krankenschwestern kicherten. Er kam mit. Auf der Rückfahrt war die Straße durch die Berge völlig verschneit. Kein Schneepflug weit und breit, kein Auto außer unserem, die Dämmerung brach herein. Um das Fass vollzumachen, hatten Altmetalldiebe die Aluminiumstangen gestohlen, die den Straßenrand bezeichnen. Irgendwie, vielleicht mithilfe einer Fürbitte der Propheten, kamen wir dann doch durch.

Willie Gunn verbrachte seine letzten Lebensjahre in unserer Nachbarschaft. Jeden Tag versuchte er, das Kreuzworträtsel des *Daily Record* zu lösen. Es wollte ihm nie gelingen. Eines Tages rief er mit schwacher Stimme aus seinem Schlafzimmer nach seiner Frau, »Betty, ich sterbe!«. Sie rief zurück, »du hast zu oft falschen Alarm geschlagen«. Und schaltete den Staubsauger an. Als sie später in das Schlafzimmer ging, lag er tot neben dem Bett. Auf dem Bett lag der *Daily Record* mit dem Kreuzworträtsel. Es war vollständig gelöst.

Meine Schwiegermutter war überzeugt, die Queen habe ihrem Mann wegen seiner lebenslangen Arbeit für das

Königreich und seiner Weiterbeschäftigung nach der Pensionierung als Vorsitzender einer Berufungskommission für den höheren Beamtendienst die Erhebung in den Adelsstand angetragen. In ihren Augen war das eine Garantie für den Ritterschlag. Sie glaubte, er hätte ihn wegen seiner republikanischen Gesinnung abgewiesen. Oder auch nur, um ihr eins auszuwischen. Sie hätte sich zu gerne als Gattin von Sir William, »Lady Gunn«, bezeichnet. So wie Sir und Lady Swann, ihre engsten Edinburgher Freunde.

Die Liste derer, die der Königin einen Korb gegeben haben, war lange ein Staatsgeheimnis. Erst kürzlich erzwang die BBC die Veröffentlichung der Namen aller 277 Männer und Frauen, die weder Sir noch Offizier (OBE) oder Mitglied (MBE) des Vortrefflichen Ordens des Britischen Empire werden wollten. Die Schriftsteller Graham Greene und Roald Dahl sind darunter, der Maler Lucian Freud und der Bildhauer Henry Moore, die Nobelpreisträger Paul Dirac und Francis Crick. Der Romancier JB Priestley verweigerte sogar eine Berufung ins Oberhaus. Die meisten Refuseniks waren freilich obskure Gestalten. Ein Papyrologe, ein Byzantologe, ein Fliegenforscher, Leute wie Willie Gunn. Aber keine Spur von ihm! Wie gut, dass meine Schwiegermutter schon gestorben war, als die Liste veröffentlicht wurde. Vielleicht sollte manches eben doch geheim bleiben und nicht durch das *Freedom-of-Information*-Gesetz offengelegt werden.

Mein Schwiegervater war ein knorriger Typ gewesen wie die restlichen Frasers. Er hatte ein merkwürdig unlokalisierbares Englisch gesprochen, dem nichts von dem Gälisch seiner Kindheit anzumerken gewesen war. Er hatte es mit unfehlbar grammatikalischer Präzision gesprochen, die er dem BBC-Reporter Alistair Cooke abgelauscht hatte, der authentischen Stimme Englands. Er war bis auf die Knochen britisch und ein Anhänger sozialistischer Ideale gewesen. Außer, wenn es um Bildung ging. Dass man seine Kinder auf eine Privatschule schickt und sie nicht dem schottischen Gesamtschulwesen ausliefert, wenn man es sich irgendwie leisten konnte, war für ihn klar. Von der Stadtverwaltung Edinburghs, wo er sein letztes Arbeitsjahrzehnt im *Scottish Office* verbrachte, dem für schottische Angelegenheiten zuständigen Ministerium Ihrer Majestät, hatte er ebenfalls nicht allzu viel gehalten. Sein Lieblingsvergleich für einen unschönen Anblick war die dunkelviolette Rückseite eines doppelstöckigen Stadtbusses. Wenn er selber im Bus saß, hatte er gerne die *Prawda* gelesen und sich einen Spaß daraus gemacht, die Reaktionen der Edinburgher Bürger zu beobachten. Genaugenommen hatte sich sein Sozialismus auf häusliche Genügsamkeit beschränkt, auf den Erwerb von Automobilen aus den verstaatlichten Automobilfabriken Großbritanniens und eine unverbrüchliche Hingabe an den staatlichen Gesundheitsdienst.

Granny Muir, Onkel Donnie, Onkel Willie, Willie Muir und Willie Gunn starben kurz hintereinander. Innerhalb weniger Jahre verlor ich die Geborgenheit des Clans, in die ich eingebettet war. Das moderne Leben, in dem die Großfamilie eine untergeordnetere Rolle spielt, erreichte Achiltibuie. Ich musste auf eigenen Füßen stehen.

Die Post kommt

Modernes Leben

Das moderne Leben ist ein Kontinuum der Vergangenheit. Das Moderne Leben, groß geschrieben, war ein Ressort der Wochenzeitung *DIE ZEIT*. An die schickte ich 1982 einen Bericht über den Aufstieg und Fall der Lachsfischerei. Lange hörte ich nichts. Dann brachte der Postbote, damals war das noch Donnie »Roll« MacLeod und nicht Ali »Post« MacLeod, einen Brief mit dem bekannten Schriftzug. Ich öffnete ihn mit vor Aufregung zittrigen Fingern. Ein Redakteur schrieb mir, er würde meinen Aufsatz gerne drucken. Er formulierte es wie eine Anfrage. Das verwirrte mich. Für mich war es eine Jubelnachricht! Ich wollte schreien und tanzen vor Wonne – und er bat mich um meine Zustimmung?

Das war der Beginn meiner etwas seltsamen Karriere als Korrespondent, Kriegs- und Krisenreporter, Feuilletonist und Kolumnist. Bald reiste ich in der ganzen Welt herum, von Chile bis China, von Australien bis Austria, von Gaza bis Gethsemane. Heute kann man sich das kaum mehr vorstellen, in einer Zeit, in der bei der hochnäsigen, mit dem Bremer Stadtwappen geschmückten Hamburger Wochenzeitung selbst von Hospitanten ein abgeschlossenes Hochschulstudium und eine abgeschlossene Journalistenausbildung erwartet wird. Mir fehlte beides. Nicht nur das, ich hatte keine Ahnung von Journalismus. Um ganz ehrlich zu sein, ich habe bis heute wenig Ahnung von Journalismus. Ich bin ein Selfmadeintellektueller, wie die von dem englischen Literaturpapst des 18. Jahrhunderts, Doktor Samuel Johnson, 1773 beschriebenen Hochländer, die auf jede Frage eine so prompte und entschiedene Antwort wissen, dass man ihren kühnsten Behauptungen ohne weiteres Glauben schenkt.

In den nächsten drei Jahrzehnten sammelte ich dennoch, oder vielleicht gerade deshalb ein Dutzend finanziell teilweise total überzogen dotierter Journalistenpreise ein. Ich erhielt den offenbar hoch angesehenen Theodor-Wolff-Preis und den offenbar weniger hoch angesehenen Medienpreis der Johanna-Quandt-Stiftung. Die Industrie- und Handelskammern beehrten mich mit einem halbkiloschweren, in Edelstahl gefassten Vergrößerungsglas, die IG Metall übertrumpfte die Arbeitgeberseite vom künstlerischen Standpunkt aus betrachtet mit einer wie ein Buch aufgeblätterten, mit filigranen Schriftzeichen beritzten Bronzeskulptur. Ich habe eine in Prinzenhandschrift mit *Philip* und bundespräsidentenkrakelig mit *R. Herzog* unterzeichnete Urkunde der Deutsch-Britischen Stiftung, der zufolge ich offenbar durch die Tiefe meiner Analyse und Humor wesentlich zur Völkerverständigung beigetragen habe. Eine Auszeichnung entging mir allerdings, die nach dem rasenden Reporter Egon Erwin Kisch bennant ist. Das wurmte mich.

Das Komische im Leben ist, dass einem das, was man tut, sehr schnell ganz normal vorkommt, auch wenn es ziemlich abgedreht ist. Ich fand normal, dass mir dieser Preis zustünde. Vermutlich findet Angela Merkel es normal, dass sie Bundeskanzlerin ist. Bei ihr wäre das allerdings erstaunlich, sie wuchs in der DDR auf. Mir wurde die Einstellung, das Nichtalltägliche als alltäglich zu empfinden, schon in der Kindheit eingeimpft. Mein Vater hatte in der *Süddeutschen Zeitung*, die man mit Fug und Recht seine Bibel nennen kann, einen Essay gelesen, in dem Werner Heisenberg behauptete, ihm seien bei der Lektüre von Platons *Timaios* die Grundlagen der Atomphysik aufgegangen. Also musste ich als Einziger meiner Volksschulklasse auf ein humanistisches Gymnasium gehen. Ich war noch keine zehn Jahre alt, als ich jeden Tag drei Kilometer zum Bahnhof in Starnberg radelte, im Zug nach München-Pasing fuhr und erst dort das, was man einen normalen Schulweg nennen könnte, hinter mich brachte. Die Gleichmannstraße entlang, über den Marienplatz, an den Englischen Fräulein vorbei in den Stadtpark, über den Würmkanal, dann über die alte Würm. Im Eingangsportal der hehren Anstalt blickte ein gewichtiger Homerkopf aus einem klofensterähnlichen Steinrahmen, unter dem nackte Jüngelchen einen lustigen Reigen tanzten. Drinnen benebelten Aorist und Medium und Genitivus absolutus neun Jahre lang meine Sinne. Als ich die vierte Klasse erreichte, blieb mein Lateinlehrer jedesmal im Gang stehen, wenn er mich sah, und erklärte mir, »Dieses Jahr hau' ich dich durch, Luyken«.

Das Vergnügen war ihm dann aber doch nicht vergönnt. Ich errang die höheren Weihen der klassisch-humanistischen Bildung und damit »die Fähigkeit, klar und gründlich zu denken und das klar Gedachte in edler Form wiederzugeben«. Allerdings nutzte ich die tiefverwurzelte Wertschätzung des gymnasialen Bildungsganges für die leitenden Berufsstände der Nation dann nicht so, wie mir das zugedacht war, sondern wurde unter anderem Fernlastfahrer und transportierte Bier aus München nach Antwerpen und *Playboy*-Hefte aus Hamburg nach Basel. Ich verlustierte mich ein Jahr auf Kreta. Ich arbeitete in einer Zimmerei. Ich machte eine Lehre und fand eine Anstellung bei einem Orgelbauer, der sich Aufträge durch oberbayerische Schlitzohrigkeit und Werbegeschenke an das Referat für Kirchenmusik eines niederbayerischen Erzbistums sicherte. Hinfort kletterte ich auf den Emporen von Dorfkirchen herum und half Dorfpfaffen beim abendlichen Messweintrinken.

Ja, und nun fand ich es sehr bald sehr normal, dass ich als Journalist Bewunderer fand. Nicht in Achiltibuie. Der Ort bekam das nur durch den Dorfladen mit. Der Dorfladen ist neben dem Postamt die wichtigste Nachrichtenbörse. Wenn ich dort eine Flasche Whisky kaufe, um sie mit Hamish in seinem Wellblechschuppen zu trinken, der gleich hinter dem Laden auf seiner Schafweide steht, dann weiß mein heißgeliebtes Weib das schon, bevor wir sie geöffnet haben. Aber hin und wieder traten nun Leute in diesen Umschlagplatz für Brot, Milch und News und fragten in deutschem Tonfall, ob man hier einen Reiner Luyken kenne. »Ja«, anwortete Trisha. Ob sie ihn persönlich kenne, wollten sie wissen. »Natürlich, jeder kennt hier jeden.« Und er unterhalte sich auch mit ihr, einfach so? »Ja, einfach so.« Ob sie meinte, sie könnten sein Haus sehen? »Besuchen Sie ihn einfach«, riet ihnen Trisha und wies den Weg. Trisha ist bildhübsch, unkompliziert und ohne Flausen. Falls ich also gerade mit ihrem Mann, sie ist Hamishs Frau, eine Flasche Whisky köpfte, so verriet sie mich nicht. Hamishs Wellblechschuppen gehört nicht zu den Sehenswürdigkeiten Achiltibuies, die Besuchern zugänglich sind. Wenn ich aber zu Hause war, sah ich kurz darauf Leute, die vor unserem Gartentor herumdrucksten. Ich öffnete das Fenster, um zu fragen, ob ich ihnen weiterhelfen könne. Eine Kamera klickte, schon war ich im Bild festgehalten.

Andere *ZEIT*-Leser meldeten sich vorher an und bestanden darauf, Sheileagh und mich in dem sehr teuren *Summer Isles Hotel* zum Essen einzuladen, ein kulinarisch zweifelhaftes Vergnügen, das allerdings durch ihre sehr unterhaltsame Gesellschaft aufgewogen wurde. Wieder andere kommen jedes Jahr auf eine Tasse Kaffee vorbei und bringen uns eine Packung friesischen Tee. Sehr nette Leute, übrigens.

In der näheren Umgebung machten mich meine vielen Reisen und vermutlich auch unser wachsender Wohlstand dagegen verdächtig. Eine Reise war besonders rätselhaft. Im Winter 1990 steuerte ich den Land Rover, den ich damals fuhr, nach Inverness und parkte das Gefährt. Ich reiste im Bus zurück an die Westküste, aber etwas weiter in den Süden, nach Fort William. Dort stieg ich in einen Zug, der in den kleinen Fischer- und Fährhafen Mallaig fuhr. Ich hielt mich nur kurz auf und fuhr wieder zurück, diesmal über Fort William nach Glasgow. In Glasgow stieg ich nach London um. Von London reiste ich an die englische Küste nach Newhaven und schiffte mich über Nacht nach Dieppe ein. Von dort ging es weiter über Deauville, Lisieux, Paris, Le Mans, Lyon, Ambérieux, Dijon, Nancy, Strasbourg, Basel, Zürich, Lindau, München, Regensburg, Schirnding und Chomutov nach Görlitz. Mal im InterCity, mal in Bummelzügen, mal im TGV, mal in Triebwagen. Es ging um eine Geschichte über Europas Eisenbahnverkehr und »Die Erfahrung der Langsamkeit«.

Zu der Zeit, das wusste ich aber nicht, hatte die Polizei gemeinsam mit der Zollfahndung in unserer Gegend eine großangelegte »Operation Goldrausch« eingeleitet. Im Juli 1989 hatte ein Drogengrossist aus dem nahen Strathpeffer, der heute noch nur unter dem Namen »Mr X« geführt wird, zwei Tonnen marokkanisches Cannabis auf einer unbewohnten Insel angelandet und mithilfe einiger Fischer aus Ullapool in den Einzelhandel geschleust. Die Ladung war den Fahndern durch die Lappen gegangen, aber sie mutmaßten, eine zweite und noch größere Lieferung stünde an. Sie überwachten zwölf Personen. Ob ich dazugehörte, kann ich nicht sagen. Ich weiß nur, dass der Hauptmann unserer freiwilligen Feuerwehr, der ich angehörte, mich immer sehr interessiert über Einzelheiten meiner Reisepläne aushorchte. Vielleicht war das ganz harmlos und nur normaler dörflicher Neugier geschuldet, aber er verriet doch ein beträchtliches Interesse, mich nicht als Feuerwehrmann zu verlieren, obwohl ich ja sehr oft fehlte.

Dieser Mitbürger trug übrigens einen wunderschönen Lenkstangenbart in der Tradition von Kompaniespießen und Bobbys der fünfziger Jahre; er wäre zu gerne ein solcher geworden, aber das Schicksal ließ es nicht zu. Immerhin setzte er im Gemeinderat die Order durch, dass alle Teilnehmer der alljährlich am 11. November um elf Uhr vor dem Kriegerdenkmal abgehaltenen Gedenkminuten ihre Orden und Medaillen tragen sollten. *All medals to be worn.* Das gab ihm Gelegenheit, sich seine Auszeichnung für langen Feuerwehrdienst an die Brust zu heften. Ich fühlte mich versucht, einen Big Hugh, dem Vorbesitzer unseres Hauses, für seine Teilnahme im Ersten Weltkrieg verliehenen Orden und eine bei einem Dudelsackwettbewerb gewonnene Silbermedaille zu tragen, auf die ich später noch zurückkommen werde, aber meine liebe Frau vereitelte das Vorhaben. Das nur nebenbei.

Als ich von Görlitz zurückkehrte und zu später Stunde in einer dieser bibelschwarzen Winternächte meinen Land Rover durch die bergige Einöde des Inlands lenkte, in der nur hier und da ein grasender Hirsch den Kopf hob und ins Scheinwerferlicht glotzte, bevor er sich quer über die Straße davontrollte, bemerkte ich in einer Parkbucht einen Wagen. Das war merkwürdig. Wer parkte hier zu dieser Stunde und um diese Jahreszeit? Die Scheinwerfer leuchteten auf, der Wagen folgte mir. Hügelan verlor ich an Tempo. Der Wagen überholte nicht. Das kam mir noch komischer vor. Ich fuhr mit Absicht immer langsamer. Dem Wagen blieb nichts anderes übrig, als an mir vorbeizuziehen. In ihm saßen zwei Gestalten. Zehn Kilometer weiter warteten sie erneut in einer Parkbucht. Das gleiche Spiel begann. Drei oder vier Tage später fuhr Sheileagh in meinem Land Rover nach Lochinver. Sie wurde den ganzen Weg beschattet, wobei »beschatten« nicht das rechte Wort ist. Geheim war daran gar nichts. Sie wich in einen Ausweichplatz aus, um den Wagen hinter ihr vorbeizulassen. Es dauerte nicht lang, bis der wieder auf sie wartete. So ging das die ganze Fahrt.

Zu der Zeit hatte ein Fischer aus Ullapool namens Christopher »Crazy Chris« Howarth, das sprach sich in den dortigen Pubs sehr schnell herum, auf Geheiß von Mr X einen zwanzigjährigen Tunichtgut namens Noel Hawkins rekrutiert. Die zwei reisten nach Spanien und von dort auf einem Frachter namens *Dimar B* nach Venezuela. Dort übernahm das Schiff eine halbe Tonne Kokain mit einem Wiederverkaufswert von sage und schreibe einhundert Millionen Pfund. Die *Dimar B* fuhr zurück über den Atlantik. Crazy Chris und der Tunichtgut sollten die Fracht in einer entlegenen Bucht ein paar Seemeilen nördlich von uns an ein Fischerboot übergeben. Vier Tage vor Weihnachten war es so weit. Aber der Kutter tauchte nicht auf. Auf dem Frachter machte sich Panik breit, wegen einer Seeübung der NATO wimmelte das Meer von Fregatten und Kreuzern. Die Drogenhelden aus Ullapool luden die Ladung in ein Gummiboot, landeten sie in Sackleinen verpackt am Ufer und versteckten sie notdürftig. Nun ergriff die Goldrausch-Fahnder Panik. Sie wussten, dass die Ladung unterwegs war, aber sie hatten die Spur verloren. Nur durch Zufall fiel sie ihnen in die Fänge. Ein gerade dienstfreier Bobby bemerkte frühmorgens in bibelschwarzer Finsternis einen Lieferwagen in einer Parkbucht auf der Straße von Ullapool nach Inverness. Das kam ihm so komisch vor wie mir das Verhalten seiner Kollegen, als sie mir auf der Rückreise von der polnischen Grenze auflauerten. Die von ihm alarmierten Fahnder schnappten den Lieferwagen samt Fracht und Fahrer. Die Northern Constabulary holte Crazy Chris, Noel Hawkins sowie den Skipper des Fischerbootes, der das Rendezvouz verpasst hatte, aus ihren Betten. Sie erhielten zusammengerechnet fünfundfünfzig Jahre Gefängnis für die »Weitergabe ihrer Kenntnis britischer Küstengewässer und Beihilfe beim Transport von Kokain«.

Schottlands höchster Richter verwarf eine Revision mit der Begründung, die Bösartigkeit dieses beispiellosen Vergehens erfordere eine harte Strafe. Die schottische Justiz ist streng. Der junge Tunichtgut bekam fünfzehn Jahre aufgebrummt. Ihm wurde allerdings erlaubt, aus familiären Gründen seine Strafe in London abzusitzen. Die englische Justiz ist weniger streng, er wurde nach fünf Jahren entlassen. Heute hat sich Noel Hawkins als schottischer Nationalist und Umweltschützer neu erfunden. Wenn man seine Facebook-Einträge studiert, bekommt man den Eindruck, der Sinn für Gerechtigkeit stünde in Schottland auf unvergleichlich höherer Ebene als in England. Vielleicht stimmt er im Nachhinein der damals ausgebrochenen Empörung über seine milde Behandlung durch die Engländer zu.

Ich wurde seit der Festnahme der Corona nicht mehr beschattet. Aber mein Lebenswandel entfremdete uns doch dem dörflichen Leben. Vor allem, seit wir unsere Kinder aufs Internat nach Edinburgh schickten. In den Augen der Sachwalter schottischer Überlegenheit in sozialen und die Gerechtigkeit angehenden Dingen stellt das ein Kapitalverbrechen dar und ist fast so schlimm, wie Tory zu wählen. Denn Schottland, das ist ein zweiter und nicht weniger dauerhafter Mythos der nationalen Selbstsicht, verfüge über ein England weit überlegenes Bildungswesen; die Privatschulen seien von Grund auf »englisch«. Wie so viele Mythen ist auch dieser durch keinerlei Fakten abgedeckt. Für meinen Schwiegervater, den Atomphysiker aus einem winzigen Hebridendorf, der seine Diktion der authentischen Stimme Englands, dem großen BBC-Reporter Alistair Cooke, abgelauscht hatte, stand fest, dass wir unsere Kinder auf eine Privatschule schicken müssten, unbesehen der Tatsache, dass er sich ohne Wenn und Aber zu den Errungenschaften des britischen Nachkriegssozialismus bekannte. Er entstammte einer Ära, in der so gut wie alles verstaatlicht wurde, vom Gesundheitswesen bis zur Automobilindustrie, vom Busverkehr bis zum Milch- und Eierverkauf, von der Forstwirtschaft bis zum Strom. Doch bei der Erziehung hörte für ihn der Spaß auf. Als er im Edinburgher St. Andrews House arbeitete, das damals der Sitz des höheren schottischen Beamtenstandes war, schickte er seine Tochter, die später mein heißgeliebtes Weib wurde, auf die Mary Erskine's School, ein Lyzeum, dessen Schülerinnen man an einem von der Kiltschneiderei Kinloch Anderson entworfenen Faltenrock, einer weißen Bluse, roten Krawatte und einem blauen Blazer erkannte. Sie ist eine von vier von der *Company of Merchants of the City of Edinburgh* verwalteten Anstalten. Dem Namen nach sind sie »öffentlich«, in Wirklichkeit aber hinreichend teuer, um normalem Gevölk den Zugang finanziell zu vermiesen, so dass die Schülerschar sich mehrheitlich auf den Nachwuchs wohlsituierter Händler und ähnlich gestellter Berufsstände beschränkt.

Wir schickten unsere Kinder auf die Alma Mater von 007 James Bond, Geheimagent Ihrer Majestät, und Tony Blair, auf das Märchenschloss am Innenstadtrand, das J. K. Rowling sich zum Vorbild für Harry Potters Hogwartsschule für Hexerei und Zauberei genommen hat. Die meisten Schüler zu der Zeit, als unser Nachwuchs dort interniert war, pronocierten seinen Namen nicht Fettes, sondern Fé-is wie Slumkinder aus Glasgow, weil sie möglichst unelitär und plebejisch auftreten wollten. Nicht die Lehrer, versteht sich. Viele von ihnen weihen ihr ganzes Leben dem imposanten, vielstöckigen, zinnenbewehrten, türmchenverzierten Gebäude und der von ihm ausgehenden Aura. Die Fettes-Jungen müssen erdulden, anhand ihrer braun und violett gestreiften Blazer auf eine Entfernung von mindestens einem halben Kilometer identifizierbar zu sein. Zu festlichen Anlässen tragen sie einen dunkelgrün karierten Kilt mit einer rotzgrünen Tweedjacke. Der dahinterstehenden Erziehungstheorie zufolge fördert die genierliche Kostümierung Identifikation mit der Schule und später mit Vaterland, Regime und Regiment, und sie imprägniert die Schüler mit einer Elefantenhaut gegen gesellschaftlichen Druck und die wetterwendischen Meinungen der Masse, Tugenden, die zum Vorankommen im späteren Leben unersetzlich sind. Ganz ähnlich wie die platonische *Kalokagathia* und die aristotelische *Ethik*, die mir im humanistischen Gymnasium eingebläut wurde.

Edinburgh ist die Welthauptstadt des Snobismus. Als Fé-is-Eltern wurden wir bald zu Partys in der schönen New Town eingeladen, zu denen wir sonst nie Zugang gefunden hätten. Nach den ersten Schlucken Chablis musste sich meine Frau von wildfremden Leuten aushorchen lassen, wo sie zur Schule gegangen sei? Das heißt, diese Formulierung vermittelt einen völlig falschen Eindruck. Sie horchte ebenso begierig andere Edinbürger aus, wo *sie* zur Schule gegangen seien. Spitze sind die Merchant Schools allerdings nicht, mit Mary Erskine kam sie gerade so eben durch. Die Spitzenschulen sind dem Namen nach ebenfalls öffentlich zugänglich, aber sie erheben Gebühren, welche die Möglichkeiten der die Merchant School frequentierenden Stände bei Weitem überschreiten. Die Merchiston Castle School nimmt den dritten Platz ein.

Ihre Eleven gelten den Schülern der davor platzierten Anstalten allerdings als doofköppige Abkömmlinge reicher Farmer, die nur beim Rugby aufgrund ihrer angeborenen Fleischesmasse Beachtliches leisten. An zweiter Stelle kommt das von einem Reverend Thomas Langhorne 1827 am Meeresufer gegründete Loretto und an erster Stelle Fettes.

Dank unserer in dem Märchenschloss internierten Kinder brauchte Sheileagh sich ihrer zweitklassigen Ausbildung nicht zu sehr zu grämen. Ich hatte es als Ausländer einfach, in Entbehrung sozialer Duftmarken wurde mein Hinterteil nicht weiter berochen. Doch die Edukation alleine macht noch niemanden zu einem Mitglied der feineren Hauptstadtgesellschaft. In die muss man hineingeboren sein. Ein Lord Ranald MacLean, der seine Lordschaft als einer der ranghöchsten Richter des Landes ergattert und sein gesamtes Arbeitsleben am *High Court* an der High Street zugebracht hatte, gestand mir einmal, dass selbst er immer als Außenseiter behandelt werde. Er stammt aus Inverness und gewann ein Vollstipendium für Fettes. Das heißt, sein Vater brauchte nichts zu bezahlen. Allein deswegen gehörte Ranald schon nicht wirklich dazu. Er war für das höhere Edinburgher Stadtbürgertum zu neunmalklug und überschlau. Lord MacLean ist ein Vetter dritten oder vierten Grades unserer Kinder. Das erwies sich als sehr nützlich. Er präsidierte über den Stiftungsrat der Märchenschlossschule. Die Verwandtschaft verlieh ihnen ein gewisses Maß an Straffreiheit.

Jedes Schuljahr klingt mit einem »Gründertag« aus, an dem die Errungenschaften der Insassen und das Andenken an den Stifter der Schule, einen im 19. Jahrhundert reich gewordenen Gemüsehändler namens William Fettes, mit Reden, Dudelsackvorführungen und einem Massenpicknick gefeiert werden. Bei unserem letzten Gründertag, als unsere jüngste Tochter Annabel ihren Preis als beste Kunstschülerin ausgehändigt bekam, beugte sich der Lord zu dem Direktor und erklärte ihm wieder einmal voller Genugtuung, »Das ist meine Cousine«. Worauf der Direktor zurückgab, »Sie ist ein ungezogenes Mädchen«.

Die Macphersons, bei denen wir zu der Chablis-Party in der New Town eingeladen worden waren, gehören einer echten Fettes-Familie an. Sie sind zwar keine Edinbürger, aber dafür schottisches Vollblut. Kein schottischer Hochadel, nicht einmal Niederadel, aber eine weitverzweigte Familie, in der geschäftlicher Erfolg so selbstverständlich ist wie das Backen für einen Bäcker oder das Schlachten für einen Metzger. Sie sind Banker, Finanzleute und Unternehmer. Einer der ihren, der kürzlich verstorbene Tommy Macpherson, führte während des Krieges den von den Nazis gefürchtetsten alliierten Kommandotrupp im besetzten Frankreich an. Die Wehrmacht setzte dreihunderttausend Franken Kopfgeld auf den »sich als schottischen Offizier ausgebenden Banditen« aus, der Brücken sprengte, einmal vierhundert Soldaten in einem Tunnel gefangen hielt und ein anderes Mal den Generalmajor Botho Henning Elster mit einer List überredete, seinen dreiundzwanzigtausend Mann den Befehl zum Niederlegen ihrer Waffen zu geben. Er brauste wie ein schottischer Scarlet Pimpernel immer im Schottenrock und unverfroren in einem schwarzen Citroën mit an der Seite befestigtem Union Jack durch die Landschaft. Die Wehrmacht bekam ihn trotzdem nicht zu fassen.

Macphersons Großneffe James ging mit unseren Kindern in die Schule. Einmal büchsten er und unser Lewis aus, so sichtbar in ihren braun und violett gestreiften Jacken wie Tommy Macpherson in seinem Kilt in Frankreich. Lewis wurde in den frühen Morgenstunden alkoholisiert eingefangen und zur weiteren Verwahrung in die Krankenstation gesperrt. James war nicht zu fassen. Jemand hatte ihn auf der Brücke über dem Water of Leith gesehen, jemand anderes in der Princess Street. Ein Gerücht jagte das andere. Mister Butler, der Hausvorsteher, James nannte ihn den *evil Mister Butler*, rief bei uns an. Mein heißgeliebtes Weib antwortete. Butlers gletscherkalte Grabesstimme aus tiefster Gruft ließ sie erstarren. Butler beherrschte das vorzüglich. Sie brachte kein Wort des Widerspruchs heraus. Wir wurden auf der Stelle nach Edinburgh beordert. Ich war gerade nach einer langen Reise aus Afghanistan zur Tür hereingekommen. Nach fünf Stunden Autofahrt stand ich unrasiert, triefäugig und übernächtigt in Butlers superordentlichem Büro. Ich betrachtete mein Spiegelbild in einem blankpolierten Messingbrieföffner. Butler maß mich mit einem scharfen Blick. Der Apfel fällt nicht weit vom Stamm.

Das Telefon läutete. Ein Anruf von höherer Befehlsebene. Wir hörten nur untertänigstes »Ja, Herr Direktor … selbstverständlich, Herr Direktor … sofort, Herr Direktor«. Dem Direktor war eine neue Sichtung des ungefassten Delinquenten zugespielt worden. Wir kletterten in meinen Land Rover und nahmen die Fährte auf. Nach einer halben Stunde hatte ich die Gaststätte erschnuppert, in der Macpherson gerade ein opulentes zweites Frühstück zu sich nahm. Entweder, ich bin smarter als die deutschen Besatzungsoffiziere in Frankreich. Oder James Macpherson ist nicht so gewievt wie sein Großonkel. Wie dem auch sei, der Vorfall hatte keine Folgen. Ich nehme an, die Verwandtschaft mit Lord MacLean machte sich wieder einmal bezahlt.

James Macpherson hatte einen anderen Vorfahren, der im 18. Jahrhundert das intellektuelle Deutschland und sogar Napoleon an der Nase herumgeführt hatte. Er hieß ebenfalls James Macpherson. Gerade fünfundzwanzig Jahre alt, gab er 1761 bekannt, er habe während einer Reise auf die Insel Mull einen Epos über den Sagenhelden Fionn mac Cumhaill entdeckt, niedergeschrieben von Ossian, Fionns Sohn. Er übersetzte die »Ossian-Gedichte« in sechs Bänden. Irische und schottische Historiker bezweifelten die Echtheit des angeblich aus dem 3. Jahrhundert stammenden Werkes; der schon erwähnte Doktor Johnson meinte, Macpherson habe schlicht zusammengetragene Fragmente alter Gedichte und Erzählungen zu einer Neuschöpfung verwoben. Macpherson war weder in der Lage, die Orginale vorzuweisen, noch brachte er Fragmente bei. Im Empfinden der anbrechenden Romantik handelte es sich dennoch um ein zart melancholisches und von tiefem Naturempfinden durchdrungenes Werk. Es läutete die moderne Keltomanie ein, eine Erkrankung, die seither immer wieder von sentimental gestimmten Seelen Besitz ergreift. Zu Macphersons Bewunderern gehörten insbesondere Schiller, Herder und Goethe. In *Die Leiden des jungen Werther* holt der wehmutsgeplagte Held die von ihm ins Deutsche übertragenen, vermeintlichen Ossian-Gesänge am Tag vor seinem Selbstmord aus einer Schublade und liest, »Stern der dämmernden Nacht, schön funkelst du im Westen, hebst dein strahlend Haupt aus deiner Wolke, wandelst stattlich deinen Hügel hin. Wonach blickst du auf die Heide? Die stürmenden Winde haben sich gelegt; von Ferne kommt des Gießbachs Murmeln; rauschende Wellen spielen am Felsen ferne; das Gesumme der Abendfliegen schwärmet übers Feld. Wonach siehst du, schönes Licht? Aber du lächelst und gehst, freudig umgeben dich die Wellen und baden dein liebliches Haar. Lebe wohl, ruhiger Strahl. Erscheine, du herrliches Licht von Ossians Seele!«

Das ist natürlich mehr Goethe als gälischer Naturgesang. Aber wer bin ich, mich über Macphersons seiner Fantasie entsprungenen Ergüsse auszulassen? Entspringt nicht auch dieses mein Buch ebenso zweifelhaften Tiefen der Einbildung?

Wie bin ich nun darauf gekommen? Warum habe ich das jetzt eigentlich alles erzählt? Ach ja, es ging um den Edinburgher Snobismus, um die Schulen und um unser Kapitalverbrechen, unseren Nachwuchs dort hinzuschicken. In Edinburgh tut das ein Viertel aller Eltern. Einmal traf ich sogar einen Taxifahrer, der sich von früh bis spät abrackerte, um seine zwei Töchter nicht auf eine staatliche Schule schicken zu müssen. Aber es gibt dort auch eine moderne, sozialverträgliche Variante des Schulsnobismus. Bestens verdienende Eltern, die Labour wählen und Privatschulen verachten, weil sie »elitären« Werten Vorschub leisten, schicken ihre Blagen natürlich auch nicht auf eine Klippschule in Craigmillar oder Niddry, in die an die DDR erinnernde Plattenbausiedlung am Rand des schönen *Athens of the North*. Das kann man verstehen. Sie haben es zuwege gebracht, einige städtisch finanzierte Gymnasien im Innenstadtbereich durch raffinierte indirekte Selektion auf nahezu den gleichen Stand zu bringen wie die Privatschulen. Und wo es an Sportplätzen, Swimmingpools und anderen Einrichtungen fehlt, haben sie die Privaten mithilfe der Regierung gezwungen, diese mitbenutzen zu dürfen. Eine dieser gesegneten Anstalten heißt *James Gillespie's School for Girls.* Das heißt, genaugenommen nennt sie sich heute *High School* anstatt *School for Girls.* Das mit den Mädchen stammt aus einer Zeit, als sie, wie die Mary Erskine's, von dem hochwürdigen Verband der Handelstreibenden der Stadt verwaltet wurde.

Als Muriel Spark dort in den 30er Jahren die Schulbank drückte, trug das Mädchenpensionat immer noch den alten Namen. Als Schülerin wurde Muriel zwei Jahre lang von einer Christina Kay unterrichtet. Als Erwachsene verwandelte sich Miss Kay in die Hauptdarstellerin ihres 1961 erschienenen Romans *Die Blütezeit der Miss Jean Brodie.* Der Roman spielt in den dreißiger Jahren, doch Miss Brodie ist nach wie vor, wie ja schon einmal angedeutet, eine der vielschichtigsten und für das Innenleben der Nation vielleicht typischsten Gestalten der neueren schottischen Schriftstellerei. Sie ist eine getriebene Frau, eine Rebellin, die sich mit ihrer Tatkraft in neue Erziehungsmethoden und Ideen für Sozialfürsorge, Kunst und Religion stürzt. Sie liegt in ständigem Clinch mit einer konventionellen Schulleiterin, deren logisches Denkvermögen sie für mangelhaft erachtet. Sie sammelt einen Kreis ihr ergebener Schülerinnen um sich, die sie mit subtiler Tücke ihren progressiven Zwecken unterordnet. Sie versucht, ein Mädchen des »Brodie-Kreises« zu einem Liebesabenteuer mit dem Kunstlehrer Teddy Lloyd zu animieren, in den sie selbst verliebt ist, aber dessen Ehe ihr im Wege steht. Sie wendet ihren frustrierten Sextrieb dem ungeliebten Musiklehrer Gordon Louther zu. Sie begeistert sich für Benito Mussolini, sie verfällt Adolf Hitler. Sie animiert eine Schülerin, auf der Seite General Francos am Spanischen Bürgerkrieg teilzunehmen. Das Mädel kommt ums Leben. Das hindert Miss Brodie nicht, sich weiter als ein Wesen zu begreifen, das gemeinhin akzeptierte Schranken der Moral transzendiert. Erst der Verrat durch ihre Lieblingsschülerin bereitet ihrem Einfluss ein Ende. Bis zu ihrem Tod rätselt sie, wer sie hintergangen hat.

Die in unserem Dorf lebende Miss Brodie, das hatten wir auch bereits erwähnt, meint, engstirnige und spießige Nachbarn wie jene, die jeden Sonntag in die *Free Church of Scotland* gehen, hätten sich gegen sie verschworen; sie kämen nicht zurande mit einem Freigeist wie ihr, die gerne ungeschminkte Nacktporträts junger Männer zeichnete und jahrelang ein als »Liebesaffäre« firmierendes Verhältnis mit dem vom sexuellen Standpunkt begehrenswertesten Junggesellen des Dorfes unterhielt. Sie versteht sich als progressive Feministin. Für sie steht fest, dass sie auf moralischen Ebenen wandelt, die weniger progressiv gesonnenen Geistern unzugänglich sind. Um ihre Psychologie zu verstehen, müssen wir noch einmal kurz auf ihren langjährigen Geliebten eingehen. Er ist sehr männlich und hat viel Haar auf der Brust. Wenn er ausatmet, scheint seinen schön geformten Nasenflügeln ein Testosteronnebel zu entströmen. Er ist in unserer Miss Brodies Augen ihr Teddy Lloyd, und da die Tabus, die noch vor gar nicht so langer Zeit aus einer Lebensgefährtin offiziell eine »Haushälterin« machten und die mich in Granny Muirs Wertschätzung in tiefste Abgründe gestürzt hätten, wäre ich nach dem Jagdausflug vor dem 12. August nicht zur Vernunft gekommen, heutzutage so gut wie überhaupt keine Gültigkeit mehr haben, hat Miss Brodie zwar keinerlei Hemmungen, sich ihm hinzugeben, aber doch immer auf abstreitbarer Ebene. Vielleicht wegen ihrer früheren Stellung als Dorfschullehrerin, vielleicht wegen eines unterschwellig vorhandenen Lebensgefühls menschlicher Sündhaftigkeit. Sie bekannte sich jedenfalls nie öffentlich zu ihrem hormonausschüttenden Schönling. Wenn Fischer in den frühen Morgenstunden an ihrem Haus vorbei zum Hafen fuhren, überraschten sie ihn manchmal, als er gerade aus ihrem Haus schlüpfte. Aber sie war doch sehr stolz auf ihn, und wer stolz auf etwas ist, will andere daran Anteil haben lassen. Nur für sich selbst kann man ja schlecht stolz sein. Sie erfand für sich einen Decknamen, *basket babe*, die Süße im Körbchen. Als *basket babe* setzte sie im Internet Meldungen ab, als sie im Kanu über die Meerenge auf die Insel Tanera paddelte. Dort hatte sie ihren Liebhaber auf einer Künstlerklausur als Repräsentanten unserer Gemeinde installiert. Auf der Insel entwickelte er ein geradezu geniales Genre. Er sammelte Treibholz und nagelte es in allen möglichen Formationen zusammen. Das nahm nicht allzu viel Zeit in Anspruch, zählte aber dennoch als »Kunst«. Und umso mehr Zeit konnte er seiner Besucherin vom Festland widmen. Heute hängt eine seiner Installationen sogar unter dem Lichtdom im Eingangsbereich unserer Dorfhalle.

Der Verlust ihres Liebhabers muss Miss Brodie große Schmerzen bereitet haben. Wir hatten ja schon gehört, dass sie es der strengen, in der *Free Church* vereinigten Calvinistenschar anlastete, dass die Schulverwaltung ihr die Beförderung von der Dorfschullehrerin zur Hauptlehrerin verweigerte. Vielleicht lastete sie den Glaubensköpfen sogar das Ende ihres Liebesverhältnisses an. Wer kann schon sagen, was im Kopf einer alternden Patriotin und Kirchenfeindin vor sich geht. Zum Tag ihrer Verabschiedung, als sie tief gekränkt ihre frühzeitige Pensionierung eingereicht hatte, kam das halbe Dorf in die Schule. Alle versuchten, den Schein zu wahren, dass es galt, eine verdienstvolle Persönlichkeit des öffentlichen Lebens zu würdigen. Alle außer einem Zwillingspaar, das von den Eltern dazu ausersehen war, ihr ein Geschenk der Schülerschaft zu überbringen. Die 12-jährigen Mädels zogen Schnuten wie Henriquatre-Bärte, knallten ihr das Paket vor die Nase und drehten sich um, bevor sie Danke sagen konnte. Es kam fast Sandys Verrat an *Miss Jean Brodie in her Prime* gleich.

Und wie Muriel Sparks Miss Brodie hat auch unsere Miss Brodie einen »Kreis« um sich gesammelt. Er besteht aus einem inneren und aus einem äußeren Zirkel. Der innere Zirkel steht ihr in allen Lebenslagen bei, im äußeren sammeln sich Randfiguren, die mal herein- und dann wieder hinausdriften, je nachdem, ob sie in Miss Brodies gestrengem Urteil gerade Bestand und Nutzen haben. Die zwei Mitglieder des inneren Zirkels wollen doch kurz beleuchtet sein. Die eine heißt Holly Smith. Sie trägt ein Beret, das sie auf einem Trip ins Land der Basken erworben hat. Schottische, baskische, katalonische und korsische Nationalisten verspüren eine tiefe, völkerverbindende Solidarität, die sie natürlich auch mit Walisern und Iren teilen. Bretonen und Waliser singen sogar dieselbe Nationalhymne, »Land meiner Väter«.

Ich bin mir nie so recht im Klaren darüber, inwieweit die Zurschaustellung von Nationalsymbolen einer gerade vorherrschenden Mode oder einem persönlichen Bedürfnis geschuldet ist, ein vermeintliches Identitätsdefizit zu kompensieren. Smith ist ganz offensichtlich ein nichtssagender Allerweltsname. Vielleicht ist Molly Smith gerade deshalb so unzertrennlich von ihrer Stoffkappe wie ein Kleinkind von seiner Kuscheldecke. Sie schenkt ihr Wärme und Sicherheit. Vielleicht dient ihr die mit glitzernden Fäden durchwirkte Kopfbedeckung als Identitätsnachweis, so wie ihre Freundin Miss Brodie ihre Nämlichkeit im keltischen Hochlanddasein findet, ganz unabhängig davon, dass sie aus dem von germanischen Einflüssen geprägten Tiefland stammt. Auf diese Weise machen beide sich Achiltibuie auf eine Weise zu eigen, in der sie zu Schiedsfrauen und Lenkerinnen des örtlichen Gemeinwohls aufsteigen. Zu Neujahr, wenn das allgemeine Küssen losgeht, fasst Molly Smith jede beschiedene Person mit beiden Händen beim Kopf und schiebt ihr energisch und ohne Gegenwehr zu dulden ihre Zunge in den Mund. Diese alljährlich zu ertragende Rosskur ist ein Beweis der Zugehörigkeit, den jeder danach Strebende über sich ergehen lassen muss.

Wenn ich die Dritte im Bunde sehe, Robina Gibson, wird mir immer wieder klar, warum Großbritannien bessere Karikaturisten als jedes andere Land der Welt hervorbringt. Sie brauchen nur um sich zu blicken und sehen Modelle. Robina sieht mit ihrem fliehenden Doppelkinn, mit ihrem Dutt und ihren spitzen Brüstchen so aus, als habe Quentin Blake sie als Volksschullehrerin für ein Kinderbuch Roald Dahls gezeichnet. Sie nennt sich gerne

»Farmer Gibson«, weil sie einen Gemüsegarten besitzt, in dem sie Kraut und Rüben, Erbsen und Bohnen, schwarze Johannisbeeren, Hauszwetschgen und sogar so exotische Gewächse wie Zucchini und Pak Choi anbaut. Darauf ist sie sehr stolz. Sie ist natürlich auch Künstlerin, sie produziert kleine Webereien, auf denen Hochlandrinder und wollige Schafe vor kuscheligen Cottages weiden. Sie erweist Miss Brodie ihre Ergebenheit öffentlich und beflissentlich. Sie gibt davon durch Eingaben an die Regierung und auf Blogs im Internet Kunde. Das darf man ihr vielleicht nicht verübeln. Sie bekleidet eine mit einem recht ansehnlichen Gehalt entlohnte Stellung als »Gemeindeentwicklungsbeauftragte«.

In den alten Zeiten gab es das rollende Kasino. Das war ein gelber Lastwagen mit einer Doppelkabine, die Platz für zwei Sitzreihen bot. Die Crew bestand aus sechs Mann. Morgens um neun Uhr ließ die sich auf den Sitzbänken nieder. Ihr Vorarbeiter war Old West, Ali Posts Vater, den eine jüngere und frechere Generation in Speedy West umtaufte. Wie später sein Sohn, war er zu seiner Zeit der Pfeiler, auf dem die Gemeinde ruhte. Im Unterschied zu seinem Sohn bekleidete er keine Ämter. Seine Stellung verdankte er vor allem einer inoffiziellen Autorität, die er im Pub ausübte. Sein massiger, gedrungener Körper konnte beträchtliche Mengen Alkohol verarbeiten, ohne ins Schwanken zu geraten. Man merkte auch seiner Zunge nie eine Spur von Trunkenheit an, vor allem, weil er nie viel sagte. Er stand mit einer s-förmig nach unten hängenden Pfeife im Mund an der Bar. Die nahm er nur gelegentlich heraus, um sich mit einem Brummton zu räuspern und das Geschwätz der anderen mit einem »gewiss, ja, ganz recht« zu quittieren, einen Schluck Bier zu sich zu nehmen und ein Glas Whisky hinterherzuschütten. Solange er den von Arthur Bell & Sons Ltd gebrannten Scotch bevorzugte, trank jeder im Dorf Bell's. Dann gab es Stunk, die Hauptverwaltung der Firma zog nach England. Das passte Old West nicht, er kündigte dem Traditionsprodukt aus Protest die Treue und trank hinfort Black Bottle. Jeder im Pub tat es ihm nach.

Old West bestimmte auch, wo das rollende Kasino für die Morgenrunde geparkt wurde. Dort machten es sich die sechs bequem, packten ihre mitgebrachten Sandwiches und Thermosflaschen aus und spielten bis Mittag eine schottische Variante von Whist. Zur Mittagspause fuhren sie in den Pub. Nach dem in Form von Flüssigkeiten eingenommenen Lunch rollte der gelbe Laster an eine andere Stelle, wo die Crew sich schnarchend von den morgendlichen Anstrengungen erholte, bevor die nachmittägliche Whistrunde begann. Gearbeitet wurde nur zu den seltenen Gelegenheiten, wenn sich ein Inspektor aus der Bezirkshauptstadt angekündigt hatte. Am Freitagmorgen holte Old West in Ullapool die Lohntüten ab, die er nachmittags in der Bar verteilte, wo damit die unter der Woche gemachten Schulden beglichen und der Rest in Bier und den je nach Old Wests Vorliebe gerade bevorzugten Whisky umgesetzt wurden.

Einer der glorreichen sechs ertrank mit einem Kumpel im Hafen, als die zwei in einer stürmischen Freitagnacht versuchten, in ihr Boot zu klettern. Er hinterließ sechs Kinder. Als seine Frau sich von dem Schock erholt hatte, gestand sie einer Verwandten, seit sie Witwenrente beziehe, sei zum ersten Mal Geld im Haus. Ein anderes Mitglied der Kasinorunde machte umsichtigeren Gebrauch von seiner Stellung. Nach der Arbeit fladerte er Kies und Sand und Farbe und alle möglichen sonstigen Baumaterialen vom Werkhof. Damit baute er ein nagelneues Haus, das groß genug war, um in ihm ein Bed&Breakfast aufzuziehen. Der Materialschwund hatte den positiven Nebeneffekt, dass der Inspektor des Straßenbauamtes den Eindruck hatte, in Achiltibuie werde fleißig gearbeitet.

Heute ist von dieser altehrwürdigen Einrichtung ein trauriger Rest von zwei tatsächlich regelrecht werkenden Straßenarbeitern übrig geblieben. Dafür haben wir unsere Gemeindeentwicklungsbeauftragte. Niemand weiß so recht, was sie tut, niemand kennt ihren Tagesablauf. Neulich erzählte mir jemand, ihr Dienst beginne um zwölf Uhr mittags und erfordere etliche in der Dorfhalle verkonsumierte Tassen Kaffee vor dem Feierabend um drei Uhr nachmittags. Das ist vermutlich ein nicht ganz faires Gerücht. Der Job muss beträchtliche Energien in Anspruch nehmen. Robina Gibson hat drei Kollegen mit ganz ähnlichen Aufgabenstellungen. Und da auch die mit ihren Aufgaben nicht zurande kommen, soll eine vierte Stellung ausgeschrieben werden.

Niemand bekommt so einen Job, der nicht Miss Brodies Anforderungen entspricht. Das ist übrigens keinem offiziellen Verfahren geschuldet, das ist ein ungeschriebenes, aber nichtsdestoweniger ehernes Gesetz unseres Dorflebens. Miss Brodie gibt den Ton an. Miss Brodie entscheidet, wer in die Gemeinde passt und wer nicht. Wenn es gilt, ein Mitglied zu exkommunizieren, bereitet sie das sorgsam vor, indem sie Nachbarn, Besuchern und oft wildfremden Leuten ins Ohr tuschelt, diese oder jene

Person sei »total unbeliebt im Dorf«, sie sei selber ganz schockiert, wie unbeliebt. Der Botschaft verleiht sie bald Nachdruck durch gezielt gestreute Gerüchte und Indiskretionen, die ihrer ursprünglichen Flüsterpropaganda in geziemendem Zeitraum Wirklichkeitsgehalt verleihen. Der Hinweis möge genügen, dass mein teures Weib und ich von ihr exkommuniziert wurden. Wer sich in ihren Augen hingegen als Förderer des Gemeinwohls bewährt, kann auf ihre rückhaltlose Unterstützung rechnen.

Miss Brodie übte vorübergehend einen erzieherischen Einfluss aus, den die von ihr verachtete *Free Church* vermutlich nicht einmal vor hundert Jahren besaß. Vielleicht erinnern sich meine Leser an die geplante Versenkung der Öltonne Brent Spar nördlich der Shetlandinseln, die von Greenpeace-Aktivisten 1995 besetzt wurde. Das war Miss Brodies erster großer Moment. Sie war zwar nicht an Bord, aber sie reiste auf die Shetlandinseln, um das Greenpeace-Schiff nach der Aktion zu begrüßen. Gemeinsam mit einer großen Menge rief sie »bravo« und »gut gemacht!«, als die *Altair* in das Hafenbecken von Lerwick einlief. Sie wurde eingeladen, an Bord zu kommen. Sie verwickelte einige der schneidigen Greenpeace-Kämpen in Gespräche oder besser, in Monologe, in denen sie ihnen ein ums andere Mal bestätigte, dass der Optimismus der Aktion besser sei als der Pessimismus des Gedankens.

Diese Vorstellung begann sich in ihrem Denken wie eine fixe Idee festzusetzen. Sie führte die Idee in Achiltibuie ein. Bald machte sie uns mit Autoaufklebern darauf aufmerksam, dass Aktionen zugunsten von Delfinen und Seehunden ein Gebot der Stunde seien. Das verfing nicht recht in einer Gegend, in der Delfine so häufig vorkommen wie Rehe im deutschen Wald, und wo Seehundköpfe allenthalben aus den Fluten tauchen, seit niemand, und das heißt vor allem: Lachsfischer, die es nun ja schon lange nicht mehr gibt, sie mehr schießt und ihrem Überhandnehmen Grenzen setzt. Es blieb bei den Aufklebern. Dann testete Miss Brodie das Meeresufer mit einem Geigerzähler, um aus dem vierhundert Kilometer entfernten Sellafield entkommene Radionuklide aufzuspüren. Zu ihrem Leidwesen fand sie nichts. Der Geigerzähler schnurrte nur wegen der so handlich bei Tag und Nacht Strahlung emittierenden Lichtschalter in ihrem Haus. Daraufhin verbreitete sie den Gedanken vom Optimismus der Aktion aus einem graublau angemalten Wellblechschuppen in Ullapool auf der Längenwelle des Radiosenders UKW Lochbroom. Eine Londoner Zeitung, die über den kleinsten Sender des Königreichs berichtete, beschrieb sie als »sinnliche Nachtigall«. Schließlich mauserte sie sich zu unserer örtlichen Vorkämpferin für die Freiheit des schottischen Volkes.

Ich bin überzeugt, Muriel Sparks Romanheldin hätte sich ebenfalls bis zur Selbstaufgabe für die vaterländische Sache eingesetzt. Doch die Idee hatte damals noch nicht Fuß gefasst. Für unsere Miss Brodie wird es kein anderes Thema geben. Das *Wee Blue Book*, das Blaubuch der Separatisten, wird ihre Bibel werden. Doch bis das moderne Leben uns dorthin führt, wird noch eine Weile vergehen. Wir wollen uns im nächsten Kapitel zunächst auf ein traditionelleres Thema stürzen.

Regenbogen über Achiltibuie

Dudelsäcke

Für Frohsinn, erklärt der Kapitän des Küstendampfers *Vital Spark* in einer Anekdotensammlung über den meisterlichen Seefahrer Para Handy, gehe nichts über den Dudelsack. Für Frohsinn? Sind wir dem merkwürdigen Instrument bisher nicht als Kriegswaffe begegnet?

Neulich kam Fred Morrison nach Achiltibuie und gab ein Konzert in der Dorfhalle. Seine Finger rasten auf seinem Instrument auf und ab, dass es uns, den ihm Lauschenden, den Atem verschlug. Wir konnten gar nicht mehr still sitzen. Er hielt sich an keine Regel und Konvention der Regimentsmusik. Er spielte quer durch die Harmonien, er verzerrte und verjazzte und improvisierte. Er stand nicht in Kilt und Highlandkostüm auf der Bühne, er marschierte nicht im Marschtempo der Musik auf und ab, er saß in Hemd und Jeans auf einem Stuhl, und er begleitete seine Töne mit der gefühlsverzerrten Visage eines emotionsvollen Pianisten. Ich saß neben Kenny »Manager« MacLennan (den ich übrigens immer Kenny nenne, obwohl er es mir nicht übelnehmen würde, wenn ich ihn als Manager anreden würde, und der auf der Insel Skye den Namen Kenny Salmon trägt. Aber das ist eine andere Geschichte, auf die wir vielleicht später noch zu sprechen kommen werden). Kenny war total hingerissen. Noch nie, gab er begeistert zu verstehen, was bei ihm etwas heißen will, habe er solch eine Musik gehört. Fred Morrison ist der Paganini der Dudelsackwelt.

Der Dudelsack gehört zur Lebensart Achiltibuies. Vielleicht wäre es eine Übertreibung, zu behaupten, in jedem Haus werde die Sackpfeife geblasen. Sagen wir, in jedem dritten Haus. Kenny Manager hat vier Töchter; alle vier sind versierte Piper. Zwei unserer vier mittlerweile erwachsenen Kinder spielen das Instrument mit den drei Brummpfeifen, dem Balg und der Melodieflöte noch, zwei von dreien, die es gelernt haben. Der ältere Sohn Lewis, der mit seiner elfenschlanken südenglischen Frau und ihren zwei Kindern nach dem im ersten Kapitel geschilderten Neujahrsabend nach Australien emigrierte, sackpfeift in der Dudelsackkapelle von Mackay im Bundesstaat Queensland; sein zweijähriger Sohn Archie hört ihm bereits geflissentlich beim Üben auf der Chanter zu und bittet ihn, ihm vorzuspielen, damit er dazu tanzen kann. Ein weiterer Dudelaspirant in der Familie. Von unserem jüngeren Sohn Jörg werden wir gleich noch hören.

Früher, als die alte Ordnung dem modernen Leben noch nicht stattgegeben hatte, gab es nur einen Dudelsackspieler im Ort, Kenny Stewart, Schafbauer, Junggeselle und mütterlicherseits ein Fraser mit einem der lokal akzeptierten Kreuzungstheorie entsprechenden Kopf aus Felsgestein. Wenn bei ihm jemand zu Besuch kam, dauerte es nicht lange, bis er seine Sackpfeife hervorholte, den Balg aufblies, die Pfeifen einstimmte, im Zweivierteltakt in der Küche auf- und abmarschierte und seinem selbst zusammengeschusterten Instrument sehr eigentümliche Töne entlockte. Das war zu einer Zeit, das wissen wir von Para Handy, als es nicht einfach war, einen Piper zu fassen zu kriegen. In den Tagen, als der Dampferkapitän die Westküste auf- und abkreuzte, beschäftigte der Marquess of Bute einen, der Duke of Argyll einen zweiten, und die Armee stellte der Königin einen persönlichen Piper im Buckingham Palace ab und einen zweiten während ihrer Ferien in ihrem Sommerschloss Balmoral. Aber sonst?

Dann begann eine Dudel-Renaissance. Sie startete mit einem Doktor MacKay, der noch der alten Generation angehörte, einer Generation, die ihr Leben der großen weiten Welt widmete, aber nie die patriotische Liebe für ihre Heimat aufgab. Er war sehr fromm und fühlte sich dem Schicksal der Armen verpflichtet. Er zog nach Peru und richtete hoch in den Anden ein von der *Free Church of Scotland* finanziertes Krankenhaus ein. Vor seiner Abreise hatte er Granny Muirs Schwester Margaret geehelicht. Seine junge Frau folgte ihm nach, im Schiff über den Atlantik, durch den Panamakanal nach Lima und von dort in zweiwöchiger Reise auf einer Eselskarawane in die Berge. Viele Jahre später kehrten er und seine mittlerweile etwas ältere Frau mit ihren vier Kindern ins Vaterland zurück, diesmal auf dem Amazonas quer durch den südamerikanischen Kontinent. Doktor MacKay übernahm eine Arztpraxis im Speytal. Neben dem Verarzten der Bürger und Bauern seines Distrikts widmete er sich der Zukunft des Nationalinstruments. Er setzte bei der Schulverwaltung durch, dass hinfort jeder Volksschüler im Hochland Dudelsackunterricht erhielt. Das war die eigentliche Berufung seiner zweiten Lebenshälfte.

Die Schulverwaltung erkor Norman Gillies, einen Piper aus Glasgow, zum ersten Dudelsacklehrer unseres Schulbezirks aus. Er war ein strenger Lehrer und ein pedantischer Verfechter sauberster Fingertechnik. Unsere Kinder liebten ihn, also übten und übten sie, bis sie jede Bewegung im Schlaf beherrschten. Nebenher war er Glasgow-Rangers-Fan, also wünschten die Jungen sich Rangers-Trikots zu Weihnachten. Dazu muss man vielleicht kurz sagen, dass jeder schottische Schulbub entweder Rangers oder Celtic unterstützt. Andere Vereine, die Kicker der eigenen Grafschaft oder der Stadt, in der sie leben, zählen kaum. Was den Fußball angeht, und nicht nur den Fußball, so ist alles einem quer durch die Nation gehenden Riss zwischen Hunnen und Tims nachgeordnet. Das heißt, es geht gar nicht um Fußball, es geht um die schottische Geschichte und den alten Spalt zwischen Katholiken und Protestanten. Die Hunnen, die Rangers-Fans, nach König William dem Dritten auch Billy Boys genannt, die Sieger in der Schlacht an der nordirischen Boyne über die Armee des Katholiken James des Zweiten im Jahr 1690, schwingen den Union Jack. Die Tims tragen stolz die Farben Irlands. Der eingeschworene Hunne Norman Gillies nannte die Celtic-Anhänger Tims. Woher der Name kommt, weiß ich nicht. Aber ich weiß, dass mein Freund Gary »Dos« MacDonald, der weder katholisch noch ein Ire ist, aber ein Tim, seinem achtjährigen Sprössling Lael beigebracht hat, wie aus der Pistole geschossen »Kiss it!« zu rufen, wenn er mit seinem Finger auf das Celtic-Wappen seines Trikots deutet. Laels erste Worte lauteten nicht Mami oder Papa, sondern »Rangers pfui!«.

Mister Gillies band seinen Schülern seinerseits auf, dass sie Warzen bekämen, wenn sie eine *Penny Whistle* anrührten, das irische Instrument des Teufels. Also rührten sie die Blechflöten nicht an, nur ihre Pipes. Unsere älteste

Tochter Siân tingelte schon als Dreizehnjährige mit der Pipe-Band von Ullapool durchs Hochland und spielte der Königinmutter im Park ihres Sommerschlosses Mey auf. Der zehnjährige Lewis marschierte unermüdlich vor unserem Haus auf und ab und übte *John MacColl's March to Kilbowie Cottage*. Sein siebenjähriger Bruder lauschte einer Dudelsackkassette und beobachtete ungeduldig das Wachstum seiner Finger in der Hoffnung, sie mögen endlich groß genug für die Übungsflöte sein. Die vierjährige Annabel tanzte durch das Wohnzimmer und summte den Sackmarsch *High Road to Gairloch*.

Mit seinem Sohn Alasdair verfuhr Mister Gillies als guter schottischer Vater besonders streng. Den chauffierte er bei Regen und Sturm auf eine ausgesetzte Landzunge und zwang ihn, dort zu üben, damit sich seine Hände abhärteten. Er saß mit heruntergekurbeltem Seitenfenster und einer Handvoll Kieselsteinen im Auto. Jedesmal, wenn der Sohn einen Fehler machte, traf ihn ein Kieselstein. Alasdair trat mit sechzehn Jahren in die Armee ein und wurde der jüngste Dudelsackmajor des Regiments der Queen's Own Highlanders. Er gewann sämtliche Preise und Trophäen, die es in der Dudelsackwelt zu gewinnen gibt. Es gibt ein Foto von ihm, auf dem er während des Falklandkrieges einem Schwarm entgeistert lauschender Pinguine vorspielt. Ein Nachruf im *Scotsman* nach seinem frühen Tod 2011 konstatierte, »Er hatte Hände, denen die Kälte nichts anhaben konnte. Er war mit einer Fingerfertigkeit gesegnet, um die ihn Musiker ganz gleich welcher Disziplin beneideten.«

Wie die Fingerfertigkeit zustande gekommen war, wusste der Nachrufschreiber offensichtlich nicht. Mister

Gillies' zweiter in der Welt des Dudelsacks berühmt gewordener Schüler ist Fred Morrison. Der schlug aber nun völlig aus der Art. Daran hatte Mister Gillies schwer zu knabbern. Fred spielt Border Pipes und Highland Pipes, schwermütige Altflöten, den irischen Dudelsack und sogar des Teufels Instrument. Mittlerweile fünfzig Jahre alt und von eindrucksvoller Leibesfülle, sieht er mit seinem widerspenstigen rotblonden Haarschopf immer noch aus wie ein aufsässiger, etwas dick geratener Junge. Unter jungen Schotten besitzt er Kultstatus. Fast eigenhändig hat er den Dudelsack aus der Welt des Militärs gezerrt und zu einem Instrument gemacht, mit dem Popbands und klassische Orchester auftreten und ohne den es den keltischen Rock vielleicht gar nicht gäbe, ein während des letzten Jahrzehnts in Mode gekommenes Genre.

Alistair Fraser darf in dieser kleinen Anthologie des Dudelsacks nicht fehlen. Er ist kein Achiltibuie-Fraser, er kam aus Edinburgh hierher und übernahm unsere Dorfschule. Er ist nicht einer der Großen der Dudelsackwelt. Aber er war ein Lehrer der eigenen Art. Wer fleißig übte, durfte bei ihm Nachsitzen und bekam Sonderunterricht auf der Chanter. Jede freie Minute entströmten dem Schulhaus Dudelsackklänge. In den Sommerferien entfloh er nicht wie andere Schulmeister zum Bildungsurlaub nach Kreta oder zum Sonnenbräunen in den Club Med, er steuerte seinen verbeulten VW Golf zu Dudelsackwettbewerben durch das Hochland. Er reiste von Musikantentreffen zu Highland Games, von Landwirtschaftsausstellungen zu Märkten. Überall gibt es Wettbewerbe. Und Geld zu gewinnen. Bei der Schafbauernschau in dem Marktflecken Lairg sind vierzig Pfund für die Jugend und über zweihundert Pfund für die Erwachsenen ausgeschrieben. Bei den am selben Tag stattfindenden Highland Games in dem Fischerhafen Helmsdale gibt es alleine im *Ceol Mhor* über hundert Pfund zu verdienen. Ein *Ceol Mhor* ist ein klassisches Stück aus dem 17. oder 18. Jahrhundert und dauert oft zwanzig Minuten. Die meisten *Ceol Mhor* bestehen aus einem Thema mit Variationen, die in immer eindringlichere Gefilde vordringen, um letztlich wieder zum Thema zurückzukehren. Ein Superprofi sahnte einmal in Helmsdale den ersten Preis ab und raste nach Lairg, wo er ebenfalls das Hauptgeld abzockte.

Wettbewerbe und Meisterschaften gehören zur keltischen Art, mit der Kunst umzugehen. Singen und Geigen und Dudelsackspielen wird von Kindesbeinen an wie ein Sport betrieben. Zu unserem alljährlichen dorfinternen Wettstreit reist ein neutraler Preisrichter an. Der Steinpferch am Meeresufer, der dem Publikum am Silvestertag beim *Ba'Game* einen dürftigen Schutz vor den Elementen bietet, dient als Freilichtarena. Manchmal treibt der Wind auch im Sommer kalte Regenschauer und tiefe Wolken über die rohe Landschaft. Dann sitzt der Schiedsrichter in seinem windab geparkten Auto und lauscht durch das halb heruntergekurbelte Seitenfenster. Die dudelsackbewehrten Kontrahenten klemmen die klammen Finger unter ihre Achseln, um sie warm zu halten.

Ein Kandidat nach dem anderen tritt vor. Die Jüngsten geben ihr Stück auf der Übungsflöte. Die Neun- und Zehnjährigen treten bereits mit der Contenance schlachterprobter Sackpfeifer auf. Sie folgen derselben Disziplin. Zuerst »leichte« Musik, ein Marsch, ein *Strathspey* und *Reel*. In zweiter Disziplin ein *Ceol Mhor*. Ich habe auch schon ein oder zwei Mal mitgemacht, ich gewann sogar eine Silbermedaille, allerdings völlig unverdient. Alistair Fraser überrumpelte den Schiedsrichter und heftete sie mir an die Brust. Ihm habe ich es zu verdanken, dass ich von der Sackpfeiferei nicht unbeleckt blieb. Er weihte mich in die Fingertechnik ein und wies mir den Weg durch die Stolpersteine der Technik zur musischen Offenbarung, oder, genauer gesagt, er wies mir die Richtung. Eine schottische Weisheit lautet: »Es dauert sieben Jahre, bis einer ein Piper ist. Nach sieben Jahren steht der, der dazu geboren ist, an der Pforte der Erkenntnis, und wenn er sein Ohr hingebungsvoll an die Basspfeife schmiegt, kann er Zwiesprache halten mit dahingegangenen Generationen und lange verflossenen Zeiten. Er steht am Grab der alten Könige, und er erspäht Fingals Haarschopf, und er sieht den Widerschein des Mondes auf dem Krückstab der Druiden.«

Dieser Tage stehe ich wie die anderen weniger begabten Dörfler außen um den Pferch, setze eine kritische Miene auf und höre zu. Der Wettbewerb dauert Stunden, oft den ganzen Nachmittag. Nichts unterbricht die Konzentration, höchstens ein plötzlich kreischendes Krad, auf dem ein Junge in Höllentempo an der Küste entlangrast und am Ende der Uferwiese wie ein seinen bockenden Bronco reitender Cowboy auf dem Heidemoor entschwindet.

Vor allem um den *Ceol Mhor* gibt es seit Jahren Streit, darum, wie man die klassischen Stücke »richtig« spielt. Es geht um »Werktreue« und »korrekte Interpretation«. Jeder hat seinen unerschütterlichen Glauben, und Glaube ist seiner Natur nach, oder zumindest der menschlichen Natur nach, unumstößlich, weil er sich auf Ahnenreihen beruft, die über Väter, Vorväter und Lehrer unweigerlich zu einer der großen Dudelsackfamilien führt, zu den MacCrimmons oder den MacKays. Das ist nicht anders als mit den bibeltreuen Einsichten des Genfer Reformators Johannes Calvin, die nach dem Dafürhalten der *Free Church of Scotland* nur in ihr wahren Ausdruck finden, während die *Free Church* in den Augen der ebenso calvinistischen *Free Presbyterian Church* Irrlehren anhängt. Am erbittertsten wird der Dudelglaubenskrieg um die apostolische Nachfolge zwischen Anhängern des Cameron-Stils und des MacPherson-Stils ausgetragen. Die einen beschimpfen die Spielart der anderen als »holprig und ungälisch« und die anderen den der einen als »formalistisch und ausdrucksleer«. Jahrzehntelang wogte der Streit über den *birl*, den Doppelschlag mit dem kleinen Finger auf dem tiefen G. Soll ihm ein Vorschlag auf dem hohen G vorausgehen oder nicht? In fünfzehn Ausgaben der in Glasgow herausgegebenen *Piping Times* befehdeten sich Befürworter und Gegner des kleinen G mit schlauen Traktaten. Als die schottische BBC sich erdreistete, in ihren wöchentlichen Dudelsackprogrammen anderen Strömungen als dem akzeptierten Stil Raum zu geben, zürnte die tonangebende Garde über eine »Irreführung« der Dudelsackwelt.

Die großen Wettbewerbe sind eine Bastion der reinen Lehre. Wer gewinnen will, muss sich der Konvention fügen, auch wenn er anders denkt. Manche Gewinner sind heimliche Ketzer. Unser Dorflehrer vertraute mir einmal eine Aufnahme an, die ein berühmter Piper und zweimaliger Sieger der »Goldspange von Inverness« ihm aufs Band gespielt hatte. Bei sich zu Hause spielte der das alte *Lament for the Lost Sword* und die namenlose *Etüde Num-*

mer 40 aus dem Kilberry-Buch »so, wie ich würde, wenn ich dürfte«. Er würde die Kadenzen auf B als Lauf – »nicht, wie es die Tradition erfordert, gestelzt« – spielen. Er würde in der ersten Variation des *Laments* den Rhythmus aufbrechen, synkopieren, damit der Kontrast zu den Walzer-Variationen herauskäme.

»Aber ich fürchte«, erklärte er resigniert, »wenn man mit dem Stück auf Wettbewerben reüssieren will, muss man sich ans Standardformat halten. So wie ich das verstehe, geht es über das Begriffsvermögen der meisten Leute hinaus. Sie können nicht nachvollziehen, was ich damit beabsichtige. Sie können dem Rhythmus nicht folgen. Das klingt überheblich, aber so ist es nun mal.«

Ich konnte den geheimen Dissidenten vor mir sehen: An einem Tisch sitzend, vielleicht in der Küche, vielleicht im Wohnzimmer. Er sagt: »So, also so würde ich das spielen.« Er bringt die ersten Noten auf seiner Chanter zum Klingen. Er bricht ab und singt die nächsten Töne: »Man muss die Musik wie ein Sänger vorantreiben.« Er kämpft mit jeder Phrase. Einmal hält er an und sagt: »Tut mir leid, hier sträubt sich etwas.« Und um ihn herum tollt häusliches Chaos. Ein brabbelndes Baby. Jemand schaltet das Radio an. Er ruft ärgerlich: »Kann man keine Ruhe geben?« Dann singt er wieder, mit reiner, natürlicher Stimme. Und am Schluss sagt er: »Es ist ein grandioses Stück Musik.« So, als habe er es gerade zum ersten Mal gehört.

Zwei Jahre nach meinen ersten Dudelsackversuchen meldete ich mich für einen Kurs bei einem dreitägigen Musikantentreffen in einem Schloss namens Tulloch Castle an. Ich war der einzige Sackpfeifer. Mein Lehrer war Fred

Morrison. Das Gleiche im folgenden Jahr. Fred tat sich damals schwer, seinen Lebensunterhalt zu verdienen. Sein Dudelsackstil war noch verpönt. Für mich war das eine einzigartige Gelegenheit, aber natürlich Perlen vor die Säue. Für ihn war es sicher ein geteiltes Vergnügen. Meine vom Handwerk und Fischen verhunzten Finger waren zu zäh und meine Hände zu alterssteif. Er ließ es sich nicht anmerken. Er versuchte mir engelsgeduldig *John McColl's March to Kilbowie Cottage* beizubringen, den mein Sohn schon als Zehnjähriger draufhatte. Die Abende verbrachten wir in der Bar, Fred saß ganz unvorschriftsmäßig auf einem Hocker und begann, seine Sackpfeife wie ein Derwisch zu bearbeiten. Sein Lehrer Norman Gillies wäre entsetzt gewesen.

Fred war damals *no stranger to the juice of the barrel*, wie er sich später auszudrücken beliebte. Eine zweite schottische Dudelweisheit lautet, Dupuytren-Kontraktur, eine durch maßloses Üben und ebenso maßlosen Alkoholgenuss verursachte Versteifung der Innenhand, sei der Fluch des Sackpfeifens. Der viel zu jung gestorbene Alasdair Gillies war dem glorifizierten schottischen Durst verfallen. Ein Mitstreiter Fred Morrisons bei der Wiedergeburt des Dudelsacks verübte aus dem gleichen Grund Selbstmord. Einmal trafen Fred und ich uns beim *Northern Meeting*, dem alljährlich im September veranstalteten Treffen in Inverness, bei dem der Ketzerpfeifer, der unserem Dorflehrer Ungehöriges aufs Band gespielt hatte, seine zwei Goldspangen verdient hatte. Dort gibt es trotz des Exegesestreits zwei Tage lang großartige Musik zu hören. Die Juroren sitzen in dicke, ledergebundene Notenbände vertieft neben dem Podium. Vor ihnen wandelt weltversunken ein Spieler nach dem anderen auf und ab und fingert verschlungene Pfade durch die *Taorluath-* und *Crunluath*-Variationen, virtuose Ornamente um die mit jeder Variation inständiger werdenden Melodien.

Unser Paganini-Piper hatte im Vorjahr die Goldmedaille gewonnen. Nun sollte er in dem vorherigen Gewinnern vorbehaltenen Wettbewerb um die Goldspange antreten, dem Ritterschlag der Zunft. Am Vorabend erlag er der Versuchung des bernsteinfarbenen *juice of the barrel.* Spätnachts stand er auf der Hängebrücke über den Fluss Ness, hielt sich am Geländer fest und bejammerte das Schicksal des vom rechten Pfad abgekommenen jungen Fred Morrison. Der Widerschein der Stadt irrlichterte auf dem Wasser. Fred wusste nicht mehr, wo er untergebracht war. Wir klapperten jedes Hotel am Flussufer ab, bis wir seine Herberge fanden. Am nächsten Morgen trat er nicht an. Er sah aus wie ausgespien. Jetzt rührt er zum Glück schon seit Jahren keinen Tropfen mehr an.

Gordon Meldrum, auch er *no stranger to the juice of the barrel*, kam nach Achiltibuie. Sheileagh und ihre aufs Zusammenführen spezialisierte Cousine Karin lernten ihn zuerst kennen. Die beiden waren unterwegs zum Pub, als sie eine Gestalt im Straßengraben sahen. Sie fischten einen kleinen Mann mit faltig verlebtem Gesicht heraus und schoben ihn auf die Rückbank. Ein Wort von Dankbarkeit war ihm nicht zu entlocken. Stattdessen ließ er sich über die *rich bitches* aus, die geldigen Tussis mit ihrem Range Rover. Später war ihm das todpeinlich. Er wurde einer unserer besten Freunde. In der Welt der Dudelsackvirtuosen war er berühmt für seine Gabe, Instrumente melodiöser zu intonieren als fast jeder sonst. Wenn er eine Sackpfeife in die Hand nahm und eine Zeitlang an deren Rohrblättern und Zungen herumfummelte, klang sie so süß wie die Dolzflöte einer Orgel.

Gordon beschrieb sich selbst als einen »dürren, zu kurz geratenen Baubudenrülps«. In meiner frühesten Erinnerung an ihn steht er mit einem anderen Typen am Tresen der *Summer Isles Bar.* Die zwei stochern mit ihren Zeigefingern einen merkwürdigen Rhythmus in die Luft und trällern näselnd eine noch merkwürdigere Melodie: » hi-o tra ie-a hie-dro-hie ...«.

Gordon hält inne und deutet grinsend auf seinen Mitsänger: »Der Junge hat Musik in den Knochen!« Dann fällt er mit leuchtenden Augen wieder in den näselnden Singsang ein: »... hihorodo him botrie ...«. Sein Duettpartner hält die Augen geschlossen. Die Melodie trägt beide davon. Sie singen das *Lament um die Kinder*, einen von einem Padruig Mor MacCrimmon, dem Sackpfeifer der MacLeods von Dunvegan, im 17. Jahrhundert komponierten *Ceol Mhor.* Die Melodie beginnt in pentatonischem D-Dur und endet in rätselhaftem b-moll. Die zwei singen das Stück im *Canntaireachd*, der alten Art, Musik weiterzugeben, bevor sie in Noten aufgeschrieben wurde.

Mich interessierte das alles schon wegen meiner fernen Vergangenheit als Cembalo- und Orgelbauer. Da lernte ich alles über Tonarten und Stimmungen und das pythagoreische Komma und was man sonst noch so alles wissen muss, um ein Instrument richtig erklingen zu lassen. Über die Theorie kam ich nie hinaus. Ich kam nie dahinter, wie Gordon einen Dudelsack intonierte. Er hatte dagegen nichts mit Theorie am Hut. Er hatte das im Gespür, wie angeboren. Aber von nichts kommt nichts. Er trällerte den *Canntaireachd* so, wie er ihn als Kind abends beim Einschlafen gehört hatte, wenn sein Vater ihn unten im Wohnzimmer mit Freunden angestimmt hatte. Gordons Vater, das war der Zenit von dessen Karriere, gewann einmal im Beisein King George des Sechsten, des Vaters der Queen, die Goldmedaille beim *Highland Gathering* von Braemar in der Nachbarschaft des Königsschlosses Balmoral.

Zum besseren Verständnis des Folgenden müssen wir nun die Zeituhr kurz um zehn Jahre vorausstellen und auf ein Erlebnis unseres Sohnes Jörg zu sprechen kommen, der nach seinem Studium zwei Jahre im Heiligen Land lebte. Ich will es in seinen eigenen, mir an Eloquenz weit überlegenen Worten wiedergeben: »Vielleicht machte ein grenzüberschreitendes Stille-Post-Spiel aus dem Gerücht vom bevorstehenden Auftritt eines jungen, Dudelsack spielenden Schotten einen triumphalen Einzug eines der besten Virtuosen des Instruments. Vielleicht aber nutzte Joseph, Pipe Major der Jerusalemer Dudelsackkapelle *Terra Santa*, nur meine Herkunft schamlos aus, um im Vorfeld des alljährlich abgehaltenen Weihnachtsumzugs in Bethlehem bei seinen Konkurrenten Neid und Minderwertigkeitsgefühle wachzurufen. Was immer die Wahrheit ist, das Gerücht verfestigte sich zur Tatsache. Bei unserer letzten Probe teilte Joseph mir mit, dass alle Kapellen im Bilde seien über *Terra Santas* berühmten Gast. Ich bekam die strikte Anweisung, keine Solos zu spielen – das hätte meine wirklichen Fähigkeiten sofort verraten. Meine Dudelsackkarriere ist eher bescheidener Natur. Mit acht Jahren begann ich, die Übungsflöte zu spielen. Mit dreizehn Jahren gewann ich darauf einen Schulwettbewerb.

Mit siebzehn Jahren hatte ich es zum Sergeant in meiner Schuldudelsackkapelle gebracht. Die Beförderung hatte, um ehrlich zu sein, mehr mit Erpressung als mit musikalischem Können zu tun. Ich bin also ein Champion recht zweifelhafter Provenienz.

Dreißig Kapellen versammelten sich an diesem herrlichen Sonntagmorgen, um dem Patriarchen aufzuspielen. Mir schlug schon vor Beginn der Veranstaltung die Bewunderung der versammelten Menge entgegen, sehr zum Missfallen der anderen Bands, die glaubten, die Schwindler der *Terra Santa* hätten nicht nur einen Profi in ihren Reihen, sondern einen Champion, um sie auszustechen. Ich merkte schnell, dass alles Schottische in Bethlehem höchste Verehrung genoss. Neben den allgegenwärtigen Souvenirläden mit ihren kitschig phosphoreszierenden Jesus- und Marienfiguren verkaufte ein *Scottish Centre* Dudelsäcke und Trommeln. Doch in den neunundvierzig Jahren, in denen Dudelsackkapellen bei dem Weihnachtsumzug marschieren, war noch nie ein echter Schotte mitmarschiert. Ich wollte meinen erhabenen Status verständlicherweise genießen und entschloss mich, meine Fans persönlich zu begrüßen. Als ich über den Krippenplatz schlenderte, ging ein Murmeln durch die Menge, *Scotlandia*. Kinder rannten auf mich zu und befühlten meine Beine, um sicherzugehen, dass ich kein Fantasiegebilde war. Mehrmals musste ich für Fotos mit Brüdern, Schwestern, Großtanten und Vettern ersten, zweiten und dritten Grades posieren. Eine besonders forsche Palästinenserin legte ihren Arm um meine Schulter und drang in mich, sie mit nach Schottland zu nehmen. Als mein Ego ungeahnte Höhen erreichte und mein Ruhm ein immer größeres Gedränge verursachte, bugsierten zwei Mitspieler der *Terra Santa* mich zurück zu unserem Sammelplatz. Dort waren mittlerweile eine syrische und eine arabisch-katholische Dudelsackkapelle darüber in Streit geraten, wer von beiden die bessere sei. Als die Arabisch-Katholischen sich erdreisteten, den Syrern vorzuwerfen, ihnen fehle der Tiefenklang, begannen die Syrer, ihre Gegner unter Flaschenbeschuss zu nehmen. Bald jagten die beiden Kapellen sich unerbittlich über den Platz. In Ermangelung von Steinen griffen einige Streiter zu ihren Trommeln als Geschossen. Andere benutzten Flaggenstangen als Lanzen. Erst als mit Sturmfeuergewehren bewaffnete Ordnungskräfte der Autonomiebehörde auf der Bildfläche erschienen, kehrte Ruhe ein. Hinterher sah es zwar erst einmal aus wie nach einer Explosion in einer Spielzeugfabrik und nicht wie bei einer Gedenkfeier für die Geburt des Heilands. Doch der Vorfall konnte dem erfolgreichen Fortgang der Festlichkeiten keinen Abbruch tun. Die *Terra Santa* spielte dem Patriarchen unser Repertoire arabischer und schottischer Weisen aus vollen Seelen vor, eine bemerkenswerte Leistung angesichts der Tatsache, dass wir erst einen Monat zuvor als Kapelle zusammengefunden hatten. Auf dem Umzug spielten wir dann noch einmal mit rühmenswerter Ausdauer. Der Umzug wurde nur einmal durch eine nicht lange andauernde Kampfhandlung zweier anderer Bands unterbrochen. Als ich am nächsten Tag mit schmerzendem Kopf aufwachte, meditierte ich über die wirkmächtige Dreieinigkeit von Dudelsack, Whisky und eitlem Streit, die hier so prävalent zu sein scheint wie in meiner Heimat. Ich wurde in jeder Disziplin deklassiert. Was den Wahrheitsgehalt der Volksweisheit unter Beweis stellt, dass man einen echten Schotten nicht am Kilt oder am Dudelsack erkennt, sondern nur daran, dass er nach dem Genuss von genügend Whisky, um zwei anstelle einer Person zu sehen, so lange weitertrinkt, bis aus zwei drei Personen werden und er auf den in der Mitte losgeht.«

Der Dudelsack ist, wie man sieht, unter Arabern so populär wie in Schottland. Unser Freund und Baubudenfurz Gordon Meldrum hatte seine in der Kindheit erworbenen Dudelsackkünste beim Militär perfektioniert. Er brachte es wie Norman Gillies' Sohn Alasdair zum Dudelsackmajor der *Queen's Own Highlanders*. Danach landete er einen Superjob als *Piper to the Sultan of Oman*. Anders als im Falle meines Sohns hatte der Sultan tatsächlich einen der Besten seines Fachs engagiert. Er brachte den Omanis die schottische Art des Pfeifens bei und stellte eine Armeekapelle auf. Der Sultan ließ sich nicht lumpen und entlohnte ihn fürstlich. Nach Ablauf seiner Dienstverpflichtung hatte er genug Geld, um sich ein schönes Haus, ein Boot und einen schweren Geländewagen zu kaufen. Doch der Reichtum hielt nicht lange. Außer seiner Liebe für den amberfarbenen *juice of the barrel* stand Gordon sein chaotisches Temperament im Weg. Und seine zu seinem eigenen Unglück durch nichts gebändigte Großzügigkeit. Obendrein flogen ihm, unangesehen seiner zumindest in meiner Darstellung nicht sehr eindrucksvollen Erscheinung, die Frauen zu. Sie bekamen ganz weiche Knie, wenn er in voller Montur einherschritt. Mit Kilt, Charme und Hochlandüberwurf gab er eine grandiose Figur ab. Ein bisschen wie Sean Connery, den die blonde Schönheit Julie Hamilton für einen haarsträubenden Typen hielt, bis sie ihn im Schottenrock sah. Darin, gestand sie, bot er den hinreißendsten, ihr je unter die Augen gekommenen Anblick.

Gordons zweite Ehe ging in die Brüche. Das in Oman verdiente Vermögen schmolz dahin. Er verkaufte sein Haus und wohnte zur Miete, er verkaufte seinen Geländewagen und versuchte sich als Langustenfischer. Er taugte nicht zum Fischer. Er verschuldete sich. Ich kaufte ihm aus freien Stücken für einen stolzen Preis einen alten Dudelsack mit einer schönen Melodieflöte von R. G. Hardie & Co. ab, den er von seinem Vater geerbt hatte. Das stopfte die Löcher so wenig wie Desperate Dans Finger, als der mit ihnen sein absaufendes Schiff vor dem Untergang retten wollte. Einmal besuchte ich Gordon, als er zusammengerollt wie eine Katze auf dem kalten Fußboden in seinem ungeheizten Wohnzimmer lag und sich nicht rühren konnte. Ein anderes Mal – nein, wir wollen nicht alles ausbreiten. Anders als andere Trinker, ließ Gordon seine Freunde nie im Stich. Ich konnte mich auf ihn verlassen wie auf niemanden sonst. Ich liebte ihn, wie man nur einen Freund lieben kann. Er brachte mir jeden Mittwochabend bei, wie man *Ceol Mhor* spielt.

Ich kam ausgerüstet mit einer Flasche Whisky und einer Packung Regal Filter. Der Unterricht dauerte so lange, bis beides leer war. Er brachte mich so weit, dass ich irgendwann dann doch ganz nett ein paar der alten Stücke spielen konnte. Meine kleine Urorgel begleitete mich von da an auf Reisen in Jelzins Moskau und in das von den Taliban regierte Afghanistan, in General Dudajews Tschetschenien und in Hugo Chávez' Caracas, nach Georgien und Damaskus, nach Harare und zu dem schon erwähnten Aufenthalt auf dem russischen Atomtestgelände Semipalatinsk. Dort zerlegte ein KGB-Mann sie insgeheim in der Überzeugung, es handelte sich um ein ausgefeiltes Spionagegerät. Bei einem Dinner mit zwei hohen Generälen wollte ich ihnen zur russisch-schottischen Verbrüderung eins aufspielen. Die Völkerverständigung wurde ein Opfer des nicht wieder fachgerecht zusammengebauten Instruments und meines fortgeschrittenen Wodkagenusses. Aber an den meisten Orten fand ich ein ungestörtes Plätzchen, an dem ich mein Ohr hingebungsvoll an die Basspfeife schmiegen und, obwohl weit entfernt von der Pforte der Erkenntnis, Zwiesprache halten konnte mit meinem Zuhause und den Bergen, die hinter dem Dorf wie versteinerte Piktenfürsten aufragen.

Die Schulden erdrückten Gordon Meldrum, eines Tages zog er zurück nach Braemar, seinem Geburtsort, in dem sein Vater im Beisein King George des Sechsten auf dem *Highland Gathering* den ersten Preis im *Ceol Mhor* gewonnen hatte. Dort änderte er seine Trinkgewohnheiten und verlegte sich auf ein Gemisch aus Brandy und Coke. Das wurde bald unter seinem Namen bekannt. Wenn man in der Bar des *Fife Arms Hotel* einen Meldow bestellt, mixt der Schankkellner, sofern er vom Ort ist, das zweifelhafte Getränk bis heute zusammen. Der Namensgeber starb wenig später und sehr plötzlich. Sein Begräbnis in der Pfarrkirche war eine bittersüße Veranstaltung. Fast jeder, der Rang und Namen in Dudelsackkreisen hatte, reiste an. Gordon hatte sich vor dem Sterben von seiner neuesten Braut ausbedungen, dass bei seinem Begräbnis Led Zeppelins *Stairway to Heaven* gespielt werde. Und so plärrte die Rocknummer aus einem klapprigen Lautsprecher durch das Kirchenschiff. Kein Auge blieb trocken. Nachher fand ein großer Umtrunk im *Fife Arms Hotel* statt. Gordons Schwager schenkte Meldows aus einem Fünfliterkessel aus.

Seine Eskapaden lebten auf. Wie er 1968, als er mit der Armee in Berlin stationiert war, in vorderster Reihe in einer Demo mitmarschierte, angetrunken und nur so zum Spaß. Am nächsten Tag war seine unverwechselbare Visage auf der ersten Seite der Zeitung abgedruckt. Was ihm eine Woche im Divisionskerker einbrachte. Oder seine Heldentaten als Soldat in Nordirland, als er mit Provos in einem IRA-Pub trank und mit knapper Not davonkam, als ein Kommando der Terrorarmee ihn erkannte. Oder wie er und ein Kumpel in friedlicheren Zeiten mit einem gehbehinderten Freund auf dessen Elektrowägelchen zu einer Kneipentour von Braemar ins fünfundzwanzig Kilometer entfernte Ballater hinunterkurvten und auf der Rückfahrt von der Polizei aufgelesen wurden, als sie mit leerer Batterie in einem Regenguss festsaßen …

Damit wären wir eigentlich am Ende dieses Kapitels. Aber da wir es mit dem Paganini-Dudler Fred Morrison begonnen haben, wollen wir es auch mit ihm enden lassen. Ich besuchte ihn einmal in seinem Haus auf der Hebrideninsel Uist, einer kargen Behausung auf einer kahlen Moorwiese. Die Schottereinfahrt war überschwemmt, es schüttete. Drinnen war es fast so feucht wie draußen, überall lag Wäsche herum, gewaschene Wäsche, ungewaschene Wäsche, trocknende Wäsche. Vor allem Wäsche, die sich weigerte, zu trocknen. Das zweite Kind war gerade auf die Welt gekommen. Fred war unrasiert. Seine rotbraune Löwenmähne hing ihm bis auf die Schultern. Es dauerte nicht lange, bis er eine kleine Zimmersackpfeife hervorholte. Bevor er anfing zu spielen, erzählte er die Geschichte von der Entstehung eines Stückes, das er gerade komponiert hatte. Auf Drängen eines Freundes hatte er einmal mit gemischten Gefühlen einen presbyterianischen Pfarrer aufgesucht. Ein Reverend und Musik? Das passte nicht zusammen. Presbyterianer sind streng und lustfremd. Oder etwa nicht? Der Reverend verwirrte seine Vorurteile. Er war alt und ergraut, aber im ganzen Haus lagen Instrumente herum. Er erklärte Fred, das Leben sei wie ein *Ceol Mhor.* Es beginnt mit dem Thema, es führe durch die Variationen, bis man am Ende wieder beim Thema landet. Dort sei er jetzt angelangt. Diesem mittlerweile gestorbenen Pastor, sagte Fred, habe er das Stück gewidmet. Er blies den Balg auf und entlockte seinem Instrument so lyrisch anrührende Töne, dass ich glaubte, vor den regenverschlämmten Fenstern die transluzente Figur des dahingeschiedenen Gottesmannes über das karge Moor entschwinden zu sehen.

Kenny Manager mit Ben

Eine kleine Dorfsoziologie

Der vierte Modernitätsschub nach dem Hingang des rollenden Kasinos, dem Einzug des internationalen Drogenschmuggels und der wöchentlichen Auslieferung der *ZEIT* in unser Haus erreichte Achiltibuie in Form eines Augenoptikermeisters. Es handelt sich um Mister MacSporran. Mac deutet in der schottischen Namensgebung den »Sohn des« an, ein Sporran ist das Ledersäckel, in dem ein Kiltträger sein Geld verwahrt. Natürlich eröffnete unser Sohn des Ledersäckels kein Fachgeschäft für Ophthalmologie in Achiltibuie. Dafür fehlt die Kundenbasis. Mister MacSporran hatte viele Jahre lang im Geschäft der Herren Goskirk & MaGurk in der High Street von Auchtermuchty das Augenlicht der Bürger des Königreichs Fife untersucht. Ein Königreich ist die Grafschaft nördlich von Edinburgh schon seit über einem Jahrtausend nicht mehr, aber auf Willkommensschildern steht bis heute *Kingdom of Fife*. Mister MacSporran hoffte, die Herren Goskirk und MaGurk würden ihn eines Tages zum Teilhaber ihres Unternehmens machen. Aber der Tag blieb aus. Er versuchte, seinen Kunden die teuersten Brillengestelle aufzuschwatzen und sie davon zu überzeugen, die seien ganz ohne Frage ein wesentlicher Bestandteil der medizinisch indizierten Rezeptur. Vergebens. Seine Gemahlin glaubte, das Ausbleiben der Beförderung sei der psychisch labilen Verfassung des Herrn Goskirk geschuldet. Sie glaubte das nicht nur – sie erzählte es jedem, der ihr sein Ohr lieh. Sie wusste zu berichten, dass Goskirk seine Gattin derart tyrannisiere, dass sie bereits mehrere Nervenzusammenbrüche erlitten habe. Ihr Mann ließe sich so etwas natürlich nicht gefallen, bei ihm beiße Goskirk sich die Zähne aus, deshalb habe er nicht die ihm eigentlich zukommende Position erhalten.

Leute, die Herrn Goskirk gut kennen, werden den ehrenwerten Ladenbesitzer in dieser Charakterbeschreibung nicht wiedererkennen. Sie glauben, Mister MacSporran habe sich geweigert, in sein Ledersäckel zu greifen und die von einem neuen Teilhaber erwartete Summe auf das Geschäftskonto der Herren Goskirk und MaGurk zu überweisen. Lieber kündigte er. Mister MacSporran ist nicht ein Mann, der sein hart verdientes Geld leichtfertig wieder ausgibt. So zogen er und seine Frau nach Achiltibuie. Er hat »Wurzeln« in Achiltibuie. Sein Vater kam hier zur Welt, er wuchs hier auf, bis ihn Bildung, Studium und eine Karriere in die weite Welt zogen, das heißt in seinem Falle, in den Süden Schottlands. Wie das damals so war, und wie das heute noch ist. Doch heute ist es wichtiger denn je, verwurzelt zu sein. Das gehört zur schottischen Moderne. Verwurzelung und Community, lautet der Schlachtruf jener, die sich als progressive Repräsentanten ihrer Nation ausgeben. Und so einer ist Mister MacSporran.

An dieser Stelle müssen wir etwas ausholen. Der Verwurzelungsgrad in Achiltibuie wurde nämlich statistisch und in seiner Bedeutung für das Gemeinwesen akribisch erfasst. Das kam so. Vor Jahren machte ein Soziologieprofessor namens Nigel Wart hier Ferien. Er traf Willie Muir, der, was er sehr gerne tat, vor seiner Lachsfischerei in Badentarbet Hof hielt. Warts Frau verknallte sich stehenden Fußes in den Mann mit dem Hollywoodgesicht. Das kann man ihr kaum verdenken. Die Warts waren kinderlos geblieben; kinderlose Frauen haben oft das unterschwellige Bedürfnis, sich mit einem vielversprechenderen Partner zu paaren. Zwar war Verruca Wart schon zu alt zum Gebären, aber Willies Charme konnte sie sich nicht entziehen. Zumal Nigel Wart nicht so aussah, als sei er einem Ölgemälde entstiegen. Mein Schwiegervater hätte sein und auch das Aussehen seiner Gemahlin mit dem Hinterteil eines Edinburgher Stadtbusses verglichen.

Von nun an verbrachten die Warts jeden Urlaub in Achiltibuie. Die Urlaube wurden länger, und um sie zu rechtfertigen, verfasste der Herr Professor eine Studie mit dem Titel »Verwurzelung und Gemeinsinn einer kleinen schottischen Gemeinde«. Er bediente sich einer Methode, die er »sequenzielle Analyse von Interaktionstranskripten« nannte. Das war sein Lieblingsbegriff. Wenn er sich auf Partys unter das Dorfvolk mischte, erklärte er gerne, was der Begriff bedeutete. Niemand verstand ihn. Sandra »Scallie« MacLeod, die nie ein Blatt vor den Mund nimmt, sagte ihm einmal auf den Kopf zu, dass sein Name wie für ihn geschaffen sei. Wart bedeutet Warze.

Professor Warts Feldforschungen dürfen wir entnehmen, dass einhundertsechsundfünfzig der im Jahr seiner Erhebungen zweihunderteinundsechzig Bewohner unserer Halbinsel »Zugezogene« waren, während nur siebzig das Kriterium der »Verwurzelung« mit mindestens einer einheimischen Mutter oder einem einheimischen Vater erfüllten. Ganze zehn Bewohner qualifizierten sich für eine Vollverwurzelung mit zwei volleinheimischen Elternteilen, also nicht einmal vier Prozent der Bevölkerung. Aus diesen Zahlen eruierte der Professor mittels einer sequenziellen Analyse von Interaktionstranskripten, der entscheidende Begriff hieße *local*. Er bedeute, »in der Lokalität verwurzelt sein; eine Identität besitzen, die sich aus Zugehörigkeit ergibt; über einen festgefügten sozialen Horizont sowie einen Sinn für Dauer und Fortbestand verfügen«. Für Zugezogene gäbe es kein höheres Ziel, als sich diesem sozialen Horizont anzupassen.

Als Mister MacSporran sich den soziologisch untermauerten Herrschaftsanspruch des Einheimischen zu Gemüte führte, war er so begeistert, wie seine besten Kunden im Optikergeschäft von Auchtermuchty es leider nicht waren, als er ihnen die teuersten Rahmen des Sortiments aufzuschwatzen versuchte. Zwar spricht er kein Wort Gälisch; zwar ist sein heimatliches Blut durch englische und kontinentaleuropäische Gene verdünnt. Aber er konnte sich nach seinem Umzug auf unsere Halbinsel dank seiner väterlichen Abstammung von den Leuten absetzen, die er hinter ihrem Rücken »Weiße Siedler« nannte.

Er erfand den Begriff für Zugezogene nicht. Der kursierte schon seit vielen Jahren für einen Zirkel wohlgelittener, wohlbestallter und leicht exzentrischer Engländer mit teils fabelhaften Biografien. Meg Fiddes Watt, die Tochter eines prominenten, künstlerisch betrachtet spätviktorianischen Portraitmalers aus Aberdeen, arbeitete im Zweiten Weltkrieg für den Geheimdienst in dem Team, das den deutschen Enigmacode dechiffrierte. Nach dem Krieg bereiste sie die Welt; später erzählte sie gerne, wie sie mit einer Freundin in Panama die Puppen tanzen ließ. Sie starb mit einhundertzwei Jahren. Miss Illingworth kam kurz nach dem ersten Krieg zum ersten Mal mit ihrem Vater, einem wohlhabenden Farmer aus der Gegend um Oxford, zum Forellenangeln nach Achiltibuie. Sie verlor ihr Herz an ein Cottage, das zu kaufen ihr über vierzig Jahre später gelang. Den Sommer über pflegte sie ihren Garten, lauschte den Kricketreportagen der *BBC* und trank pünktlich um fünf Uhr nachmittags mit Miss Allan, ihrer Lebensbegleiterin, wie man das damals nannte, Gin Tonic. Wir nannten sie »die Ladies«. Von Miss Illingworth sahen wir nicht viel, aber Miss Allan kam täglich auf ihrem Weg zum Dorfladen vorbei, sie trug einen nicht mehr ganz neuen Trenchcoat und rauchte mit ausholenden, wagnerianischen Gesten eine Zigarette, was ihr zu Hause nicht gestattet war, und nannte unsere kleinen Söhne »Schnuckie-Puh« und »Würstchen«. Die Wintermonate verlebten sie in einem Apartment an der französischen Riviera.

Dann war da Ruth, die wir beim Vornamen kannten, weil sie einen Einheimischen geheiratet hatte. Sie brachte ihr Geld und er seinen Charme in die Ehe ein. Er wusste außerdem mit großem Geschick seine Geige zu spielen. Er erwarb mit ihrem Geld von den Cromarties, den Clanobersten der MacKenzies, das Recht, Lehenszahlungen einzutreiben. Das versetzte seinem sonst unbescholtenen Ruf eine leichte Delle. Die Seth-Smiths hätte ich vielleicht an erster Stelle nennen sollen. Elsa Seth-Smith stammte aus einer sehr feinen anglo-australischen Familie und war mit allen möglichen Leuten verwandt, deren Namen man aus dem Kulturleben kennt. Er war ein schwerverletzter Veteran des ersten Krieges, der der Dorfjugend das Schießen beibrachte. Willie Muir sagte mir mehr als einmal, wenn es einmal dazu käme, dass Faschisten die Macht im Dorf ergriffen, sei Howard Seth-Smith der einzige Mann im Dorf, dem er sein Leben anvertrauen würde.

Seit Mister MacSporran den Begriff vom Weißen Siedler in abfälliger Manier hinter dem Rücken seiner Mitbürger verwendete, bekam er einen giftigen Beigeschmack. Er füllte sich mit Neid, er beinhaltete Ausgrenzung. Weißen Siedlern, auch wenn sie sich durch Wohltätigkeit auszeichneten, fehlte die von unserem Soziologieprofessor postulierte, der Gemeinschaft verpflichtete Identität. Niemand verlieh diesem Mangel geschickter Ausdruck als der Abkömmling des Ledersäckelclans. Den drastischen Begriff »unterwerfen«, den Professor Wart einmal benutzte, brauchte er gar nicht in den Mund zu nehmen. Anpassung war alles, was er anderen hinfort abverlangte. Anpassung an eine Lebensordnung, welcher er seinen Stempel aufdrücken würde.

Die MacSporrans blieben kinderlos wie die Warts. Frau MacSporran vertraute einer Nachbarin einmal an, ihres Mannes Libido sei kurz nach der Hochzeit spurlos verschwunden. Er drückte sich abends zwar des Öfteren vor Miss Brodies Töpferstudio herum, er warf scheue Blicke durch die großen Fenster, hinter denen die im Licht einer Schirmlampe Teller mit Walen, Makrelen und anderen Meeresmotiven bemalte und ihre Kunstwerke zur öffentlichen Besichtigung aufreihte. Den Schritt durch das Tor wagte er nie zu tun. Vielleicht saß ihm die Urangst zu tief im Nacken, dass das Folgen haben könnte, die sich seiner

Kontrolle entziehen würden und, das wäre die fürchterlichste Kalamität überhaupt, ihm an den Geldbeutel gehen könnten.

Nach seinem Umzug von Auchtermuchty versuchte Mister MacSporran, sich eine neue Existenz aufzubauen, die keine Investitionen erforderte und umgehende Gewinne versprach. Der Optikermeister mit dem ausgeprägten Sinn für Sparsamkeit richtete die Onlineadresse Ihr-Optiker-im-Netz ein. Eine geniale Idee. Sehtests sind in Schottland kostenfrei. Natürlich kostet alles etwas, die Frage lautet immer nur, wer zahlt? Optiker finanzieren ihren Aufwand für die Tests durch den Verkauf überteuerter Brillengestelle. Doch niemand ist verpflichtet, sein Geld für die Brille bei dem Optiker loszuwerden, der das Augenlicht getestet hat. Mister MacSporran warb in seinem Webauftritt mit dem Slogan »Qualitätsbrillen zu unschlagbaren Preisen«. Wer ihm eine von einem anderen Optiker ausgestellte Rezeptur zuschickte, erhielt von ihm Brillen »garantiert billiger als irgendwo sonst«. Das war seine persönliche Rache an den Herren Goskirk und MaGurk, die ihn nicht ohne die Zahlung einer Garantie zum Partner ihres Geschäfts machen wollten, ja, an der ganzen Zunft, in der er es nicht zum Ladenbesitzer gebracht hatte. Und die Idee sollte ihm einen Wohlstand bringen, der ihm in den Augen seiner Mitbürger endlich die so schwer fassbare Anerkennung als Geschäftsmann verlieh.

Aber das Geschäft kam nicht recht voran. Mister MacSporran meinte, dass jeder, dessen Augenlicht schwächelte, wie von Gotteshand gelenkt seinen Internetauftritt anklicken würde. Er war bald Mitglied der *Achiltibuie*

Appreciation Society, und wie die meisten der achthundertdreiundachtzig Mitglieder der Gruppe verfiel er dem Glauben, die ganze Welt blicke auf uns. Für diesen Glauben gibt es ein medizinisch-psychologisches Wort. Man nennt das – hatte ich es schon einmal erwähnt? – »Peninsulasyndrom«. Es handelt sich um eine durch Abgeschiedenheit induzierte Myopie.

Mister MacSporran erschloss seinem Tatendrang neue Felder. Er ließ sich trotz der unerhörten Kosten von der 1858 in Beauly gegründeten Maßschneiderei Campbell & Company einen Tweedanzug anfertigen und kaufte ein feines Paar Budapester Herrenschuhe. Er ist hochgewachsen und hager. Zu der Zeit gewöhnte er sich an, seine Umwelt über den Rand einer schmalen, rechteckigen Lesebrille zu mustern, ähnlich wie Landgerichtsräte das gerne mit Angeklagten tun, was ihm einen Hauch von unbestreitbarer Überlegenheit über seine Mitmenschen verlieh. Derart Autorität verstrahlend, überzeugte er eine Behörde, die sich durch die Verteilung von Regionalentwicklungsgeldern und an bayerische Verhältnisse erinnernde Vetternwirtschaft hervortut, dass Achiltibuie zwar die schönste, aber auch die bedürftigste Gemeinde im Lande sei. Und dass er eminent qualifiziert sei, diesem Missstand abzuhelfen. Als einer, der sich durch Verwurzelung, Identität und Gemeinsinn auszeichnete und obendrein den Anschein einer durch sein Auftreten seinen Mitbürgern intellektuell überlegenen Persönlichkeit zu vermitteln verstand, brauchte er sich im Hochland um sein Fortkommen im öffentlichen Leben keine Sorgen zu machen. In null Komma nichts gehörte er jedem Rat und jedem Gremium an, dem Gemeinderat und dem Vorstand der Naturschutzbehörde, der Aufsichtsbehörde für Fluss- und Mündungsangelei, dem Kuratorium Nordwest für Marketing und Werbung, einem Beirat für sozialen Wohnungsbau und einem Ausschuss für die Teilhabe aller Bürger an den Segnungen des Internets. Gremien und Ausschüsse gibt es bei uns fast so viele wie Einwohner. Und da das Wort für sie im Englischen dasselbe ist wie das für Brett – nämlich *board* –, machte bald der Witz die Runde, Mister MacSporran sei, als jemand in den Kleinanzeigen unseres Lokalblättchens ein Bügelbrett (*ironing board*) anbot, der Erste gewesen, der dort anrief.

Bald konnten wir die Erfolge seines Tuns bestaunen. Wir bekamen die neue Dorfhalle, über die sich ein durchreisender Reporter der *Financial Times* als einen »überdimensionierten Hangar mit Giebeldach« lustig machte. Um unser dörfliches Glück zu illustrieren, druckte die Zeitung eine Karikatur dazu ab, in der wir staunend zum Himmel aufblicken. Es regnete Geldscheine. Mister MacSporrans Pläne für das Gemeinwohl richteten sich danach tatsächlich himmelwärts. Er wollte eine riesige Windkraftanlage auf den Abhängen des Bergmassivs an der Landseite der Halbinsel errichten, die, so erklärte er auf seine trotz komischer Züge humorlose Art, bei jeder Flügeldrehung ein Pfund und vierzehn Pennys erzeugen würde. Auf die Verwirklichung dieses Plans warten wir bisher zwar vergeblich, es fehlt an Stromkabeln zum Abtransport des Geldsegens. Dennoch wissen wir unser Gemeinwohl bestens bei ihm und einer von ihm initiierten Organisation aufgehoben. Durch sie gelang es ihm, sich wie der Kaderführer einer sozialistischen Einheitspartei ein Kontrollrecht über alles dörfliche Handeln und Wandeln zu sichern, das er ganz im Sinne der in Edinburgh installierten Landesregierung ausübt. Er wurde, wenn man so will, die Symbolfigur der Verkleinbürgerlichung unseres ehemals doch etwas anarchischen Lebenswandels.

Mister MacSporran sammelte einen Kreis ähnlich kleinbürgerlich gestimmter Dorfbewohner um sich. Kurioserweise berufen sie sich in ihrer selbstidentifizierenden Verwurzelungsgeschichte gerne auf eine Episode störrischer Insubordination und kommunaler Solidarität, in die sie ihr eigenes Tun einordnen. 1852 wollte dieser Geschichte zufolge, die man am besten in den Kategorien des ethnologischen Historizismus begreift, Graf Cromartie etliche seiner Pächter aus ihren Klitschen vertreiben, um ihr Land den Weideflächen einzuverleiben, die sein in Badentarbet Lodge wohnender Verwalter bewirtschaftete. Eine Straße gab es nicht. Der Vollzugsbeamte machte sich in Begleitung eines halben Dutzends Soldaten auf den Weg. In Ullapool heuerte er für einen Silberschilling einen einheimischen Ruderer an, dessen Frau aus Achiltibuie stammte. Die watete mit ihrem Baby im Arm dem Boot hinterher und schalt ihn, »Wenn du diese Männer dorthin ruderst, dass sie die Meinigen aus ihren Häusern vertreiben, so kannst du mein Baby wiederhaben«, und sie warf es ins Wasser.

Sie wusste natürlich, dass ihr Mann aus dem Boot springen und das Kind retten würde. Sie nutzte die Gelegenheit und schickte ihren ältesten Sohn los, auf dem Küstenpfad nach Achiltibuie zu laufen und die Einwohner zu warnen. Als das Boot eintraf, hatte sich eine Menschenmenge an der Landestelle eingefunden. Die Männer hatten sich als Frauen verkleidet und wateten ins Wasser. Sie schnappten sich die Soldaten und den Gerichtsbeamten, zogen ihnen die Hosen aus und durchsuchten sie, aber sie fanden den Vollzugsbescheid nicht. Er war mit einem Nagel unter dem Heck befestigt. Als sie ihn dort entdeckten, verbrannten sie ihn unterhalb der Gezeitenlinie, denn sie wussten, dass er erst rechtskräftig wurde, wenn er an Land kam; das Areal unterhalb der Gezeitenlinie gehört der Krone. Dann setzten sie ein Mädel ins Heck des Bootes und trugen es im Triumphzug auf den Schultern landein. Sie schmissen das Boot auf einen Misthaufen, bedienten sich zur Feier des Tages mit ein oder zwei Schlückchen aus dem Getränkekeller des Hotels und schickten die Schergen ohne ihre Hosen zu Fuß zurück nach Ullapool, fünfundzwanzig Meilen, und es war Winter! Von dieser Begebenheit her rührt, so heißt es, die alte Dudelsackmelodie »Der Marsch der kalten Klöten«.

Es gibt eine zweite Version der Geschichte, in der nicht als Frauen verkleidete Männer, sondern die echten Frauen von Achiltibuie den Soldaten Beine machten. Das ist übrigens eine Version, die nur ein Tor in den Wind schlägt. Ich brauche nur an Diyanne Ross zu denken. Die ist schlank wie eine Gerte und stark wie eine Eiche.

Wieder anderen Berichten zufolge fand die Episode auf Ländereien der Gräfin von Sutherland statt, einem Landbesitz weiter im Norden, und die Gräfin intervenierte zugunsten ihrer Pächter, sobald sie von dem Treiben ihres Landverwalters erfuhr. In dieser eher der konventionellen Geschichtsschreibung zuzurechnenden Darstellung ist von Insubordination kaum die Rede. Welche Version nun stimmt, sei dahingestellt und ist auch ziemlich gleichgültig. Für Mister MacSporran und seinen Kreis ging es darum, durch die Berufung auf die Vergangenheit ihren dem Gemeinwohl verpflichteten Herrschaftsanspruch in der Gegenwart zu untermauern, ganz gleichgültig, dass sie den jetzt ganz im Einklang mit dem Willen unserer Ämter und Behörden ausübten. Wir sind nämlich ein ziemlich obrigkeitshöriger Verein geworden.

Gelegentlich rast ein Junge immer noch im Höllentempo auf den Pedalen stehend mit seinem total illegalen Motorrad ohne Sitzbank über das Heideland und reitet seinen Feuerstuhl wie einen bockenden Bronco über das Moor. Unser Wikingerfreund Hamish ist so ungezähmt und unzähmbar wie eh und je. Aber ich muss offen gestehen, ich vermisse die Tage, als es noch keine Mister MacSporrans und Miss Brodies gab, die versuchten, uns unser Leben zu diktieren. Es war, trotz aller Weltferne und Anarchie, eine zivilisiertere Welt. Ich erinnere mich an einen Abend in Willie Muirs Haus, den er und ein alter Mann namens John-Alec Campbell vornehmlich damit zubrachten, jeweils des anderen Familie und die Fähigkeiten einzelner Verwandter insbesondere zu preisen. Willie hegte keine Vorurteile gegen die Campbells. Alle zehn Minuten bat er John-Alec, ein gälisches Lied vorzutragen. John-Alec winkte jedes Mal ab, seine Stimme sei nicht mehr, was sie einmal war, und gerade heute sei er nicht in Form. Willie ließ nicht locker. John-Alec gab nicht nach. Als der alte Mann sich nach einer gemeinsam geleerten Flasche Glenmorangie verabschiedet hatte, fragte ich Willie, warum er ihn so hartnäckig gebenzt habe, zu singen. Willie anwortete: »Wenn ich keine gebührende Beharrlichkeit bewiesen hätte, würde er mich nie wieder besuchen.«

Damals lud man sich nicht gegenseitig zum Dinner oder

zu Partys ein, denn jede Einladung beinhaltet den Ausschluss der nicht Eingeladenen. Wenn jemand in seinem Haus eine *Ceilidh* abhielt, schneite jeder herein, dem danach war. Heute veranstalten die MacSporrans demonstrativ vor ihrem Haus abgehaltene Gartenfeste, die man am besten als Sommer*aus*ladung der nicht von ihnen Geduldeten beschreiben kann. Selbst wenn die alten Männer sich im Pub ins Gehege kamen, hatte das in vergangenen Tagen einen gesitteten Charme. Kenny Stewart, der großknochige, halsstarrige Schafbauer, der nie ohne einen Hirtenstab und einen im amerikanischen Montana erworbenen Hut anzutreffen war, wo er etliche Jahre die Herden einer riesigen Farm gehütet hatte, bevor das Heimweh ihn zurück nach Achiltibuie trieb, und dem wir im Dudelsackkapitel schon einmal mit seiner selbst gefertigten Sackpfeife begegnet waren, machte sich nach dem Genuss etlicher Whiskys gerne einen Spaß daraus, seine Mittrinker zu ärgern. Wenn er eine Schwachstelle traf, ließ er nicht locker. An einem Abend bohrte er in einer offenen Wunde John-Alec Campbells, des eitlen Sängers, auch er ein Schafbauer, ebenso groß, aber schwammiger, wenn auch sehr freundlicher Natur. John-Alecs Schwäche war, wie wir gerade schon gesehen haben, seine Verletzlichkeit, wenn es um seine Gabe ging, gälische Lieder mit unvergleichlicher Musikalität zum Besten zu geben.

Der dritte bei dem Altmännerzank lag schon lange unter der Erde. Big Hugh, der Vorbesitzer unseres Hauses. Er war Vorsänger in der Dorfkirche wie später Gillies, mit dem ich Langusten fischte. Im Gegensatz zu Gillies galt Big Hugh wegen seiner unsicheren Tonfindung nicht als Meister seines Fachs. Manche behaupten, ihm sei jedes musikalische Gehör abgegangen. Kenny Stewart brachte das Gespräch auf ihn. Dann holte er zum Schlag aus. Big Hugh, sagte er, sei der beste Sänger gewesen, den Achiltibuie je hervorgebracht habe. John-Alecs tief herabgezogene Mundwinkel, aus denen eine cremig weißliche Speichelspur entwich, gerieten derart in Rage, dass der Speichel begann, schaumartig hervorzuquellen. Kenny Stewart hielt ihn mit seinem Hirtenstab im Zaum, aber es bedurfte des geistesgegenwärtigen Eingreifens einiger Umstehender, um den Frieden wiederherzustellen.

Weil dies Buch nichts schönreden und aufpudern will, muss sich der geneigte Leser in dieser kleinen Dorfsoziologie auch ein paar unappetitliche Absätze zu Gemüte führen. Die Verkleinbürgerung und die Verfacebuchung des dörflichen Austausches leiteten einen Sittenverfall ein, in dem sich Mister MacSporran in besonderer Weise hervortat. Er konnte es nicht ertragen, wenn jemand sein Tun hinterfragte und sein Lassen kritisierte. Einmal setzte er eine auf mich gemünzte Umfrage mit dem Titel »Wie auf Reiner reagieren?« ins Netz und verschickte sie an seine Freunde. Nach einer Weile berichtete er, dass sich alle Befragten für die von ihm angebotene Extremoption *fuck off* entschieden hätten, was ihn, um bester Umfragepraxis zu genügen, zwänge, diese als milde Alternative einzustufen und zur weiteren Auswahl ihm vorgeschlagene, härtere Optionen anzubieten, die selbst ihn schockierten; er habe sich fürderhin entschlossen, im Interesse eines demokratischen Ergebnisses den Kreis der Befragten zu erweitern und das Endergebnis in zwei Tagen zu veröffentlichen, unangesehen der Tatsache, dass diese Umfragepraxis in Deutschland möglicherweise verboten sei. Mister

MacSporran liebte es, sich gestelzt auszudrücken und Seitenhiebe zu verteilen. In diesem Fall scheiterte seine Attacke; ein Advokat auf seiner Verteilerliste machte ihn darauf aufmerksam, dass seine Umfragepraxis rechtlich auch in Schottland auf wackeligen Füßen stünde. Doch der Ton, den Mister MacSporran anschlug, machte Schule. Wir kommen später darauf zurück.

Manche Menschen werden im Alter milder, andere verhärten sich. Mister MacSporran gehörte der zweiten Sorte an. Er holte seinen Tweedanzug und seine Budapester Herrenschuhe mit zunehmendem Alter immer seltener aus dem Schrank. Bald tauchte er zu Veranstaltungen in der Dorfhalle in Allwetterjacke und klobigen gelben Gummistiefeln der Marke Dunlop auf, Stiefel mit Futteral, die Langustenfischer wegen ihrer Standfestigkeit auf Booten auf rauer See bevorzugen. Vielleicht wollte er sich dörflich noch fester verwurzeln. Er ließ sich einen Bart wachsen. Er sah zusehends verwegener aus. Irgendwann wird er vermutlich wieder aus unserer Welt verschwinden, und sie wird zu sich selbst finden. Vermutlich wird er mit seiner Frau dorthin ziehen, wo sie hergekommen sind, der besseren öffentlichen Dienstleistungen und der unmittelbareren ärztlichen Versorgung zuliebe. Das entspräche dem üblichen Ablauf. Der Soziologieprofessor Nigel Wart und seine von dem verwegenen Lachsfischer Willie Muir betörte Gattin Verruca sind bereits von der Bildfläche verschwunden. Sie hatten nach seiner Pensionierung ein Grundstück erworben und ein Haus gebaut. Er hatte etliche Jahre versucht, als Mister MacSporrans Kumpan den von ihm, Wart, zuerst postulierten Verhaltensnormen und Wertvorstellungen zu genügen. Es wollte ihm nicht gelingen. Miss Brodie und die spitzbrüstige Robina Gibson werden wohl weiterhin versuchen, die Gemeindeverherrlichung in die Zukunft zu tragen. Holly Smith mit der schillernden Baskenmütze, die zu Neujahr als Beweis gemeindlicher Akzeptanz jeder dazu ausersehenen Person energisch und ohne Gegenwehr zu dulden ihre Zunge in den Mund schiebt, wird sich weiterhin wie ein Brauross volllaufen lassen und gälische Lieder dazu singen. Doch nach dem Verschwinden der ideologischen Eckpfeiler wird der nächste Sturm die ideologische Hütte davontragen.

Das Achiltibuie, das bleiben wird – wir sollten es in der Vergangenheitsform schildern, denn es ist ein und dasselbe Achiltibuie, in dem Eintagsfliegen und kurzlebige Modeerscheinungen letztlich dann doch sehr wenig zählen. Es überdauerte die Jahre der Verkleinbürgerlichung. Es existierte im Stillen, unter der Oberfläche. Es existierte in Ionas Küche, wenn sie meine liebe Frau zu einer »Mädchenparty« einlud, bei der Männern alleine die Funktion zukam, die Gemahlinnen zu vorgerückter Stunde abzuholen, wie früher die Kinder von der Geburtstagsparty. Als ich eintraf, war die Hölle los. Zwei Mittfünfzigerinnen krähten Karaoke zu *Is This the Way to Amarillo?* und *The Bonnie Banks o'Loch Lomond* in der Version der Keltrocker Runrig ins Mikrofon. Die anderen »Girls« tanzten. Vier oder fünf Collies jagten zwischen ihren Beinen ihren Schatten nach. Der Tisch war mit Weißweinflaschen und Essensresten überladen, die Aschenbecher waren voll und alle amüsierten sich großartig. Als ich zur vorgerückten Stunde in das Küchen-Tohuwabohu stolperte, merkte ich übrigens, dass ich nach dreieinhalb

Jahrzehnten in diesem Land immer noch ziemlich germanisch geblieben war.

Meine Teilhabe an dem unwandelbaren Achiltibuie spielt sich dieser Tage hauptsächlich mit Max und Kenny Manager ab. Max ist ein roter Collie, Iona und ihr Mann schenkten ihn mir als Welpen. Sieben Mal im Jahr helfen Max und ich Kenny beim Eintreiben seiner siebenhundert Schafe von dem weiten Moor- und Heideland der westlichen Halbinsel zum Decken und zum Scannen, zum Scheren und zum Lammen, zum Absetzen und zum Zu-Markte-Schicken. Wir nennen das »die Schafe von den Hügeln holen«, obwohl dort keine Erhebung höher als achtzig Meter ist. In Schottland wird alles uneingezäunte Land »Hügel« genannt, ganz gleich, ob es achtzig oder über tausend Meter aufragt wie An Teallach und die anderen Berge jenseits der Bucht. Wir machen uns in Achnahaird auf den weglosen Weg. Kenny steuert sein vierrädriges Geländemotorrad an der Küste entlang, vor ihm sitzt in einer Fischkiste sein Collie Sky und hinter ihm sein Bearded Collie Ben. Ich umrunde die Halbinsel eine halbe Meile landeinwärts auf einer Hügelkette und schicke Max los, um über das Moor verstreute Tiere in weitem Bogen einzusammeln und zur Küste zu scheuchen. Dort reihen sie sich in die immer länger werdende Schlange ein, die Kenny Manager vor sich hertreibt.

Wenn man sich einbildet, Schafe seien dumm blökende Kreaturen, hat man keine Chance. Sie wissen genau Bescheid, was wir im Schilde führen, und sie tun alles nur Mögliche, um uns auszutricksen. Der Tag entpuppt sich als Wettstreit zwischen ihnen und den Hunden. Max weiß mittlerweile ziemlich genau, wo sie ihm auszubüxen trachten. Manchmal rennt er fast einen Kilometer voraus, um ihnen den Weg abzuschneiden. Wir verstehen uns wie ein altes Paar. Sheileagh sieht Max und mein Verhältnis als außereheliche Liebesaffäre meiner alten Tage. Zu Hause im Wohnzimmer blickt Max mich mit seinen menschenähnlichen Augen an und sagt, »Komm schon! Lass uns Schafe hetzen!«.

Wenn man einen Collie zum Arbeiten benutzen will, gibt es drei Möglichkeiten, ihm das beizubringen. Man kauft sich einen fertig abgerichteten Hund samt CD mit allen Pfeifsignalen für zwei- oder dreitausend Pfund von einem professionellen Trainer. Man nimmt zusammen mit seinem Hund bei einem Profi Unterricht. Oder man macht es selbst. Scott Renwick, ein Schaffarmer im Osten von Ullapool und mittlerweile selbst ein führender Hundetrainer, kaufte sich am Anfang seiner Colliekarriere einmal einen Collie mit CD. Auf einer Party langweilte er seine Gäste mit seinem Hundegeschwätz. Martin Urquhart nahm die CD und warf sie ins offene Feuer. Martin entstammt einer alten Familie im Westen Ullapools, die seit Generationen mit den Renwicks im Clinch um die lokale Führungsrolle liegt. Er hat selbst einen Collie, einen Bearded Collie, der heißt Douglas. Der ist unglaublich klug, aber an seinem Namen kann man schon erkennen, dass er nicht zum Schäfern taugt. Ein richtiger Schäferhund heißt Roy oder Max oder Ben oder Sky. Wenn Roy und Max und Ben und Sky hören, ein Collie heißt Douglas, lachen sie sich tot. Sofern sie das können. Das ist nicht anders als bei Menschen, da reichen, wie wir gesehen haben, ja auch nur wenige Namen hin. Zumindest in Schottland. Außer, man will sich ganz modern national geben und tauft seine Kinder unaussprechlich gälisch auf Amhalghaidh oder Maoldòmhnaich.

Ich wählte, das wird den Leser mittlerweile nicht weiter überraschen, in meiner üblichen Selbstüberschätzung den dritten Weg des Hundetrainings. Max weiß bis heute nicht, was ein Halsband oder eine Leine ist. Wir kletterten jeden Morgen auf den Hügel hinter unserem Haus und übten Gehorsam auf unkonventionelle Art. Er musste sitzen bleiben und durfte sich erst von der Stelle rühren, wenn ich nach ihm pfiff, auch wenn ich mich außer Sichtweite hinter einem Felsen versteckte. Zum Glück hatte ich mir als Junge in mühsamer Kleinarbeit vor dem Badezimmerspiegel das Durch-die-Finger-Pfeifen beigebracht. Das würde ich jedem Jungen empfehlen. Als Nächstes brachte ich Max bei, aus vollem Lauf auf der Stelle zu erstarren, wenn ich ihm zurief, »Stopp!«.

Dann machten wir uns an meinen eigenen Schafen – die hatte ich ja noch gar nicht erwähnt! – zu schaffen. In weitem Bogen um sie herumzurennen, lag ihm im Blut. Ob links herum oder rechts herum, verstand er bald. »*Come by*« und »*away*« lauten die merkwürdigen Signale. Warum, weiß ich nicht. Wenn ich ihn zu mir rufe, lautet das Kommando nicht »Komm«, sondern »*that'll do*«, »Das genügt!«. Zu Weihnachten schenkte mir meine elfenschlanke Schwiegertochter dann zum Glück das nützlichste Buch, das mir je in die Finger gekommen ist. Es handelt vom Collietraining, aber in erster Linie von all den Phobien und inneren Dämonen, mit denen Collies kämpfen. Das half mir zu verstehen, warum Max manchmal in Angstzustände verfiel, für die es überhaupt keinen Grund zu geben schien. Ich lernte den eigentlich selbstverständlichen Tatbestand zu beherzigen, dass er ruhige Zurufe hören kann, auch wenn er ganz weit weg Schafe zusammentrieb. Hunde sind nicht schwerhörig wie Menschen. Wenn ich ihm wie einem Menschen auf die Entfernung nachschrie, bekam er es mit der Angst zu tun. Darüber sind wir lange hinweg. Zweimal nahmen wir sogar an einem Colliewettbewerb teil, in der Anfängerklasse unseres Bezirkswettbewerbs auf Scott Renwicks Farm. Das erste Mal gewannen wir dreißig Pfund, aber beide Male waren ein Desaster. Kenny Manager tröstete mich, Max wisse, dass Wettbewerbe albernes Theater seien.

Seine aufregendsten Tage verbringt Max mit Kennys siebenhundert Schafen. Mein schönstes Kompliment, das schönste Kompliment meines Lebens, nahm ich im Supermarkt von Ullapool entgegen. Ich begegnete Nicky Davies, die auf dem Großgrundbesitz Inverpolly ich weiß gar nicht wie viele Schafe hält, und der Kenny oft beim Eintreiben hilft. Sie sagte, Kenny singe jedes Mal Loblieder auf Max. Sie setzte hinzu, »Ich glaube, er wünscht sich, dass seine Hunde so gut folgen wie deiner!«

Max und Kennys Collies betreiben ihren eigenen Wettstreit. Kenny ist überzeugt, sein Sky sei eifersüchtig auf Max. Bei unserem letzten Auftrieb beobachtete er ihn, wie er eine von Max zur Küste gebrachte Gruppe Schafe zurück nach Achnahaird wendete, dann geschwind gegen eine alte Steinmauer pinkelte und sich hinter der Mauer versteckte, um zu sehen, ob der Rivale die Lage meistern würde. In der Hoffnung, es würde ihm nicht gelingen, so dass er als Retter in der Not einspringen könnte. Der gesetzte und weise Ben verhält sich dem rothaarigen Außenseiter in seinem und Skys Revier gegenüber ganz anders.

Er renommiert und gibt an. Er macht in unserem Beisein nichts falsch. »Hier, schau her«, gibt er dem jüngeren Max gönnerhaft zu verstehen. So jedenfalls versteht Kenny Manager das psychologische Zusammenspiel.

Wir kommen durch Camas Coille, einen vor Generationen verlassenen Weiler. Wir passieren einen Posten aus dem Krieg, von dem aus die Bürgerwehr nach deutschen U-Booten Ausschau gehalten hatte, welche auf der Lauer lagen, aus einer nahen Bucht nach Murmansk auslaufende Konvois anzugreifen. Wir kommen durch ein weiteres im Stich gelassenes Dorf, Faochag, und lassen die alte Sennhütte Camas a'glash'lean rechts liegen. Die Schafschlange windet sich nun fast ohne Ende an der Küste entlang, sie ergießt sich über Felsabhänge und zwängt sich durch Engpässe. Nach fünf Stunden sind wir in Reiff. Max und ich eilen voraus, um die blökende Menge weißer Leiber durch ein Tor auf eine Weide zu schleusen. Nachdem Kenny seine Collies in den Zwinger gesperrt und Max es sich auf dem Beifahrersitz meines vor achtzehn Jahren von der mittlerweile aufgelösten Firma IBC Vehicles Ltd. im englischen Luton zusammengeschraubten Pick-ups bequem gemacht hat, lädt er mich zu einer Stärkung ein. Drinnen entschuldige ich mich wie üblich bei seiner Frau Margaret, dass ich meine Stiefel nicht ausgezogen habe, und sie sagt wie immer, »Geh zu, setz dich hin«.

Kenny holt eine Flasche aus dem Schrank, die ihm Margarets verstorbener Vater hinterlassen hat. Auf dem schlichten Etikett steht in schwarzen Buchstaben auf gelbweißem Grund, *Signatory Vintage, Miltonduff Distillery, gereift in Eichenfässern.* Darunter das Destillationsdatum, der 3. September 1989, die Fassnummer 67180-9 und das

Datum der Flaschenabfüllung, der 22. Oktober 2002. Kenny schenkt ein Gläschen ein. Ein himmlischer Malzwhisky ohne all den Firlefanz, der dieser Tage in Mode gekommen ist, keines dieser Modegetränke, die in Weinfässern gelagert werden und aus unerfindlichen Gründen »nach warmer Vanille, Viktoriapflaumen, getrockneten Orangenschalen mit einer Spur Karamell und Rumtoffee sowie etwas Rauch im Vordergrund« schmecken. Was Kenny mir anbietet, ist ein Gedicht. Er erzählt von dem letzten Schwarzbrenner Achiltibuies, der in seinem Schafschober eine Plörre destillierte, die wegen ihrer bestechenden Wirkung *Nuclear Energy* hieß. Er testete jeden neuen Sud an den drei glorreichen Ds, Donnie Darling, Donnie Shaw und Donnie »Dodo« MacLeod. Wenn seine Gäste beim Herauswanken aus seinem Schober gegen einen im Weg stehenden Strommast stießen, sah er das als Beweis dafür an, dass die Mischung gelungen war. Seit seinem Ableben liegt sein Destillierapparat auseinandergeschraubt in zwei verschiedenen Verstecken, die niemand, der sie kennt, preisgibt. Er starb übrigens an einem Herzanfall. Als der Rettungshubschrauber aus Inverness ihn abholte, soll eine seine Töchter ihm mit den Worten nachgewinkt haben, *»that's the closest that old bastard will ever get to heaven«*. Dem Himmel näher kommt der alte Dackel nicht.

Zum Achiltibuie, in dem Eintagsfliegen und Modeerscheinungen wenig zählen, gehört es, dass Kenny Manager uns gelegentlich enorme Hirschkeulen vorbeibringt. Und zum unwandelbaren Achiltibuie gehört die *Free Church*. Irgendwann fingen Sheileagh und ich an, in die Kirche zu gehen. Das vergrößerte das kleine Häuflein der *Wee Frees* um ein Siebtel. Unser erster Kirchgang war unglaublich malerisch. Das turmlose, fast fensterlose, über dem Meeresufer thronende Gotteshaus mit seinen vom Salz verwaschenen Wänden duckte sich wie eine Feste in die Gischt, die ein Sturm von der See abhob. Sieben Autos bogen auf den Parkplatz ein. Die Menschen, die ihnen entstiegen, kämpften sich mit vorwärts geneigten Köpfen voran. Ann MacLeod trug einen knöchellangen roten Rock und hielt das jüngste ihrer sechs Kinder im Arm. Barbara Ross umklammerte mit ihrer rechten Hand eine bortenverzierte braune Wollmütze. Kenny Manager traf in letzter Minute als Letzter ein, legte seinen für den Sonntag bestimmten Deerstalker-Hut auf die Ablage über dem Regal mit den Bibeln und gesellte sich zu uns.

Für manche Bewohner des Dorfes kommt unsere Kirche in der Rangordnung des Bösen gleich nach dem Leibhaftigen. Eleanor Puddleduck, eine Dame älteren Semesters, die den Spitznamen »Jammernde Minnie« trägt, fuhr einmal furienhaft aus ihrem Haus und schalt den grundguten und schwerhörigen Ian »Babba« MacLeod, er gehöre einer *Free-Church*-Mafia an. Sie würde nie und nimmer einen Fuß über die Schwelle des asketischen Bethauses setzen. Andere Dorfbewohner zimmern sich ihre Spiritualität aus Keltenmythen, Wiccamysterien und Neuheidentum zurecht. Dem Rest der Gemeinde ist die Religion schlicht wurscht. Im Versammlungssaal der zum Geheimbund erklärten Konfession lenkt nichts vom Zweck der Veranstaltung ab, kein Altar, kein Kreuz, kein Musikinstrument. Wir setzten uns im Halbkreis auf stoffbezogene Stühle. Michael MacLeod blieb stehen, schlug das Psalmenbuch auf, holte tief Atem und begann zu singen, »Bewahre mich, Gott; denn ich traue auf dich …«

Die anderen stimmten in den Gesang ein, ich war ratlos. Eine Notenschrift gibt es nicht, ich bin ohnehin kein Caruso. Ich versteckte mich akustisch hinter Kenny Manager, der hat eine schöne Baritonstimme. Die Melodie entstammte offenbar dem Französisch-Genfer Psalter von 1551. Mir ging natürlich durch den Kopf, traue ich Gott wirklich? Weiß ich »von keinem Gute außer dir«, wie wir in dem Psalm sangen? Glaube ich überhaupt an einen Gott? Geht es mir nicht eher wie Premierminister David Cameron, der witzelte, seine Religiosität sei so unzuverlässig wie der UKW-Empfang bei einer Autofahrt in den hügeligen Chilterns?

Nach dem Psalm betete Michael in stockenden Sätzen für Verfolgte, Leidende und Kranke in aller Welt. Für uns erbat er Gottes Segen. Er hob zu einem zweiten Psalm an. Dann schaltete er einen DVD-Spieler an. Auf einer Leinwand erschien ein Pastor, der über eine halbe Stunde lang predigte. Wer in die Kirche gehe, sagte er, ließe seinen Kopf nicht zu Hause. Man gehe in die Kirche, um zu denken. Er spannte den Bogen von Stephen Hawking und der Unermesslichkeit des Alls zu dem Bibelzitat »Am Anfang war das Wort, und das Wort war bei Gott, und Gott war das Wort«. Er redete über Roboter und Bewusstsein, über Freiheit und Zwang, über metaphysische Gedanken in dem Kinderbuch *Anne auf Green Gables*.

Wir gingen immer wieder in die Kirche. Ich weiß nicht so recht, warum. Aber es wurde uns zur Gewohnheit. Die *Free Church* ist hardcore evangelikal. Wir gelten ihr als Nichtchristen und Ungläubige. Man muss wiedergeboren sein, um Mitglied zu werden und in den Himmel zu kommen. »Anhänger« lautet das beste Prädikat, mit dem wir uns begnügen können. Die schottische Christenheit mag ihre Religion nicht inklusiv, fröhlich, beglückend und gnadenerfüllt, sondern harsch und unbeugsam. Ein Pfarrer, der es anders versuchte, erzählte mir, dass manch einer bald nicht mehr zum Gottesdienst kam. Einer erklärte ihm, er gehe zur Kirche, damit ihm die Furcht vor der ewigen Verdammnis eingejagt werde, nicht, um Predigten über die Vergebung der Sünden zu lauschen. Vielleicht hat unsere Anhängerschaft in erster Linie damit zu tun, dass mein geliebtes Weib, wie schon erwähnt, großväterlicherseits aus Lewis stammt. Sie nennt die Hebrideninsel das »Land meiner Väter«. Die ragt wie eine erstarrte Scholle aus dem Meer. An der Nordspitze toben die Wassermassen in ungebändigter Wut um die Klippen des Butts. Auf dem Butt steht ein Leuchtturm. Alle zwanzig Sekunden streicht ein Lichtstrahl über das Meer, weit in die infernalische Düsternis hinaus. In den Intervallen flackert ein Lichthauch über die Häuser eines Dorfes, die sich wie Napfschnecken auf dem Rückgrat des Butts festkrallen. Das Dorf heißt Ness. Der Sturmwind zerrt bittersüß nach Torf riechende Rauchfahnen aus den Schornsteinen der Häuser. Vier, fünf Kilometer zieht er sich zwischen kargen Weiden und schwarzen Torfmooren hin. Als wir dort einmal Sheileaghs Vetter Murdo Finlayson besuchten, tischte seine Frau mit dem Tee so viel Gebäck auf, dass ein ganzes Regiment davon satt geworden wäre. Milchbrötchen, Pfannkuchen mit Erdbeermarmelade, Kekse.

Ich biss herzhaft zu, aber ich hatte die Rechnung ohne Murdo gemacht. Der war nicht nur Tweedweber und

Schafzüchter, er war auch Presbyter der *Free Presbyterian Church*. Jetzt brauchen wir wieder einmal etwas Geschichte. Im Jahr 1843 brachen vierhundertsiebzig Pfarrer und ihre Gemeinden mit der *Church of Scotland*, der *Auld Kirk*, weil die mit dem Establishment und der weltlichen Macht ins Bett gestiegen war. Sie gründeten die *Free Church*. Nach einem Streit um die wahre Lehre bildete eine Splittergruppe die *Free Presbyterian Church*. Die eine unterscheidet sich kaum von der anderen. Beide halten die Tradition des Calvinismus am Leben, indem sie unverdrossen Dogmen des siebzehnten Jahrhunderts predigen, aber selbstverständlich jede als Alleinvertreter der wahren Lehre. Dann wurde weiter gespalten. Von der *Free Church*, in die wir gehen, sind zwei weitere Spaltprodukte abgesplittert. Die letzte Trennung fand 2000 statt. Ein Pfarrer versuchte damals auf einer Synode in Edinburgh die Vorhaltungen eines zürnenden Amtsbruders mit dem Argument zu entkräften, neunundneunzig Prozent der christlichen Welt sähen dies oder jenes anders. »In dem Fall«, gab der Zürnende zurück, »sehen neunundneunzig Prozent der Christenheit das eben falsch.«

Murdo hob also zum Tischgebet an und dankte dem Herrn für das, was seine Frau uns aufgetischt hatte, nein, was Gott uns beschert hatte. Ich saß mit vollem Mund und wagte nicht, zu kauen oder zu schlucken. Murdo betete volle zehn Minuten, um mich für meinen voreiligen Bissen zu bestrafen. Er endete mit einer Fürbitte für seine Gäste. Wir kamen auf den Sonntag zu sprechen, über den ich vor vielen Jahren mit Granny Muir zusammengerumst war ... Norma, mit fünfzehn Jahren die Jüngste, wies mich zurecht: »Wenn jemand ›Sonntag‹ sagt, dann wissen wir, dass er nicht fromm ist. Der siebente Tag heißt ›Sabbat‹ oder ›Der Tag des Herrn‹. Der Sabbat ist das Ende einer Woche, und am Sabbat bleibt die Zeit stehen, bevor die nächste Woche beginnt.«

Donalda, die Zweitjüngste, fügte hinzu: »Leute, die den Sabbat entheiligen, haben keinen Respekt für uns und unsere Insel.«

Der Vater erklärte: »Wenn hier jemand am Sabbat einen Hammer anrührt, dann gehen wir zu ihm und sagen: Was hat dir den Kopf verwirrt?«

Am Sabbat füttert er seine Schafe nicht. Am Sabbat rasiert er sich nicht. Der Fernseher bleibt still und das Radio stumm. Der Tag geht mit Beten, Bibellesen, Psalmsingen und Kirchgängen dahin. Die Mutter rührt ihre Häkelarbeit nicht an, mit der sie sich zwischen dem Teeausschenken beschäftigt. Über der Häkelei erzählte sie schmunzelnd, wie sie als Mädchen einmal zu einem Tanz ging, das einzige Mal in ihrem Leben. Ihr Vater hatte ihr das Tanzen verboten. Aber sie hatte sich in einen Jungen verguckt, und den wollte sie vor der Dorfhalle treffen. Sie hatte sich fest vorgenommen, die Halle nicht zu betreten. Ihr Vater hatte ihr oft geschildert, wie der Boden beim Tanzen zu beben beginne und wie sich einmal die Erde auftun werde, um die unzüchtige Veranstaltung zu schlucken. Ihr Angebeteter kam nicht, und ihr wurde es kalt und bange, und schließlich schlich sie sich in den Saal. Der Boden bebte von den stampfenden Füßen beim *Reel*, und ihr schwindelte es, sie setzte sich auf einen Stuhl und klammerte sich daran fest und stand nicht mehr auf, und sie sah, wie die Erde schwankte …

»Das war das schlechte Gewissen«, sagte Murdo.

»Seitdem bin ich nie mehr zu einem Tanz gegangen«, sagte sie lachend. »Wir hatten zu unserer Zeit viel Respekt vor unseren Eltern«.

»Das haben wir auch!«, protestierte Norma.

Am Sabbat bellen in Ness nicht einmal die Hunde. Wir gingen durch das Dorf, aber wir spürten die missbilligenden Blicke von zwischen zugezogenen Gardinen hindurchspähenden Augenpaaren. Der Wind heulte zwischen den Häusern, zerrte an Telefondrähten und Stromleitungen und fuhr über das kahle Moorland hinter dem Dorf davon. Um halb zwölf Uhr öffneten sich die Türen. Dunkelbemäntelte Gestalten kamen heraus und hielten mit den Händen ihre Hüte fest. Ausgeleierte Busse sammelten Kirchgänger vor ihren Gartentüren auf, Autos sprangen an, der weite Parkplatz vor der *Free Church* füllte sich. Der Reverend Angus Smith stapfte vom Pfarrhaus herunter, das auf einer Anhöhe ungeschützt dem Wetter trotzt.

Der Gottesdienst war noch karger, als wir das kannten, karg wie das Moorland und unerbittlich wie die Wucht des atlantischen Sturms. Die Sforzatostimme des Vorsängers führte das seufzende Tremolieren der Kongregation. Psalmen auf Gälisch. Die Gebete durchdringend, bis in tiefste Tiefen reichend, die Predigt ein Exerzitium der Selbstpeinigung, denn »da wird sein Heulen und Zähneklappern. Heulen und Zähneklappern … Man hört heute immer wieder, Jesus predigte nur Nächstenliebe und Vergebung. Nein, meine Freunde! Niemand in der Schrift nennt die Hölle öfter beim Namen als der Erlöser selbst! Die Moralisten, die da glauben, wenn sie nur mehr Gutes als Böses tun, so sei ihnen das ewige Leben sicher, sie erwartet am Tag des Gerichts eine böse Überraschung. Das

Evangelium ist keine Moralfibel, sondern eine Einladung, eine Einladung, meine Freunde, an uns jämmerliche Sünder, uns erbärmliche Kreaturen, die Herrschaft und Liebe des Gottessohnes anzuerkennen. Seine Liebe gilt nur denen, die sich zu ihm bekehren. Die anderen werden hören: Bindet ihm Hände und Füße und werfet ihn in die Finsternis hinaus! Da wird sein Heulen und Zähneklappern. Heulen und Zähneklappern …« Der Reverend breitete seine Hände über die Gemeinde, und das Feuer in den Augen hinter der randlosen Brille loderte. Die harten Kanten seiner Stirn warfen Schatten über seine Schläfen.

Nicht lange nach Ende des Gottesdienstes war der Ort wieder so abgrundstill wie zuvor. Wir besuchten den Reverend. Von Angesicht zu Angesicht war er ein absolut liebenswürdiger Mann. Seine Frau brachte Himbeersaft und Schokoküsse. Sie erzählte hingebungsvoll davon, wie sie den *cùram* empfangen hatte. Die Gnade Gottes, ohne die keiner zum Christen wird, der Anstoß zum Weg zurück zu gottgefälligem Leben. Sie war zweiundzwanzig Jahre alt gewesen, als der Herr ihn ihr zuteilwerden ließ, erzählte sie mit einer Begeisterung, als habe sich das gestern und nicht vor einem halben Jahrhundert zugetragen.

Was für ein Gottvertrauen! Man muss sich schon wundern, dass dies dasselbe Land ist, in dem die Aufklärung ihren Ursprung hatte, eine ganze Epoche, welche der Edinburgher Philosoph David Hume und der Ökonom Adam Smith aus Kirkcaldy nachhaltiger prägten als andere Denker in Europa. Zwei Männer, die einen unvergleichlich größeren Einfluss auf mein Denken ausübten als die harsche Reformation des von Calvin inspirierten John Knox. Oder war Schottland nicht immer so gewesen?

Nicht beschaulich und in sich geschlossen, sondern hin- und hergerissen zwischen Extremen?

Manchmal denke ich, wenn etwas Schottland seine Identität raubt, so ist es die auf Konformismus bedachte und soziologischem Kauderwelsch verschriebene Ideologie von Verwurzelung, Gemeinsinn und Community. Wenn sie sich durchsetzt, bleibt ein Land übrig, in dem die Leute komische Namen und gelegentlich einen Kilt tragen, aber sonst dem europäischen Mainstream gleichen. Eigentlich schade.

Misses Longstaffs Haus

Haben und Nichthaben

In Granny Muirs Haus hängt bis heute ein Ölporträt, das sie in typischer Pose zeigt. Schon etwas altersschwer und in eine violette Wolljacke gehüllt, blickt sie halb fragend, halb zweifelnd und leise lächelnd aus dem Bild. Misses Longstaff hat es gemalt. Misses Longstaff war unsere Lairdess. Dieses Kapitel handelt von ihr und von Schottlands Großgrundbesitzern.

Misses Longstaff verließ nie ihr Haus, ohne einen Deerstalker-Hut auf das ergraute Wuschelhaar zu setzen. Bevor sie aus der Tür trat, steckte sie sich eine Benson&Hedges an. Die wippte zwischen ihren Lippen, wenn sie ihre Lachsangel auf dem Dach ihres einigermaßen ramponierten Renault 5 befestigte. Sie steuerte das klapprige Gefährt elanvoll über die schon lange nicht mehr ausgebesserte Auffahrt von Badentarbat Lodge zu der von Achiltibuie nach Ullapool führenden Straße, wobei sie den zahlreichen Schlaglöchern mit durch langjährige Übung perfektionierter Geschicklichkeit auswich. Kurz vor Erreichen der Straße fiel die Asche von der Benson&Hedges ab und landete auf ihrem Schoß. Das störte sie kein bisschen, sie war unterwegs zu ihrer geliebten Garvie, ihrem Lachsfluss, um einen Salm für ihr leibliches Wohl zu fangen. Oder eine Seeforelle, falls ihr kein Lachs an die Angel ging. Meistens musste sie sich mit einer winzigen Forelle begnügen.

Die Garvie wird in ihrem Sturz zum Meer oberhalb einer Bucht von einem kleinen Teich aufgehalten. Auf dem Weg dorthin hat man einen großartigen Blick auf die schroffen Felsmassive des Suilven und Quinag im Inland und über das lichtglitzernde Meer bis weit hinaus zu dem Leuchtturm von Stoer. Zwischen dem Teich und der Bucht zwängt sich das Flüsschen durch eine kaum einen Meter breite Enge. Dort hängten Leute, deren Nämlichkeit Misses Longstaff genau kannte, nachts gerne ein Stück Netz zwischen die Felsen und stibitzten aus dem Meer aufsteigende Lachse. Sie hielt es für weiser, zu teilen, als sich mit den Leuten anzulegen.

Sie war alleine. Ein Laird nimmt eine prekäre Stellung im sozialen Gefüge ein. Manche Leute behaupten, vierhundertzweiunddreißig Superlairds besäßen die halbe Landfläche Schottlands. Ob das stimmt, habe ich nicht nachgemessen, doch es mag sein, dass das der Wahrheit nahekommt. Misses Longstaffs Besitz erstreckte sich über achttausend Morgen, das sind um die dreitausend Hektar, also in etwa die Fläche von fünfzig deutschen Bauernhöfen. Für schottische Verhältnisse ist das eher eine Klitsche.

Als ich bei Granny Muir wohnte, kam sie hin und wieder auf eine Tasse Tee vorbei. Wenn sonst niemand zur Hand war, musste ich ihn zubereiten. Granny Muir flüsterte mir noch schnell zu, das gute, blümchenverzierte Geschirr aus dem Schrank zu holen, nicht die Becher, aus denen wir sonst tranken, bevor unsere hochgewachsene Landherrin in ihrem etwas schmuddeligen Mackintosh und mit dem Deerstalker-Hut auf dem Kopf durch die Tür trat. Wir sprachen sie beim Nachnamen an, sie nannte mich »Reiner« und vermied, Granny Muir direkt zu adressieren, schließlich war Granny Muir die Ältere der beiden. Mit dem Vornamen konnte sie sie schlecht ansprechen. Aber mit »Misses Muir«? Das passte irgendwie auch nicht. Einen Standesunterschied gab es ja doch, den konnte man nicht einfach verleugnen. Aber sie wollte ihm auf keinen Fall Nachdruck verleihen.

Misses Longstaff war, wie gesagt, alles andere als reich. Sie wusch ihre Wäsche von Hand in zwei Porzellanbecken in einem Wellblechanbau, der hinten an ihr als Herrensitz firmierendes Haus angesetzt war. Ihre Heizung bestand aus einem offenen Kohlefeuer im kleinen Wohnzimmer. Das große Wohnzimmer war im Winter so kalt, dass sich beim Ausatmen auch ohne Zigarette weiße Nebelwölkchen vor ihrem Mund bildeten. Sie schien völlig immun dagegen zu sein. Einmal beschäftigte sie einen Sommer lang eine etwas pummelige Haushälterin gegen Kost und Logis. Der erklärte sie, »was für hübsche, schlanke Fesseln du hast. Wie schade, dass sie so viel Gewicht zu tragen haben!«

Obwohl Schottin von Geburt, sprach sie ein ungemein hochgestochenes Englisch, in dem sie vor allem gegenüber Mitgliedern des eigenen Geschlechts ungemein spitze Bemerkungen loslies. Meine liebe Frau brachte ihr einmal an einem frühen Winternachmittag Weihnachtsgebäck. Misses Longstaff fragte sie, *Would you care for a refreshment?*, was unverfänglich genug klingt. Als Sheileagh entsprechend unverfänglich antwortete, »Ja, gerne, eine Tasse Tee«, erwiderte unsere Grundherrin mit der wunderschönen Formulierung, *What about something more substantial?*, »Wie wäre es mit etwas Nachhaltigerem?« Sheileagh ließ sich zu einem Sherry breitschlagen. Worauf Misses Longstaff ihr erklärte, »Nette Mädchen trinken Sherry, anrüchige Mädchen trinken Whisky, mondäne Mädchen trinken Gin«.

Sie schenkte sich selbst ein Glas Gin ein. Mit Vornamen hieß sie Charmian, ein eindeutig mondäner Name, den sie sich später im Leben selbst zugelegt hatte. Ihre Eltern hatten sie Dorothy getauft, was eher ein »netter« Name ist, einer für eine harmlose Sherrytrinkerin. Ich lernte sie erst besser kennen, als sie schon auf die achtzig zuging und ihr ergrautes Haar vom vielen Rauchen einen nikotingelben Schleier bekommen hatte. Wir verstanden uns prächtig. Ich hatte Weideland vor ihrem Haus gepachtet. Als ich die verfallenen Trockensteinmauern reparierte, die das Land einfassten, gesellte sie sich zu mir, rauchte Benson&Hedges, legte gelegentlich einen Stein an eine ihrem künstlerischen Empfinden entsprechende Stelle und erzählte mir von ihrer Vergangenheit. Sie hatte auf der berühmten Slade School of Fine Art in London Kunst studiert. Die stand damals im Sog der Bloomsbury Group, eines intellektuellen Zirkels der zwanziger Jahre, in dem Virginia Woolf radikalfeministische Polemiken verfasste und E. M. Forster für das Primat persönlicher Liebe focht. Die Gruppe praktizierte eine skandalöse, sexuelle Offenheit. Misses Longstaff traf einen zweiunddreißig Jahre älteren Mann, der bereits sieben Kinder hatte. Er war Arzt und einer der bekanntesten Bergsteiger seiner Zeit. Im gleichen Jahr, in dem sie auf die Welt gekommen war, hatte er als erster Mensch einen Siebentausender erklommen, den Trisul im indischen Himalaya. Der Rekord hielt einundzwanzig Jahre. 1923 nahm er an einer fehlgeschlagenen Mount-Everest-Expedition teil. Ich habe ein Paar seiner Bergstiefel geerbt, wunderschöne Exemplare mit lammwollgefütterten Laschen und in die Sohlen eingearbeiteten Eiskrallen.

Tom und Charmian zogen 1941 in Badentarbat Lodge ein. Ein paar Jahre später kauften sie dem Earl of Cromartie das Haus und den dazugehörigen Pachtsprengel ab. Sie erzählte besonders gerne von einer Reise, die sie 1952 mit ihrem Mann ins Jordantal unternahm, um seine mit einem Offizier der Arabischen Legion verheiratete Tochter zu besuchen. Die Männer gingen auf Entenjagd. Die Frauen hielten sich im Hintergrund und riefen jedes Mal, wenn einer eine Ente geschossen hatte, *Good shot, Sir!* Das wurde ihr und ihrer Stieftochter bald zu langweilig. Sie beschlossen, die mächtige Felswand des Dschabal Ram zu erklettern, ohne Stiefel und Seil, nur in Turnschuhen, geführt von einem Beduinenscheich namens Hamdan. An einer Stelle mussten sie sich über einem zweihundert Meter tiefen Abgrund mit weiten Schritten von einem Felsvorsprung zum nächsten vorwärtsbewegen. »Wir fühlten uns schrecklich geschickt und versiert«, erzählte sie in ihrem wunderschön überspitzten Englisch.

Nach dem Tod ihres Mannes verwaltete Misses Longstaff den Besitz, fischte Lachse, malte Ölbilder und schoss überzählige Katzen mit einer alten Flinte aus ihrem Schlafzimmerfenster. Wenn die *Crofter* am Martinstag an der Lodge vorfuhren und ihre Pacht entrichteten, bat sie sie in das große Wohnzimmer, in dem man beim Ausatmen seinem Mund Kondenswölkchen entweichen sah. Auf dem riesigen Mahagonitisch lag ein großes Pachtbuch, das bis in die sechziger Jahre des 18. Jahrhunderts zurückging. Sie trug säuberlich die jeweilige Summe ein, die sie seit fünfzig Jahren nicht erhöht hatte. Dann füllte sie aus einer bereitstehenden Literflasche ein Becherglas Whisky ein und reichte es Donnie Darling, oder Old West, oder Kenny Manager, und hielt einen Plausch, bis der Nächste kam. Wenn die Flasche leer war, holte sie eine neue hervor. Vermutlich wanderte die Hälfte ihrer Pachteinnahmen im Magen ihrer Pächter durch das Gartentor hinaus. Noblesse oblige.

Das Aus-dem-Fenster-Schießen ist so etwas wie ein unabdingbarer Bestandteil schottischen Landbesitzertums. Aus irgendeinem Anlass besuchte ich einmal einen Sir William Cummings auf seinem Stammsitz Blaire House. Als ich eintraf, lagen drei Kaninchen auf dem Dach seines Range Rovers. Die habe er gerade aus dem Badezimmer erlegt, berichtete er strahlend, er habe die auf dem Rasen herumhoppelnden Biester während seiner Morgentoilette entdeckt. Nach dem Anziehen sei er hinuntergegangen und habe sie auf den Wagen gelegt, damit die Hunde sie nicht zerfledderten. Seine Hunde seien nicht sehr folgsam. Der Clanchef der Cummings gehörte im Gegensatz zu Misses Longstaff einer Kaste an, die das monatliche Pflichtmagazin des europäischen Hochadels *Tatler* »Old Scotland« nennt. Seine Familie wohnte seit dem 13. Jahrhundert in Blaire House. Sie war einer der mächtigsten Clans und besaß Ländereien im ganzen Hochland, in Nithsdale, Tweedale, Atholl, Lochaber und Badenoch. Dann entflammte ein Streit um die schottische Krone zwischen Robert Bruce und John »Red« Comyn, der 1306 mit Comyns Ermordung vor dem Hochaltar der Greyfriars-Kirche in Dumfries endete und in dem die Cummings sich auf die falsche Seite geschlagen hatten. Von da an ging es mit ihnen bergab, langsam, stetig und unaufhaltsam. Jetzt besaß er kaum mehr Land als unsere Lairdess. Und immer wieder musste er Grundstücke verkaufen, um sich über Wasser zu halten.

Robert Bruces Nachkommen erging es übrigens nicht besser. Deren Clanchef stattete ich ebenfalls einmal einen Besuch ab. Die Auffahrt durch den stillen Park im Stammsitz Broomhall nördlich von Edinburgh schien auf den ersten Blick sorgsam begärtnert, doch als ich um das Herrenhaus irrte und den Eingang suchte, merkte ich sehr schnell, dass es auch bei ihm mit dem Reichtum nicht weit her war. Die Säulen der Portiko waren von Grünalgen verschliert, die Fensterrahmen rissig, und die in einen Busch eingewachsene Ziehglocke erweckte den Anschein, als habe sie seit Jahren niemand mehr benutzt. Nur die Tür ins Souterrain war frisch gestrichen. Ich besuchte ihn, um mehr über seinen Ururgroßvater herauszufinden, den siebten Earl of Elgin. Der löste seinerzeit einen europaweiten Streit aus, der bis heute anhält. Er dreht sich um sechsundfünfzig Marmortafeln mit der Darstellung der panathenäischen Prozession, fünfzehn im Dreiviertelrelief gemeißelte Marmorplatten, auf denen der legendäre Kampf der Kentauren mit dem mythischen Volksstamm der Lapithen zu sehen ist, und um siebzehn größtenteils fragmentarische, unter Anleitung des berühmten Phidias entstandene Giebelskulpturen, die dieser Lord Elgin von der Akropolis nach London transportiert und dem British Museum vermacht hatte. Im Englischen nennt man sie die *Elgin Marbles*, der Marmor des Lord Elgin. Griechen beschreiben die Tat des Lords als den größten Kunstdiebstahl der Menschheitsgeschichte.

Der Nachfahre des Lords entpuppte sich als Charakter

wie aus einem Roman von Evelyn Waugh. Rauer Tweed, Knickerbockers und selbstverständlich so hochelegante Ausdrucksformen, wie man das von einem Adeligen erwartet. Er konnte sich gar nicht genug über die Version der Griechen echauffieren. Sein Ururgroßvater, sagte er, habe über den Erwerb des Marmors den gesamten Familienbesitz ruiniert, zu dem damals neben riesigen Ländereien Eisen- und Kohlebergwerke gehörten. Er habe sämtliche Kosten, die er für den Erwerb der Marmorstücke verauslagt hatte, penibel verzeichnet, alle Belege seien oben im Archiv aufbewahrt, aber er habe das Geld aus der Gutskasse genommen und seinen Verwalter verpflichtet, die Veruntreuung zu vertuschen. »Das war der eigentliche Diebstahl!«, rief er, als hoffe er, sein Ruf halle bis nach Athen.

Neoklassizismus war damals in Edinburgh und Umgebung der letzte Schrei. Fast in jedem Straßenzug der Hauptstadt entstanden Nachahmungen griechischer Tempel. Man kann sie bis heute bewundern. Edinburgh nennt sich gerne das Athen des Nordens. Als Elgin 1799 zum britischen Botschafter in Konstantinopel bestimmt wurde, plante er gerade einen Anbau an Broomhall. Sein Architekt brachte ihn auf die Idee, die Zeit im Reich der Ottomanen zu nutzen, den berühmtesten und perfektesten aller Tempel vermessen und zeichnen zu lassen, Abgüsse der berühmten Skulpturen zu machen und ein Archiv der bröckelnden Ruine zu schaffen. 1801, so schilderte Lord Elgin Nummer elf das Wirken des Lords Nummer sieben, hätten auf seine Kosten technische Zeichner, Gipsgießer, Gerüstbauer, der Landschaftsmaler Giovanni Lusieri und der Skulpturzeichner Feodor Iwanowitsch die Arbeit aufgenommen. 1803 habe sein Vorfahre dann auf deren Drängen die schicksalsschwere Anordnung getroffen, die Skulpturen und Friese »zu ihrer sicheren Aufbewahrung und als vollständige Repräsentation des klassischen Athen« nach London zu verfrachten. Wir wollen uns nicht weiter damit aufhalten, ob das ein moralwidriger Affront gegen die zivilisierte Welt war oder den Usancen seiner Zeit entsprach. Was mir am besten gefiel, war ein Dutzend kleinerer Reliefs, die im ersten Stock in einem großen Raum hingen, in dem das klare, trockene, durch hohe Fenster fallende Licht des Nordens sie wunderschön beleuchtete. Als König George VI., der Vater der jetzigen Queen, einmal zu Besuch kam, soll er sich bei dem Anblick amüsiert geäußert haben, »Ah, ich sehe, immer noch etwas übrig von der Beute!«.

Anfangs fand ich die Kluft zwischen Grundbesitzern und Habenichtsen so skandalös, wie die geltende Meinung das erfordert. Andererseits genoss ich eine Freiheit, die ich so nicht kannte. Über die Jahre merkte ich, dass die Freiheit und die Ungerechtigkeit gar nicht in so großem Widerspruch zueinander stehen, wie das auf den ersten Anblick schien. Wohlhabende Individuen kommen mit ihrem Privatvermögen für den Erhalt einer Landschaft auf, deren Schönheit sie verfallen sind. Als Quidproquo für das Recht auf Eigentum gibt es ein Jedermannsrecht, auf dem Land so gut wie unbeschränkt umherzustreifen. Ich kann mich beim besten Willen nicht daran stören, dass nicht jeder besitzt, was er nicht bezahlen kann. Nun ist es aber so, dass einer, der so denkt, automatisch als Tory eingestuft wird, und Torys kommen im schottischen Codex Moralis gleich nach den Kakerlaken. Diesem Kodex zufolge hat jeder ein Recht auf Land. In den Jahren, als er sich trotz der ungeheuren Kosten von den Herren Campbell & Company einen Tweedanzug anmessen ließ und ein feines Paar Budapester Herrenschuhe erwarb, versuchte Mister MacSporran seinem Tatendrang zunächst dennoch durch Bekanntschaften mit der landbesitzenden Klasse neue Felder zu erschließen. Seine Frau erzählte jedem im Dorf, sie seien mit dem Earl of Achnasheen »befreundet«.

Die Freundschaft währte nicht lange. Die MacSporrans verstanden es nicht, bei Einladungen auf die Burg des Grafen ihre gesellschaftlichen Unzulänglichkeiten zu meistern. Sie verwendeten immer wieder ihren im unteren Mittelstand erworbenen Wortschatz, der Menschen feinerer Herkunft innerlich zusammenzucken lässt. Wenn sie aufs Klo mussten, fragten sie nach der *toilet* anstatt dem *loo*. Vor dem Essen machte Mister MacSporran eine Anspielung auf französische Sitten, die auf taube Ohren stieß, weil man sich in den Kreisen des Gastgebers ein *napkin* und nicht, worauf er anspielte, eine *serviette* auf den Schoß legt. Sein Versuch, das lange O der Aristos in der Aussprache von *off* nachzuahmen, ging total in die Hose. Die Konversation kam trotz bestem Bordeauxwein nicht recht von der Stelle. Die MacSporrans verstanden auch nicht das Unverständnis der Gräfin, als sie sich nach dem Gästezimmer erkundigten. Sie kannte den Ausdruck nicht. Es gab so viele Zimmer in ihrem »Haus«, wie sie ihr vielstöckiges Domizil nannte, dass es ganz unsinnig gewesen wäre, eines als *spare room* herauszuheben. Für Besucher war immer Platz, ganz gleich, wie viele Freunde die zahlreichen Kinder aus Eton anschleppten. Eton war immer noch eine Selbstverständlichkeit, auch wenn strategisch aufgestellte

Blecheimer als Ersatz für eine unerschwingliche Reparatur des lecken Daches herhalten mussten.

Zu ihrem Glück sahen die MacSporrans bald ein, dass sie hier nicht hergehörten. In ihrer enttäuschten Ambition wendeten sie sich mit vehementer Feindseligkeit gegen alles, was den Beigeschmack von Besitz und feiner Gesellschaft hatte. Sie fanden ein neues geistiges Zuhause in den Pamphleten von Henrietta Ridarroch, Walter Ulbright und Alastair McIntosh, den Vorkämpfern einer Landreform, die in den Köpfen der urbanen Intelligenzija seit zwei Jahrzehnten herumgeistert wie eine fixe Idee. Henrietta Ridarroch, allgegenwärtig in Print und TV und Trägerin einer Ehrendoktorwürde der Fakultät für Ästhetisch-Kulturelle Bildung und Gesellschaftswissenschaft der University of Auchentoshan, verherrlicht urige Hochlandgestalten als Wegbereiter einer neuen Ära schottischer Geschichte. Ganz besonders tat es ihr ein Mann der Hochmoore an, den sie als Beispiel eines Menschen beschrieb, der ganz Schottland inspirieren und revolutionieren werde. Sie beschrieb eine Szene, die man trotz ihres Bestehens auf wörtlichem Wahrheitsgehalt vermutlich eher symbolisch aufnehmen sollte. In dieser Darstellung trieb dieser offenbar drahtige Mann in einem ausgewachsenen Sturm mithilfe seines Collies Schafe in eine Steinumzäunung, rollte gleichzeitig mit einer Hand eine Zigarette und hielt in der anderen eine Taschenbuchausgabe von Paulo Freires *Pädagogik der Unterdrückten*. Das Werk des brasilianischen Erziehungstheoretikers sprudelt nur so von Sätzen wie »In der problemformulierenden Bildung entwickeln die Menschen die Kraft, kritisch die Weise zu begreifen, in der sie in der Welt existieren, mit der und in der sie sich selbst vorfinden. Sie lernen die Welt nicht als statische Wirklichkeit, sondern als eine Wirklichkeit im Prozess zu sehen, in der Umwandlung.«

Als der Mann aus dem Hochlandvolke aus dem Sturm in sein Haus trat und sich seines durchnässten Ölzeugs entledigte, murmelte er, »Freire hat recht«. Ob Freire wirklich recht hat, vermag ich nicht zu beurteilen, da ich den oben zitierten Satz nicht verstehe. Unsere enthusiasmierte Publizistin folgerte aus der Bemerkung des sturmgepeitschten Schäfers, dass Leben ohne Kontrolle von oben gelernt sein wolle. Sie kam zu dem mich in seiner Begeisterung für das Führerprinzip an Muriel Sparks literarische *Die Blütezeit der Miss Jean Brodie* erinnernden Schluss, »sich frei zu fühlen, Verantwortung zu übernehmen und aufs Ganze zu gehen, erfordert vor allem, potentielle Quertreiber und Leute, die sich nicht unterordnen wollen und eigene Ambitionen verraten, in ihre Schranken zu verweisen«.

Walter Ulbright, der Zweite im Bunde unserer intellektuellen Aktivisten, ist Chefideologe einer Bodenreform, die es mittlerweile so weit gebracht hat, dass Landbesitzer zwangsenteignet werden können. Mister MacSporran fand in dessen Slogan »Junkerland in Bauernhand« eine neue Berufung. Er gründete ein lokales Landaneignungskomitee. Zur Gründungsversammlung fand sich selbstverständlich auch Miss Brodies Kreis ein. Miss Brodie trug ihren karminroten Tam o' Shanter. Bald ergriff sie das Wort. Sie hatte sich gut vorbereitet. Sie hielt eine Rede, nein, fast so etwas wie eine Predigt. »Mein geliebtes Schottland, meine geliebten Highlands«, hub sie an, »waren früher keine baumlose Wüste, sondern der kaledonische Regenurwald bedeckte das Land. Es war ein vielfältiger Forst, in dem die Menschen Nüsse und Beeren und Pilze ernteten und im Einklang mit der Natur lebten. Sie teilten mit den Tieren und sammelten Brennholz auf nachhaltige Weise. Der Regen vermochte den Boden nicht mit Wasser zu durchtränken, da die Bäume ihn in den Stoffkreislauf zurückführten. Stürme fällten die Bäume nicht, weil sie sich gegenseitig schützten. Der Wald war widerstandsfähig und stark. Hirsche scheuten Lichtungen, auf denen sich der Wald auf natürliche Weise regenerierte, weil Wölfe sie im Zaum hielten.«

Miss Brodie machte eine Pause. Die kleine Versammlung hörte ihr gespannt zu. Sie fuhr fort, »Doch dann kamen raffgierige Kapitalisten aus dem Süden und verwandelten die Ressource der Allgemeinheit in ihr Privateigentum. Sie zwangen uns, unsere Bäume umzuhacken, und verwendeten sie als Grubenholz in Bergwerken. Als der Wald uns nicht mehr ernährte, zwangen sie uns, gegen Hungerlöhne in den Bergwerken zu arbeiten. Sie trieben Schafe auf das leere Land, um ihre Profite zu maximieren. Als die Schafe nicht mehr gediehen, weil das Land seine Fruchtbarkeit verloren hatte, verwandelten neue Großgrundherren die Schaftriften in sogenannte Hirschwaldungen, in denen kein Baum und kein Strauch mehr gedeiht. Die Hirsche fressen das Land kahl, damit die Lairds sich bei der Jagd verlustieren«.

Nach einer weiteren Pause holte sie zum großen Schlag aus. »Wir müssen unser Land seinen sogenannten Besitzern entreißen! Wir müssen es zurückerobern! Nur dann können wir unser Land in seinen natürlichen Zustand zurückführen. Schottland ist keine nackte Wildnis. Unser großes Land ist unsere Mutter Erde, die danach schreit, uns an ihren Busen zu nehmen.«

Mit diesem schönen Bild schloss sie, setzte sich und nahm befriedigt den stürmischen Beifall der Anwesenden zur Kenntnis. Ich meldete mich. Der Vorsitzende gab mir das Wort. Ich wandte ein, dass es keine Spur eines Beweises für das eben Gesagte gebe; die Baumwurzeln, die man hier und da im Moorland fände, seien vier- bis fünftausend Jahre alt, und die flächendeckende Bewaldung Schottlands fand vor siebeneinhalbtausend Jahren ein Ende, als das Klima sich wandelte. Ich hatte meine Weisheit von Christopher Smout, dem Autor einer ökologischen Geschichte Schottlands, der auf diesem Gebiet als Experte schlechthin gilt. Der, sagte ich, nannte den kaledonischen Regenurwald einen Mythos in jedem Sinne des Wortes …

Miss Brodie schoss herum und fuhr mich an, ihr gefalle der Ton meines Einwurfs nicht, er sei typisch negativ und habe nichts anderes zum Ziel, als eine positive Vision der Gemeinde zu unterminieren. Ich wollte etwas verdattert weitersprechen, aber Mister MacSporran hatte bereits die nächste Rednerin zu Wort gebeten. Die beeindruckte uns im stark dialektgefärbten Tonfall ihrer mittelenglischen Heimat mit einem mehrfach wiederholten Plädoyer, wir dürften nicht egoistisch denken, sondern wir müssten die Zukunft unserer Kinder im Auge behalten; wenn wir nichts unternähmen, stünden wir bald vor dem Nichts. Der Diskussionsbeitrag trug ihr ebenfalls wohlverdienten Applaus ein. William Richards, der einen großzügig besoldeten Naturschutzposten bekleidet und in bodenständigeren Kreisen, will heißen, unter vierschrötigen Jagdaufsehern und Schafbauern, »The Boy« genannt wird, sprach über das öffentliche Interesse an Gemeinde-Empowerment. Die Versammlung schloss mit der gegen eine Gegenstimme angenommenen Resolution, dem Gemeinwohl durch Inanspruchnahme neuer Landrechte zum Durchbruch zu verhelfen.

Später am Abend rief mich Kenny Manager an. Mit einem Laird könne er sich arrangieren, echauffierte er sich, aber mit zwanzig Verrückten? Das sei ihm zu viel. Wenn die die Macht ergriffen, müsse man sich ernsthaft überlegen, in die Kolonien auszuwandern. Nun ist es aber so, dass die Leute, die wirklich Landrechte ausüben, Kenny zu ihrem Vertreter bestimmt haben. Sie wollen von dem Komitee nichts wissen. Das sind die Crofter. Bis in das letzte Jahrhundert litten die tatsächlich unter einem ziemlich verkrusteten Feudalsystem. Doch ein 1976 verabschiedetes Gesetz macht sie zu den Herren über die Lairds. Sheileaghs Vetter Murdo »Scallie« MacLeod, der mit jener Sandra verheiratet ist, die kein Blatt vor den Mund nahm, als sie unserem Professor Wart auf den Kopf zusagte, wie angemessen sein Name sei, zäunte einmal ein beträchtliches Stück Land ein, das einem Sir Henry Boyd-Carpenter gehörte, seines Zeichens Rechtsanwalt der Queen. Der ging vor Gericht. Murdo gewann. Boyd-Carpenter war derart verbittert, dass er sein Land verkaufte.

Eine Croft besteht aus ein oder zwei Hektar ackerbaren Landes und dem Recht, soundso viele Schafe und soundso viele Kühe auf der gemeinschaftlich genutzten Heide grasen zu lassen. Oder eben aus dem Recht, seine Weideanteile einzuzäunen. Dafür zahlt man vier oder fünf Pfund Pacht im Jahr. Die Lairds haben gelernt, dass sie gegen einen Crofter wenig ausrichten können. Mister MacSporrans Landaneignungskomitee versteht das bis heute nicht. Wir besitzen ebenfalls eine Croft. Vor einigen Jahren kamen wir auf die Idee, zwei Ferienhäuser darauf zu bauen. Keine Nullachtfünfzehn-Dinger, sondern ausgefallenes, modernes Design, das nach seiner Fertigstellung in die Endauswahl zweier renommierter Atchitekturpreise vordrang. Als Crofter hatten wir das Recht, das Land für das Fünfzehnfache der jährlichen Pacht zu kaufen, in unserem Fall für den stolzen Preis von achtundsechzig Pfund und fünfundzwanzig Pennys. Der Wert des Landes schoss durch die Umwandlung in Bauland auf gut und gerne einhundertfünfzigtausend Pfund in die Höhe. Das rief Mister MacSporran und seine Freunde auf den Plan. Hatte das Komitee nicht gerade erst in einer beseelten Eingabe an die Regierung das Schicksal Achiltibuies beklagt, einer »fragilen« Gemeinde, die unter der Knute einer hartherzigen Großgrundbesitzerin lebe, die jedem Versuch seiner Bewohner, ihren Entbehrungen und ihrer täglichen Mühsal durch Eigeninitiative zu entkommen, einen Riegel vorschöbe; das Ergebnis seien unaufhaltsamer Bevölkerungsschwund, Wohnungsnot und eine in Ermangelung von Nachwuchs vor der Schließung stehende Schule, ein Zustand, der nur durch Überführung des Landes in Gemeineigentum ein Ende finden könne.

Die Protagonisten des Gemeinwohls überschütteten die Bezirksregierung mit wohlformulierten Ansuchen, unsere Pläne drohten ein Vogelhabitat und wertvolles landwirtschaftliches Nutzland zu zerstören. Professor Wart nutzte seine Stellung als Sekretär des Gemeinderats, diesen in beratender Funktion gegen unser Vorhaben einzunehmen. Mister MacSporran tat in einer Epistel an die *Ullapool*

News, jenes Wochenblättchen, dessen Auslieferung durch einen, sein total illegales Krad wie einen Bronco reitenden jungen Dörfler die Polizei vor Jahren einmal beinahe vereitelt hätte, seine Meinung kund, Achiltibuie brauche nicht mehr Fremdenverkehr; es sei erniedrigend, samstags Schamhaare von Touristen aus Duschwannen zu pulen, wofür ich offenbar ein besonderes Faible hätte. Miss Brodie veranlasste die Baskenmützenträgerin Holly Smith und die spitzbrüstige Robina Gibson, auf den gutbesuchten mittwochvormittäglichen Treffen in der Dorfhalle, während derer der Doktor aus Ullapool seine wöchentliche Sprechstunde abhält, die Bücherei öffnet, David Lala frische Fische anliefert und ein Kaffeeumtrunk für über Sechzigjährige stattfindet, die Kunde zu verbreiten, wir hätten uns das Land durch Betrug unter den Nagel gerissen. Die Neuigkeit beanspruchte für sich bald den Rang einer allgemein bekannten Tatsache. Eleanor Puddleduck, jene ältere Dame, die einmal furienhaft aus ihrem Haus fuhr und den grundguten und schwerhörigen Ian »Babba« MacLeod scholt, er gehöre einer *Free-Church*-Mafia an, spielte eine Schlüsselrolle. Den Aktivisten gelang es gar, den *Lord President of the Court of Session*, den ersten Mann der schottischen Justiz, der im Dorf ein Ferienhaus besitzt, für ihre Sache einzunehmen. Der verlieh in zwei Eingaben an die Planungsbehörde seiner höchstrichterlichen Meinung Ausdruck, eine Zustimmung zu unserem Vorhaben wäre »pervers, und daher rechtswidrig«.

Es dauerte zwei Jahre und drei öffentliche Anhörungen, bis wir die Baugenehmigung bekamen. Ohne die Hilfe von Kenny Pest, der die benachbarte Croft besitzt, wären wir gescheitert. Er unterstützte unsere Pläne vor allem deshalb, weil er Eleanor Puddleduck heimzahlen wollte, dass sie ihm einmal in seine Rechte als Crofter hineinzufunken versucht hatte. So etwas wird nicht vergessen. Pest ist der Sohn jenes Murdo Boglie MacLeod, dem Black Donald vor langer Zeit seinen Mittelnamen in Anlehnung an den italienischen General Badoglio verpasste. Mit einem Boglie legt man sich nicht an.

Alastair McIntosh, der dritte Vorkämpfer gegen die Macht der Lairds, bezeichnet sich als »Humanökologe«. In einer seiner leider nie über den nationalen Tellerrand hinausschwappenden Schriften, die er in dem Magazin *The Hebridean* veröffentlichte, entlarvte er mich als Nachfahren der »Junkermentalität der norddeutschen Ebenen«, welche die Gründungsväter der Bundesrepublik zusammen mit dem Hitlerfaschismus wohlweislich für verfassungswidrig erklärt hätten. Ich hatte mich erdreistet, in der *ZEIT* und in der *Sunday Times* ein Beispiel der neuen Wirklichkeit unter die Lupe zu nehmen. In etlichen ehemaligen Landgütern existiert die schon. Zum Beispiel auf dem Hebrideninselchen Eigg. In den Achtzigerjahren gehörte das Eiland einem extravaganten Herrn namens Keith Schellenberg, der als Bobfahrer an Olympischen Spielen teilgenommen hatte und in einem Rolls-Royce-Phantom, Baujahr 1927, über das fünf Kilometer lange Sträßlein seines kleinen Reichs kurvte. Es litt an Bevölkerungsschwund, er wollte es wiederbeleben und warb Neubürger an. Aussteiger und Esoteriker aus allen Ecken und Enden des Königreichs folgten seinem Ruf. Schellenberg gab ihnen Arbeit und brachte sie in alten Steinhäusern unter. Bald erschienen den Neuinsulanern ihre neuen Wohnungen zu einfach und bescheiden, vor allem im Vergleich zu Schellenbergs hochherrschaftlichem, im italienischen Stil erbauten Herrenhaus. Sie schmiedeten Komplotte. Der ehrgeizige Labourpolitiker Brian Wilson, dem Sheileagh und ich viele Jahre zuvor in einem Fährboot voll trunkener Fußballer begegnet waren, als wir unverheiratet dem tugendhaften Zorn der Hebriden entflohen, half mit giftigen Kommentaren in der von ihm herausgegebenen *West Highland Free Press* nach. Einmal redeten sich die Aufrührer auf einer ausschweifenden Party derart in Rage, dass zwei der Ihren loszogen und den Rolls-Royce anzündeten.

Schellenberg hatte genug von ihnen. Er verkaufte die Insel an einen Eckhard Maruma, der sich als Kunstmaler aus Stuttgart ausgab. Der versprach, er werde sanften Tourismus und sanfte Energien einführen. Fünfzehn Millionen Pfund wollte er dafür abdrücken. Nach zwei Stippvisiten stellte sich heraus, dass er pleite war. Eigg stand erneut zum Verkauf. Die Bewohner kratzten mit einem an das Mitgefühl für unterdrückte Crofter appellierenden Spendenaufruf und der Hilfe der Bezirksregierung und einer undurchsichtigen Stiftung eins komma fünf Millionen Pfund für den Kauf zusammen. Dreihundert Gäste erschienen zu einer großen Feier, darunter Brian Wilson, er war mittlerweile Minister der Regierung Blair. Pathetische Reden wurden gehalten über den Erfolg des basisdemokratisch inspirierten Inselvölkchens, das ein neues Kapitel in der Geschichte kommunalen Landbesitzes aufgeschlagen habe. Der Humanökologe MacIntosh schwärmte vom Erblühen einer neuen, auf »Boden und Seele« basierenden Menschlichkeit. Henrietta Ridarroch war derart begeistert, dass sie sich mit mehreren Insulanern des anderen Geschlechts gemein gemacht haben soll.

Ich wanderte sechs Jahre später über das Eiland. Dottergelbe Schwertlilien wiegten sich in einer sanften Brise. Lerchen trillerten. Ein paar Schafe blökten auf von Sumpfbinsen überwucherten Weiden. Es war unglaublich idyllisch. Das verlassene Herrenhaus verfiel wie ein Junkerschlösschen in der DDR. In den Dachrinnen der Dorfhalle spross Gras. Vor Mittag schien niemand ansprechbar zu sein außer Elizabeth Lyon, eine ältere Dame distinguierter Herkunft. Die erzählte mir, dass nur jene Leute Nutznießer der neuen Ordnung seien, die der exzentrische Herr Schellenberg hierhergebracht hatte; sie machten den älteren, ihren Traditionen verhafteten Inselbewohnern mit allen Mitteln ihr Leben schwer. Frau Lyon, die sich vor sie stellte, sagte: »Ich muss mich mit Verfolgung, mit Anfeindungen, mit Lügen, mit Erniedrigungen, mit Einsamkeit und Verzweiflung abfinden. Will ich hierbleiben? Nein. Aber ich kann nicht schweigend geschehen lassen, was passiert.«

Es klang alles sehr nach George Orwells *Die Farm der Tiere* und dem Empowerment der Schweine. Maggie Fyffe, die Führerin der Graswurzelinsulaner, die ich am Nachmittag aufstöberte, saß in einer Hollywoodschaukel vor einem von leeren Weinflaschen und geradezu unglaublichen Mengen leerer Bierdosen umringten Haus und rollte sich kichernd eine Zigarette. Sie fühlte sich ganz offensichtlich wohl in einer Welt, in die Politiker so viel ihrer Glaubwürdigkeit investiert hatten, dass sie Subventionen aus einem nicht versiegenden Füllhorn auf das Inselchen ausschütteten. Eine öffentlich finanzierte Einrichtung war der Tearoom, der zugleich als Laden und Pub diente. Als ich den besuchte, dröhnte mir ohrenbetäubende Musik aus Lautsprecherboxen entgegen, Cannabisdunst hing in der Luft, die Tische standen voller Bierdosen. Ein Mann in schmutzigen Jeans löste sich aus einer Menschentraube und fuchtelte mir mit dem Finger vor dem Gesicht herum: »*You are fucking talking to the wrong fucking people. If you want to know the truth, you have to listen to us, the true islanders, not to those fucking arseholes.*« Damit meinte er Elizabeth Lyon und ihre Protegés. Er redete sich immer mehr in Rage. Er schrie: »*We are going to fucking clog you!*« Was so viel bedeutet wie, »wir werden dir Beine machen!«.

Ich war froh, als ich wieder auf der Fähre saß. Sheileagh und ich kamen zehn Jahre später erneut nach Eigg. Das Schiff legte an einem Pier an, dessen in Beton gegossene Dimensionen alle anderen Ausformungen der Küste in seinem Schatten verschwinden ließen. Sonst hatte sich wenig geändert. Das Herrenhaus sah immer noch aus wie in der DDR. Die Zahl der auf Weiden stehengelassenen und vor sich hin rostenden Jeeps hatte sich verdoppelt. Die leeren Bierdosen lagerten in für das Baugewerbe bestimmten Transportsäcken. Elizabeth Lyons Schützlinge hatten den Kampf entweder aufgegeben oder waren gestorben. Sie war nach Glasgow gezogen. Zwei der restlichen Einwohner hatten im vergangenen Jahr Selbstmord begangen.

Um dieses Kapitel nicht gar so düster ausklingen zu lassen, soll es mit einer Kostprobe robusten schottischen Humors enden, und da wir mit dem Landbesitz beginnend bei Selbstmorden anlangten, mit einer von einem Angestellten der landbesitzenden Klasse zum Besten gegebenen Anekdote über Selbstmord. Mein Schwiegersohn und ich klopften nach einer kräftezehrenden Tour im Ben Mhor Assynt-Massiv bei einem mit ihm befreundeten

Jagdaufseher des Lord Vestey an, der mit seiner Frau und zwei kleinen Kindern hoch in den Bergen wohnt. Ein Typ wie aus Eichenholz, groß, geradeheraus und ohne Flausen. Er verlor seinen Job, als ein anderer Besitz des Lords in Gemeineigentum überging, aber der Lord hielt ihm die Treue und fand für ihn eine neue Stelle. Er belebte unsere erschlafften Kräfte mit freizügig ausgeschenktem Glenlivet und erzählte uns von seinem Vetter. Der habe sich vor etlichen Jahren das Leben nehmen wollen und sei in Glasgow von einer über den Unterlauf der Clyde führenden Brücke gesprungen, doch er habe den Gezeitenstand falsch eingeschätzt und sei im Schlick gelandet. Die Polizei sperrte die Brücke. Im Nu bildete sich ein langer Rückstau. Die im Stoßverkehr festsitzenden Pendler überschütteten den im Modder festsitzenden Lebensmüden auf Glasgower Art mit schonungslosem Spott. Als Feuerwehrler sich dem Unglücklichen von der Brücke aus mit einem Teleskopkran näherten, drohte die Flut sie einzuholen. In Ermangelung anderer Hilfsmittel stülpten sie ihm eine stinkende Mülltonne über den Kopf, während sie ihn ausgruben. Die Selbstmordflausen, endete der erdige Keeper seine Story, seien seinem Vetter seither gründlich vergangen, seine Familie ziehe ihn bis heute mit der Episode auf. Er brach in stürmisches Gelächter aus und füllte unsere Gläser nach.

Duncan Ross beim Langustenfischen

Schotten dicht

Nach all dem Dudeln, auf das wir uns in einem früheren Kapitel eingelassen haben, kommen wir nicht darum herum, ein zweites folkloristisches Highlight Schottlands zu erwähnen, den Kilt. Ein Rätsel, das die Menschheit seit jeher beschäftigt, lautet: »Was tragen die Schotten darunter?«

Der *Guardian* lüftete das Geheimnis mit einem Foto, das einen seinen Rock lüftenden schottischen Fußballfan zeigt. Nichts verbirgt sein aus rotblondem Haargestrüpp herauslugendes Gehänge.

Nach sechsundreißig schottischen Jahren erlaubte mir mein heißgeliebtes Weib zum ersten Mal, einen Kilt zu tragen, und auch das nur ausnahmsweise. Offenbar qualifiziere ich mich weder für den Tartan der Frasers und nicht einmal für den der Gunns. Ich war schon des Öfteren drauf und dran gewesen, mir von meinem Haus- und Hofschneider Campbell & Co. in Beauly einen anmessen zu lassen. Ich ließ es um des häuslichen Friedens willen bleiben. Doch nun waren wir zu einem Ball mit Smokingzwang geladen. Solch ein Kleidungsstück besitze ich nicht. Zum Glück schlägt ein Kilt den Smoking in bester Gesellschaft. Und in unserem Schrank hing der Rock unseres gerade in Berlin weilenden Sohnes. Der passte mir wie angegossen, nachdem ich das Einwickeln und Riemen-durch-die-richtigen-Schlitze-Ziehen und Riemen-in-die-richtigen-Schnallen-Stecken gemeistert hatte. Das traditionelle Drumherum, Sporran, Dolch und Prinz-Charlie-Weste, fehlte, doch im Trendkeltentum trägt man ohnehin nur eine coole Modejacke über einem offenen Hemd mit möglichst reichlich daraus hervorsprießendem Brusthaar (womit ich nicht aufwarten kann). Sheileagh hatte an meinem Aufzug dieses und jenes auszusetzen, aber ich gefiel mir großartig in dem neuen Look.

Der Ball nahm seinen Gang, wir tranken schweren Rotwein, alles lief bestens. Doch dann – Panik. Ich musste mal. Wie macht man das im Kilt? In der Hocke draußen im Garten? Wie ein Afghane in seiner Burka? Meine liebe Gattin wusste keinen Rat. Ich erwog, andere Kiltträger zu fragen. Aber konnte ich mir vor ihnen die Blöße geben? Ich rief meinen Sohn in Berlin an. Er meldete sich nicht. Typisch. Wenn man die Kinder braucht, melden sie sich nicht. In höchster Not flüchtete ich aufs Klo und schloss mich in eine Zelle ein. Wie ich dort zurechtkam, will ich nun doch lieber für mich behalten. Einige Geheimnisse muss es ja geben.

Zu Beginn meines Lebens in Achiltibuie waren Kiltträger so rar wie Paradiesvögel. Wie man am Begriff vom Trendkeltentum schon erkennen kann, gehört ein Kilt heute fast schon zum guten Ton. Bei Lidl kann man sich für neunundzwanzig Pfund und neunundneunzig Pennys als patriotischer Schotte einkleiden, ein zum Rock passendes Ghiiliehemd kostet elf Pfund neunundneunzig und Socken sowie Sporran dreizehn Pfund, achtundneunzig Pennys.

Die Liebe für das Alte hat mit dem neuen Nationalgetue

zu tun, welches das Land wie so viele andere Regionen Europas ergriffen hat, und mit der eigentlich ganz unbritisch verbissenen Suche nach Wurzeln und Identität. Um eine Antwort auf die Frage zu finden, was die Ursache dafür ist, will ich weit ausholen, genau gesagt: bis zu Heinrich Böll und seinem berühmten *Irischen Tagebuch*. Darin schildert er, wie ein hundertprozentig charmanter und sicher sehr witziger Ire sich in einem Pub bei dem deutschen Besucher mit nazifreundlichem Geschwätz anheischig machen will. Schließlich ist England der Erzfeind beider Nationen, oder etwa nicht? Böll macht sich daran, dem Iren »den Zahn zu ziehen«. Dass Böll, das Inbild des deutschen Nachkriegsgewissens, damit Erfolg hat, scheint mir so unwahrscheinlich wie der Anfang des Buches, als er in Liverpool an Bord des Dampfers nach Dublin geht. »Es roch schon nach Torf«, schreibt er, und »kehliges Keltisch klang aus Zwischendeck und Bar«.

Das kehlige Keltisch ist als Erstsprache in Irland so rar wie in Schottland. Der irischen Verfassung nach ist es zwar die Landessprache, aber sie wird nicht einmal im Parlament gesprochen. Erstaunlicherweise versteht Böll im Folgenden dann jedes Wort einer von ihm belauschten Konversation. Nicht minder erstaunlich ist es, dass er gar nicht den Versuch unternimmt, auf das Hauptproblem der sprachlichen Schizophrenie einzugehen, nämlich, dass die Hochachtung einer Sprache, die man gar nicht benutzt, und die Geringschätzung der tatsächlichen Muttersprache eine prekäre geistige und moralische Verfassung widerspiegelt. Mit dieser Geistesverfassung, die in Schottland nicht weniger verbreitet ist als in Irland, beschäftigt sich dieses Kapitel.

Normalerweise sprudelt mein schon öfter erwähnter Freund Gary »Dos« MacDonald vor Spott und Ironie. Man kann ihm keine Bemerkung zuwerfen, die er nicht in Sekundenschnelle in ihr absurdes Gegenteil verdreht, mit der er nicht aus dem Stegreif kalauert oder die er nicht wie ein Jongleur in die Luft katapultiert und hinter seinem Rücken wieder auffängt. Für ihn gibt es keinen schöneren Sport, als andere Leute aufzuziehen. Nichts ist tabu, alles und jeder wird Opfer seines bissigen Humors. Alles außer dem schottischen Nationalismus. Gary ist ihm vom Scheitel bis zur Sohle verfallen. Wenn es ums Vaterland geht, ist es mit seinem Witz vorbei. Weil wir Freunde bleiben wollen, gehen wir dem Thema aus dem Weg.

In meinen ersten Jahren fand ich den narzisstischen und eigentlich so sehr charakterfremden Nationalismus der Schotten kurios, ja, auf seine Weise amüsant und sogar attraktiv. Aber bald wurde mir klar, dass es auch bei diesem Nationalismus auf für nichts gut stehende Art dräute und bräunte. Wir hatten als Nachbarn einen gutbürgerlichen Edinburgher Rechtsanwalt namens Ian MacNeil, der sich in Achiltibuie zur Ruhe gesetzt hatte. Er war Mitglied der Scottish National Party, zog sich zu jeder Kreistags- und Bezirkstagssitzung sowie zu jedem Landesparteitag seine beste Tweedjacke über die schon etwas arthritischen Schultern und ließ sich von seiner Frau in seinem Renault – ein englisches Auto hätte er sich nie und nimmer zugelegt – an den Versammlungsort fahren. Vor den Versammlungen stärkte er sich gerne mit einem gut geschenkten Glas Malzwhisky und rauchte dazu seine Pfeife. Sein Haus roch anheimelnd nach Tabak. Im Wohnzimmer standen schöne Stilmöbel. Nach einem Dinner, zu dem er uns einlud, unterhielten sich die Frauen in einer Zimmerecke über Kochrezepte und das schottische Kammerorchester, in dem seine Tochter das Fagott blies, während wir in der anderen Zimmerecke feinen Malz tranken und er verträumt seine Pfeife schmauchte. Bei solch einer Gelegenheit brachte er mit raunender Stimme seine Bewunderung für das Deutschland der dreißiger Jahre zum Ausdruck. Er hatte damals eine Radtour durch Hitlerdeutschland unternommen und war sehr beeindruckt von dem gewesen, was er gesehen hatte. Er hatte es als vorbildliche Volksgemeinschaft empfunden, in der alle an einem Strang zogen.

Unser forscher Radtourist war besonders von einem Herrn Professor Ludwig Mühlhausen angetan, den er damals traf. Dem könne er bis heute seine Hochachtung nicht verwehren, erzählte er und zog tief an seiner Pfeife. Der Herr Professor war Direktor des keltischen Instituts der Universität Berlin und sprach fließend Gälisch. Er versuchte mit Unterstützung der nationalsozialistischen Partei, eine keltisch-germanische Achse zu schmieden. Später, während des Krieges, leitete er in der besetzten Bretagne eine bis heute unübertroffene Wiederbelebung der bretonischen Sprache und Kultur ein. Unser gastlicher Nachbar erwähnte auch einen Donald Grant aus Alness, einen aufrechten Mann des Volkes und Sohn eines Kolonialwarenhändlers, der in einem von Mühlhausen inspirierten Sender namens *Radio Caledonia* ein von der englischen Propaganda abweichendes Bild Churchills zeichnete. Grant schilderte Churchill als einen irren, zigarrenqualmenden, rumgetränkten Mann, der mit typisch englischer Arroganz in einem zynischen Kapitalistenkrieg schottisches Blut vergieße. Er sei damit sicher zu weit gegangen, raunte Herr MacNeil. Aber so ganz von der Hand zu weisen sei das auch nicht gewesen.

Wieder zog er tief an seiner Pfeife, nahm einen Schluck Malzwhisky zu sich und holte zu einem Monolog über die Volksseele aus, die genau wie die Seele des Clans und die Seele der Rasse Individuen benütze, um einen höheren Zweck zu verfolgen. Er brachte Rudolf Steiner ins Spiel, mit dessen Anthroposophie er zwar nichts anfangen könne, der aber ganz richtig den Fehler materialistischer Philosophen aufgezeigt habe, welche die schottischen, irischen und walisischen Nationen nur als gedankliche Verallgemeinerungen begriffen, wo es sich bei ihnen in Wahrheit doch um spirituelle Wesenheiten handele, die wie eifersüchtige Götter über das Wohlsein ihres Reiches wachten. Politik, fuhr er fort, sei nur ein Mittel zum Zweck, eine Erfindung der Menschen, doch der nationale Instinkt sei dem Menschen angeboren. Dann schloss er mit einer Rede, die er trotz des raunenden Tons seiner Stimme mit der Leidenschaft eines Orators vorbrachte: »Politik und Philosophie alleine wären ein brüchiges Fundament, um darauf unser Recht auf Selbstbestimmung zu gründen. Das Verlangen danach fluktuiert mit äußeren Umständen und dem wirtschaftlichen Klima. Aber die emotionale und instinktive Sehnsucht nach Freiheit bleibt unerschütterlich wie Muttergestein. Dieses Land« – jetzt erhob er seine Stimme doch um einige Dezibel – »gehört mir, dies ist der Boden, für den meine Vorfahren ihr Blut vergossen haben und das meine Kinder erben werden. Weder mein heimisches Land noch ich lassen uns länger von einem Pack fremder Parlamentarier manipulieren, die im fünfhundert Meilen entfernten London wie eine Herde Schafe blöken!«

Bei den letzten Worten beugte er sich in seinem schönen Regency-Sessel etwas nach vorne. Nach vollbrachter Rede lehnte er sich wieder zurück, zog an seiner Pfeife und schenkte uns beiden ein neues Glas Malzwhisky ein. Ich war ob solcher Intensität des rechtsgelehrten Mannes mit meiner Weisheit am Ende. Hätte Böll ihm einen Zahn gezogen? Ich sah mich nicht dazu imstande.

Das Dorf wählte den Vorkämpfer der nationalen Sache sehr bald in den Gemeinderat, der Gemeinderat erkor ihn zu seinem Vorsitzenden. Nicht allein wegen seiner von Pathos getragenen Ansichten, man war vor allem der Meinung, seine juristischen Fähigkeiten könnten dem Dorf zum Vorteil gereichen. Ein Maß Hörigkeit gegenüber seinem Stand spielte bei vielen Dörflern ebenfalls eine Rolle. Umso tiefer traf Ian MacNeil eine Zurechtweisung Willie Muirs, der ihm vor einer Sitzung klarmachte, ich, der es gewagt hatte, wegen irgendeiner Geschichte öffentlich gegen Ian Front zu machen, sei ein Einheimischer, da meine Frau »eine von uns ist«, während er hier nur hereingeschneit sei. Das traf ihn sehr tief. Er war, wie vor Sitzungen üblich, schon etwas angesäuselt. Er betrachtete sich als lokaler Sachwalter der großen Aufgabe. Der Raunzer brachte ihn völlig aus dem Konzept. Aber auf lange Sicht behielt er die Oberhand. Nicht er persönlich, er zog wieder weg, er starb, kaum jemand erinnert sich mehr an ihn. Aber seine Vorstellung von der Volksseele und ihrem ewigen Walten unter den Menschen gewann immer mehr Zulauf.

Jedes Jahr am 16. April versammelt sich ein etliche hundert Personen starkes Aufgebot auf einem öden Hochmoor westlich von Inverness und gedenkt des Jahres '45. Die Mannen hüllen sich in grün- und braunkariertes Tuch aus rauem Schaftweed und tragen blauviolette Baskenmützen auf dem Kopf. Im Jahr 1995, der zweihundertfünfzigsten Wiederkehr des Datums, hingen ihre Fahnen mit dem weißblauen Andreaskreuz schlaff unter einem wie von Constable gemalten Himmel im Nieselregen. Über dem Moor lag steinkaltes Schweigen. Das konnte ihrer feierlichen Stimmung keinen Abbruch tun. Bei der Zahl 45 denken Schotten nicht an das Ende des Zweiten Weltkrieges, sondern an die fernere Vergangenheit. »The Forty-five«, die jakobinische Rebellion des »jungen Prätendenten« Charles Edward Stuart, wird von Nationalisten als letzter Akt der Selbstbehauptung gegen den »Verrat von 1707« verklärt, als Aufbegehren gegen die Vereinigung des schottischen mit dem englischen Parlament in Westminster. Die Welt feiert den Sieg über die Nazis. Die Schotten gedenken des in der Schlacht von Culloden niedergeschlagenen Aufstandes gegen das »niederträchtige England«.

Die meisten Menschen finden das possierlich. Doch im Jahr 1995 begann es im nationalistischen Dickicht ernstlich zu rumoren. Zwei Gruppen namens *Scottish Watch* und *Settlers Watch* etablierten sich mit dem Ziel, ein ethnisch reines Schottland zu schaffen. Nur Ausländer, die sich ihrem keltisch-gälischen Diktat unterwarfen, galten ihnen als akzeptabel. Sie sprühten »Siedler raus« auf Brücken, Telefonzellen und von Engländern bewohnte Häuser. Eine fließend Gälisch sprechende Deutsche tat sich als führende Aktivistin hervor. In der Scottish National Party machte sich ein Mann namens Alex Salmond daran, die Partei mit verdaulicheren Parolen hoffähig zu machen. Herr Salmond und ich waren seit Jahren flüchtig bekannt. Ich traf ihn einmal im Londoner Flughafen Heathrow. Wir standen nebeneinander am Schalter von British Airways. Ich, als Vielflieger mit höchster Wertschätzung bedachter Goldkunde: »Selbstverständlich, Herr Luyken, dürfen wir für Sie … Wollen Sie so gut sein …«

Daneben der kartenlose Parteivorsitzende: »Ihr Name?«

»Salmond.«

»Sal… Wie buchstabieren Sie das?«

»S – a – l…« Ein gequälter Blick in meine Richtung. Jedem Laut hörte man seine Herkunft an.

»Wie Lachs (*salmon*) mit einem D hintendran«, lächelte die Check-in-Dame nachsichtig in ihren Computer. Ein Nadelstich wie in rohes Fleisch. Er fasste sich und verabschiedete sich mit einer großartigen, sein gekränktes Selbstwertgefühl überspielenden Geste. Vielleicht dachte er an Gerry Adams. *Parity of esteem*, Gleichheit der Wertschätzung, hieß eine Hauptforderung des IRA-Kommandeurs und Vorsitzenden der *Sinn Féin*. Gewalttätige Nationalisten übten eine eigenartige Faszination auf friedfertigere Glaubensgenossen aus, behauptete der prominente Diplomat und Journalist Conor Cruise O'Brien, der den seltenen Lebensweg vom irischen Nationalisten zum britischen Unionisten beschritt. Seine Mutter diente James Joyce als Vorbild für die gälisch eifernde Miss Ivors in der Novelle *Die Toten*. Er sah seine Biografie parallel zu Joyces intellektueller Entwicklung als lebenslangen Kampf gegen die Sirenenrufe der Cathleen ni Houlihan, der in dem gleichnamigen Bühnenstück des irischen Nobelpreisträgers Butler Yeats glorifizierten Mutter Irland.

Der Nordirlandkonflikt war nie weit weg von Schottland gewesen. Schotten besiedelten die Provinz Ulster vor drei Jahrhunderten im Gefolge des holländischen Statthalters William of Orange. Der nordirische Protestantismus ist schottischer Calvinismus in Reinform. Glasgow Rangers und Celtic Glasgow fochten den Krieg im Stadion aus. Rangers-Fans sehnen sich bis heute trotz eines gesetzlichen Verbots sektiererischer Stadiongesänge danach, knietief durch irisches Blut zu waten, während der Celtic-Anhang Massenmörder der IRA hochleben lässt. Mein Freund Gary Dos behauptet, der harte Kern der Rangers-Hunnen ließe sich für den Fall einer Einlieferung in ein Krankenhaus Anweisungen auf die Brust tätowieren, keine Bluttransfusion vorzunehmen, um ja nicht durch keltisches Blut infiziert zu werden. Aber das wollen wir lieber als Gary-Dos-Story auf sich beruhen lassen.

2012 unterschrieben Alex Salmond, mittlerweile Ministerpräsident der 1999 von Tony Blairs New Labour ins Leben gerufenen schottischen Landesregierung, und Premierminister David Cameron ein Abkommen über ein Unabhängigkeitsreferendum. Der nun in jedem Sinne des Wortes übergewichtige und total von der Unfehlbarkeit seines politischen Gespürs eingenommene Schotte regierte mit absoluter Mehrheit. Gary trug jetzt nur noch Celtic-Trikots. Celtic wurde zum Symbol für das Erwachen Schottlands. Auf YouTube erschien ein vom Celtic-Anhang produziertes, mit dumpfen Trommelschlägen und einer Warnung an Kollaborateure untermaltes Video, das Union Jack schwingende Rangers-Fans als Abschaum der schottischen Geschichte darstellte, als Leute, »die das Knie vor der Königin von England beugen«.

2014, das Referendum rückte näher, begannen Gemeinheiten, Gehässigkeiten und Abscheulichkeiten jede Ader und Vene des öffentlichen Lebens zu vergiften. Die Harry-Potter-Autorin J. K. Rowling spendete der Kampagne zum Erhalt des Königreichs eine Million Pfund und veröffentlichte einen Essay, warum sie sich dazu entschlossen habe. Das rief die sogenannten Cybernats auf den Plan. Sie überschütteten die seit zwanzig Jahren in Schottland wohnende Engländerin im Internet mit fiesen Verbalvergewaltigungen. *Get JK Rowling tae fuck. Her books are pish. Got a specky bastard, a ginga and a squeaky wee bitch fucken about wae wands. Wits up wae that?* Das gehörte seiner Mundart wegen noch zu den akzeptableren Beiträgen. Andere gaben sich keine Blöße. »Fick dich, du Dreckweib«, konnte man in öffentlichen Foren lesen, oder »Du fies stinkende Unionistenkuh, du Sack-Arsch-Fotze«.

Idioten gibt es überall. Der *Daily Telegraph* fand allerdings Hinweise, dass die Cybernats unter direkter Kontrolle von Salmonds Büro agierten. Unionistische Plakate wurden zerstört und übersprüht. Der unionistische Labourparlamentarier Jim Murphy hielt in hundert Tagen hundert Straßenversammlungen ab und warb für die Union. Mairi Thornton, eine gebürtige MacLeod aus Achiltibuie, die ihn bei einigen Versammlungen begleitete, war Tage später noch schockiert, wie nationalistische Horden ihm zusetzten, sogar in der kleinen Ortschaft Gairloch, die jedem Besucher als Inbild freundlich-manierlicher Lebensart erscheinen mag. In Elgin und Inverness wurde er von einem Mob niedergeschrien, der eine ältere Bekannte an die dreißiger Jahre und Oswald Mosleys faschistische Schwarzhemden erinnerte. In Dundee, Montrose und Kirkcaldy nahm die Einschüchterung immer bedrohlichere Formen an. Als ein Skandal drohte, gebot der souverän seine Truppen beherrschende Nationalistenführer ihnen von einem Tag auf den nächsten Einhalt. Sie hatten ihren Zweck erfüllt. Ich hörte von Leuten, die, wenn befragt, ob sie für die Unabhängigkeit stimmen würden, mit Ja antworteten, um Unannehmlichkeiten aus dem Weg zu gehen. Ein gestandener Handwerker erzählte mir, er war in seinem Lieferwagen in Inverurie bei Aberdeen von einer Nationalistenmenge umringt worden. Er hatte dem Auflauf aus Angst vor den Folgen, als Unionist enttarnt zu werden, mit aufgerichteten Daumen seine Zustimmung zu verstehen gegeben. Der Eindruck entstand, die Separatisten hätten die Mehrheit hinter sich, sie besäßen die Meinungshoheit, ihr Kampf richtete sich alleine gegen eine Londoner Regierung, die Schottlands Reichtum nicht hergeben wolle. Vor allem das Öl. Sogar die schottische BBC gab dem Druck der Nationalisten nach. Wenn sie doch einmal auf ihnen nicht genehme Art berichtete, organisierten die flugs eine »spontane« Demonstration vor dem Sender am Pacific Quay in Glasgow.

Die Kampagne erreichte Achiltibuie. In den großen Vorgartenfenstern des holzverschalten »Atelier Brodie« erschienen zwischen den Pötten mit Pinseln und Stiften, der dunkelgold bemalten Büste und der aus Weidenruten geflochtenen Kopfschablone Schilder mit den Buchstaben YES. Einem ihrer vorgefertigten Bekenntnisse für ein unabhängiges Schottland fügte Miss Brodie handschriftlich die Worte »Für Demokratie und soziale Gerechtigkeit« an. Mister McSporran beklebte die Fenster seines Astra GTC rundum mit YES-Aufklebern. Endlich wurde seine Croft einem Nutzen zugeführt, er verpflockte ein von der Kampagnenleitung in Glasgow zur Verfügung gestelltes, überdimensionales YES-Schild aus Holz auf seinem der Volksernährung gewidmeten Stück Land. YES-Schilder aus Plastik erschienen an Straßenschildern und Laternen.

Mein treues Weib heftete Aufkleber mit der unionistischen Antwort »Nein danke« an Schilder, die Ausweichbuchten auf dem sich engkurvig an Bergrücken entlang von der Außenwelt in das Dorf windenden Sträßlein kenntlich machen. Wenige Stunden später waren sie abgerissen. Wir verlegten uns auf Smartmob-Aktionen und verklebten Sticker aus Eigenproduktion mit der Aufschrift »Diese Gemeinde steht für Gemeinsamkeit«. War das nicht Miss Brodies und Mister McSporrans Motto? Die Sticker überdauerten nicht lange, auch wenn wir sie an nur von Fußgängern und Touristen besuchte Stellen verteilten. Ich machte mich auf zu einer Veranstaltung im Gemeindesaal, die ganz neutral unter dem Titel »Yes oder No« angekündigt war, ohne Logos der einen oder der anderen Seite, und zu der jeder Mitbürger »ganz herzlich« eingeladen war. Miss Brodie tischte Gebäck und Kuchen auf. Sie flötete jedem Neuankömmling entgegen, »Tee oder Kaffee?«. Mich blendete sie aus. Für einen Unionisten gab es keine Gelegenheit zu sprechen. Als ich mich erkundigte, warum, erklärte mir einer der zwei angereisten nationalistischen Parlamentsabgeordneten, die unionistische Kampagne hätte eine Einladung zur Teilnahme ausgeschlagen. Als ich es genauer wissen wollte, schließlich war ich ja da, erwiderte er: »Wollen Sie mich etwa ins Verhör nehmen?« Mister MacSporran gab mir mürrisch zu verstehen, dass meine Fragerei fehl am Platze sei.

War ich hier überhaupt noch zu Hause? Sheileagh und ich aßen mit ihrer Zusammenführungs-Cousine Karin – unsere arrangierte Ehe war nun schon fünfunddreißig Jahre alt! – und deren Mann in der Bar des Summer Isles Hotels zu Abend. William Wilding, der aus gutem Grund nur an dieser Stelle dieses Buches vorkommt, und ein mir unbekanntes Mädchen seines Alters klebten sich Hitlerbärtchen auf die Oberlippe und marschierten im Gleichschritt an unserem Tisch vorbei. Wenig später bekam ich einen mit verstellter Handschrift an »Reiner Luyken, Der« – so formuliert »Scheissehaus« adressierten Brief, der eine Hardcorewerbung für ein Potenzmittel enthielt. Ich erwähnte das in einem *ZEIT*-Artikel. Eine Presseagentur bekam davon Wind. Die Story erschien unter der Schlagzeile »Deutscher Journalist behauptet, Schotten seien Rassisten« im *Daily Record*, im *Mirror*, im *Scotsman* und in der *Times*. Das durfte nicht wahr sein. Jeder aufrechte Nationalist weiß, dass Rassismus eine vorwiegend englische Eigenschaft ist. Zu behaupten, Schottland sei so rassistisch wie jedes andere Land in Europa, war ein unerträglicher Tabubruch. Als Nächstes könnte ich ja noch behaupten, Schotten hätten keinen höher entwickelten Sinn für Gleichheit und soziale Gerechtigkeit als Engländer!

Im Internet brach ein Sturm los. Ullapools Nationalistenbrigade hämmerte in ihre Computer, ich sei »ein beschissener Saftarsch« und »ein vollgewichster Drecksack, dem ich meine Meinung aber direkt ins Gesicht gebe, wenn ich ihn treffe«, »Man braucht ja nur die Scheiße lesen, die er in der *Ullapool News* verbreitet«, »Warum verpisst er sich nicht, wenn er aus Angst vor rassistischer Anmache nicht einmal mit seiner Alten in den Pub gehen kann?«, und so weiter und so fort, jeder Kommentar mit zahlreichen *like*-Däumelchen versehen. Einer der Däumlinge war ein ehemals getreuer Wegbegleiter, dem das Glaubensbekenntnis zur Nation wichtiger geworden zu sein schien als Freundschaft.

Die »Scheiße in der *Ullapool News*« bezog sich auf zwei Leserbriefe in dem lose zusammengehefteten Wochenblättchen, dem wir entnehmen, wer Kleinvieh und wer einen Schafanhänger verkauft, um wie viel Uhr die Sitzung des Dorfhallenkomitees und die des Ausschusses zur Verwaltung der Weideflächen von Altandhu, Reiff und Camuscoillie angesetzt ist, und wer einen mit der Formel »Lieber Herausgeber« eingeleiteten Leserbrief verfasst hat, und dessen Auslieferung vor vielen Jahren fast einmal von der Polizei vereitelt worden wäre, hätte ein auf einem total illegalen Krad durch das Dorf knatternder Höllenreiter nicht blitzschnell reagiert und den Streifenwagen abgeschüttelt, woraufhin ich ihn an sein Ziel brachte. Eine Episode, die den wahren Charakter Achiltibuies für beide Beteiligten viel mehr widerspiegelt als das große Wort vom Schottischen.

In der ersten Epistel schrieb ich, »Als ich in den Sechzigerjahren in München aufs Gymnasium ging, war die europäische Geschichte von den ägyptischen Pharaonen bis zum Chaos der Zwanzigerjahre ein Hauptfach. Kleine Länder kamen darin kaum vor, es sei denn, es handelte sich um Imperialmächte wie das Athen des vierten vorchristlichen Jahrhunderts oder das Österreich der Habsburger. Schottland war eine Ausnahme. Es war das Schottland des achtzehnten Jahrhunderts, das Schottland der Aufklärung, die Heimat von David Hume und Adam

Smith. Ich hatte das Bild eines Landes im Kopf, in dem Vernuft, Empirismus und Toleranz über Provinzialismus triumphierten. In Achiltibuie fand ich dieses Bild bestätigt. Willie Fraser, der Großonkel meiner Frau, war ein stolzer Schotte, aber wenn es ans Eingemachte ging, sagte er zwar, er sei ein Jakobiter, doch er war froh, dass ›die andere Seite‹ gewann.

Die andere Seite – das war das Schottland der Aufklärung, die den modernen britischen Staat formte und die Grundlage für die heutige europäische Ordnung schuf. Was dieser Ordnung vorausging, hat sich mir tief in mein geschichtliches Gedächtnis gegraben. Kurz vor dem Ersten Weltkrieg heirateten meine mütterlichen Großeltern heimlich in London; ihre Eltern hatten die damals notwendige Zustimmung verweigert. Meine korsische Großmutter war die Tochter eines in der französischen Armee dienenden Offiziers, die Familie meines Großvaters war in dem deutschnationalen Strudel ihrer Zeit befangen. Er überlebte die Schlacht. Aber nicht lange nach dem Krieg verübten er und seine junge Frau Selbstmord. Meine Mutter war vier Jahre alt. Heute erscheint ihr tragisches Schicksal in einem zerrissenen Kontinent wie eine Erzählung aus einer anderen Ära. Das ist sie auch – aber jede Friedensordnung ist brüchig, sogar eine, die so alt und beständig ist wie die Union der britischen Nationen. Deshalb mache ich mir Sorgen über den anschwellenden Bocksgesang des Nationalismus. Ich finde es merkwürdig, dass offenbar immer mehr Menschen in einer kleinen und unbedeutenden Welt zu Hause sein wollen, die ein unabhängiges Schottland sein würde; dass sie nicht mehr Teil einer viel größeren und bedeutenderen Einheit bleiben wollen. Bedeutung erfordert oft schwierige Entscheidungen. Das Schottland der Aufklärung hat sich nie um Verantwortung im Rahmen der weiteren Welt gedrückt.

Ich verstehe auch nicht, warum die Separatisten eine Ordnung umstürzen wollen, unter der niemand leidet, es sei denn, man interpretiert den Transfer von in Schottland erwirtschaftetem Überschuss an weniger bemittelte Teile des Königreichs als Benachteiligung. Ich würde das Solidarität nennen. Die Europäische Union baut auf demselben Prinzip auf. Kein Wunder, dass kein europäischer Politiker von gemäßigt links bis gemäßigt rechts ein Auseinanderbrechen Großbritanniens gutheißt. Ein Ende des Königreichs, das ist der Konsens, würde anderen separatistischen Bewegungen Auftrieb geben, für die Solidarität ebenfalls ein Fremdwort ist. Letzten Endes bin ich jedoch überzeugt, dass die meisten Schotten einsehen werden, dass es nicht nur töricht, sondern auch arrogant wäre, die Interessen Großbritanniens und Europas in den Wind zu schlagen – die Interessen größerer Formationen, in deren Geschichte Schottland eine entscheidende Rolle gespielt hat und spielen wird. Nationalistische Aufwallungen mögen weniger stabile Nationen überwältigt haben. Schottland ist zu gefestigt, um Populismus und romantischen Vorstellungen zu erliegen.«

Mein zweiter Brief konstatierte kurz und bündig: »Die Entscheidung geht um eine Idee. Die Idee beinhaltet eine wunderbare Mischung unterschiedlicher Ansichten, auseinanderstrebender Philosophien, Überspanntheiten, Kunstformen, sie beinhaltet Erfindungsreichtum und eine Wertschätzung von Wissen, zusammengehalten durch Pragmatismus und Toleranz, gewürzt mit Ironie und Skeptik. Diese Idee heißt Großbritannien. Wer nach Schottland zieht, wird nie ein Schotte, genau wie niemand zum Engländer wird, weil er in England lebt. Aber jeder kann Brite werden. Es ist eine wunderbar offene und inklusive Idee. Wie alle Ideen wird sie nicht immer in die Wirklichkeit umgesetzt. Aber dafür gibt es Wahlen. Die Abstimmung über die Unabhängigkeit ist keine Wahl. Die Entscheidung ist unumkehrbar. Es ist eine Entscheidung darüber, ob die große Idee ihr Ende finden wird oder nicht. Gegen die Unabhängigkeit zu stimmen ist deshalb kein negatives Statement: Es ist eine positive Stellungnahme für eine der größten Errungenschaften der europäischen Geschichte.«

Mit solchen Ansichten überschritt ich Grenzen, die in der fiebrig nationalistischen Erregung selbst Bildungsbürger ertragen konnten. Eine alte Bekannte, ich würde sagen: Freundin, sie ist Kunstmalerin, fuhr mich an: »Du kannst da gar nicht mitreden. Du verstehst uns Schotten nicht.« Fast alle Kulturschaffenden und die meisten Intellektuellen hatten sich auf die Seite der Volksseelenverweser geschlagen. Der für höhere Seelenverwesung zuständige Vorsitzende der Synode unserer *Free Church* David Robertson, der sich in der Tradition der radikalcalvinistischen Covenanters voll in den Dienst der nationalistischen Agitation gestellt hatte – die Covenanters wehrten sich im 17. Jahrhundert gegen die Bundestheologie der protestantischen Staatskirche – und Tag und Nacht auf Facebook den Gospel der Scottish National Party verbreitete, brandmarkte mich als Lügner und sein Land verunglimpfenden Fremdling.

Unser nächster Pubbesuch, wieder mit unserer Eheeinfädelungs-Cousine und ihrem Gatten, gestaltete sich zu einem Spießrutenlauf durch eine vor dem Eingang rauchende, unter dem Namen *kack pack* firmierende Gruppe, die mich mit »Hallo, du Schwanz« begrüßte. Mich beschlich das Gefühl, Schottland sei tatsächlich nicht mehr meine Heimat. Ich fühlte mich wie von geistiger Zahnfäule befallen. Ich stellte mir vor, dass Juden im Deutschland der zwanziger Jahre ähnliche Heimsuchungen erlebten. Dann, am Vortag der Abstimmung, hielt der Altpremier Gordon Brown eine Rede in Glasgow. Brown ist schottisches Urgestein und Brite durch und durch. Als Premierminister hat er nicht viel hergemacht. Aber jetzt entriss er in zwanzig Minuten seine und meine Heimat den gierigen Klauen derer, die sich als alleinige Statthalter schottischer Sittengesetze in Szene gesetzt, die mit ihren Mobs die Straßen und mit den Cybernats das Internet unsicher gemacht hatten. Es war eine grandiose Rede. »Lasst nicht engherzigen Nationalismus auseinanderreißen, was wir gemeinsam geschaffen haben«, rief er. »Dies ist unser Schottland. Schottland gehört nicht der Scottish National Party, Schottland gehört nicht der Unabhängigkeitskampagne, Schottland gehört nicht Herrn Salmond. Schottland gehört uns allen.« Er sprach voll Pathos, ein Prediger schottischer Weltoffenheit, dem zu guter Letzt der Kragen geplatzt ist. »Unsere Flagge ist nicht ihre Flagge, dies ist nicht ihr Land, ihre Kultur, die Straßen sind nicht ihre Straßen. Dies ist unser aller Flagge, unser aller Land, unser aller Kultur, die Straßen gehören uns allen. Wir, die wir gegen die Unabhängigkeit stimmen, lieben dieses Land kein bisschen weniger. Aber unser Schottland ist kein Land der Beleidigungen, der Pöbelei und öffentlicher Beschimpfungen. Die Idee der Solidarität durch den Schmutz zu ziehen – das ist nicht ein Schottland, in dem ich mich wiedererkenne. Wir müssen sicherstellen, dass unser Schottland ein Land des Anstands und des Füreinanders bleibt.«

Ich hörte mit Tränen in den Augen zu. Nie in meinem Leben lauschte ich einer Rede derart hingerissen. Sie war mein Rettungsanker und meine Hoffnung.

Die Abstimmung verlief wie jede andere Wahl geradezu ernüchternd normal. Das Wahllokal in der Dorfhalle war wie immer von sieben Uhr früh bis um zehn Uhr abends geöffnet. Wir zögerten den historischen Augenblick unserer Stimmabgabe so weit wie möglich hinaus. Um acht Uhr abends ertrugen wir die Spannung nicht länger. Fast ein Dutzend Wagen parkten vor dem in einer großen Londoner Zeitung einmal als »überdimensionierter Hangar mit Giebeldach« beschriebenen Gebäude. Würden wir uns in eine Schlange einreihen müssen wie die Menschen in Südafrika bei ihrer ersten freien Wahl?

Niemand stand Schlange. Der Wahlstubenleiter und seine Beisitzerin warteten auf Kundschaft. Die Autos gehörten Damen eines gewissen Alters, die sich in der verdunkelten Turnhalle unter Anleitung eines schmalbrüstigen Gurus schweigend in Yogaübungen verrenkten. Ich hatte in der Aufregung meine Lesebrille vergessen. Die Beisitzerin lieh mir ihre. Man konnte eigentlich keinen Fehler machen, Yes und No waren groß genug gedruckt, dass auch ein Halbblinder die Kästchen auseinanderhalten konnte. Aber sicher ist sicher. Eine einzige Stimme konnte das Referendum entscheiden. Ich faltete meinen Zettel zusammen und steckte ihn mit großer Gebärde in die altmodische Stahlkiste.

Ich konnte die ganze Nacht nicht schlafen. Zu jeder vollen Stunde stand ich auf und checkte den neuesten Stand am Computer. Die Auszählung zog sich endlos hin. Dann, um fünf Uhr morgens, stand fest – wir hatten gewonnen! Wir waren die Sieger! Schottland bleibt Schottland!

Ich setzte mich an den Computer und verfasste einen Kommentar für *ZEIT* online. Er begann so: »Nun wissen wir es also. Schottland bleibt Teil des Königreichs, die Separatisten sind gescheitert. Mit sich alleine im Wahlkabäuschen gingen doch mehr Schotten als vermutet in sich; die Entscheidung, eine über drei Jahrhunderte alte Union zweier Nationen zu zertrümmern schien den versprochenen Preis nicht wert, trotz aller nationalistischer Rhetorik, trotz der Begeisterung, von der sich vorübergehend eine Mehrheit mitreißen ließ, trotz des neuen Gemeinschaftsgefühls, das so sinnstiftend und moralisch erstrebenswert schien, solange man nur darüber redete. Den großen Schritt, den Bruch mit einem kleinen Kreuz in die Tat umzusetzen, wollte dann doch nur weit weniger als das halbe Volk tun. Die Gewinner jubeln über einen deutlicheren Sieg, als es die Umfragen vorausgesagt hatten. Die Verlierer, die sich ihrem Ziel schon so nahe sahen, versuchen über ihren Kater hinwegzukommen. Der ominöse ›Tag der Abrechnung‹, den ein Nationalistenführer den Unionisten angekündigt hatte, bleibt aus.

Aber Schottland wird ein tief gespaltenes Land bleiben. Die Nationalisten haben ihren unionistischen Landsleuten zu viel Verletzendes an den Kopf geworfen, sie haben sie als Verräter und Speichellecker des englischen Establishments beschimpft. Langjährige Freundschaften sind zerbrochen. Familien zerstritten, Geschwister gehen sich aus dem Weg. Eine Bekannte versucht ihre Ehe zu retten, indem sie jedes politische Gespräch mit ihrem Mann vermeidet. Innere Feindseligkeit war eine Konstante schottischer Geschichte vor der Union 1707. Der Historiker Niall Ferguson nennt seine Heimat Europas Afghanistan. Erst der Zusammenschluss mit dem friedlicheren England, so Ferguson, stoppte die Selbstzerfleischung durch Stammesherren und religiöse Fundamentalisten. Nach der Union verwandelte sich der *failed state* in ein Silicon Valley des achtzehnten Jahrhunderts. Er versteht die Einschüchterungskampagne der Nationalisten als Wiederaufflammen alter Gewohnheiten. Wie immer die Schotten nun mit den Geistern, die sie riefen, fertig werden – das restliche Europa muss das Drama, das sich hier abspielte, als Warnung für den ganzen Kontinent verstehen. In Europa gibt es viele Schottlands.«

Am Morgen nach der Abstimmung fuhr ich im Bus nach Ullapool. Mein vor achtzehn Jahren von der mittlerweile aufgelösten Firma IBC Vehicles Ltd. im englischen Luton zusammengeschraubter und zusehends verbeulter Pickup wartete nach einer wieder einmal fälligen Reparatur in der Werkstatt. Unser Busfahrer heißt Angus. Er war ein Teenager, als ich nach Achiltibuie kam, im Sommer arbeitete er in der Lachsstation und trug beim Netzeflicken einen schwarzen Bowler. Wir mochten uns immer gut leiden. Einmal kam er mit mir nach Deutschland. Wir gingen aufs Oktoberfest und erkletterten steile Schluchten in den österreichischen Alpen. Die Menschenmengen in München machten ihn sprachlos, die abschüssigen Täler verängstigten ihn. Nach der Schule wollte er Polizist werden, aber das ging nicht lange gut. Er war viel zu nett. Er freundete sich mit Missetätern an und lud sie auf ein Bier ein, anstatt ihnen Bußgelder abzuknöpfen. Danach ging er zur Universität, studierte Soziologie und machte einen Doktor. Sein Doktorvater dirigierte ihn in eine Richtung, an deren Ende keine Karriere wartete. Angus ist seither unser Busfahrer. Zweimal am Tag steuert er sein schaukelndes Gefährt mit gutgelaunter Gelassenheit über das kurvige Sträßchen in die Außenwelt. Abends kümmert er sich um seine Schafe. Ihm ist keine Spur von Bitterkeit anzumerken. Ganz im Gegenteil, er ist einer der wenigen Menschen, von denen ich meine, sie seien auf stille Art glücklich.

Angus strahlte. Er hatte mir erzählt, ihn hätten ganz ähnliche Gefühle wie mich beschlichen. Einheimischer als er konnte man nicht sein, seit Generationen lebten sämtliche seiner Vorfahren auf unserer Halbinsel. Doch auch ihm wurde suggeriert, nicht mehr »dazu«zugehören, sich nicht wie ein »richtiger« Schotte zu benehmen. Er hatte sich als Nein-Wähler geoutet. Schließlich sah er sich selber immer weniger als Schotte. Als Brite, ja, aber seiner engeren Heimat entfremdet. Wir fuhren am Haus seines Bruders vorbei, Ali Post, dem wir gleich am Anfang dieses Buchs begegnet sind, und der mich oft an den noblen und zugleich stocksturen Helden in Robert Louis Stevensons Roman *Kidnapped* erinnert, an Alan »Breck« Stewart, dem mehr als alles andere seine leicht gekränkte Eitelkeit zu schaffen macht. Ali Post hatte mit wetterfester Farbe, die eigentlich für das Markieren von Schafen gedacht ist, in großen Lettern YES auf seinen Schober gesprüht. »Hoffentlich kriegt er die nie wieder weg«, bemerkte Angus spöttisch.

In Ullapool hingen blaue Nationalistenflaggen mit dem Andreaskreuz und einem darauf gedruckten YES schlaff von ihren Fahnenstangen. Es war diesig, kein Lüftchen rührte sich. Im Supermarkt traf ich meine Tochter Siân und ihren dreijährigen Sohn Sandy. Ich ballte meine Faust zur Siegesgeste. Sie legte ihren Zeigefinger an die Lippen. »Psst«, flüsterte sie. »Ullapool ist noch nicht so weit.« Ullapool glich einem aus der Narkose erwachenden Patienten. Die örtlichen Nationalisten hatten sich in einen voreiligen Siegestaumel gesteigert. Sekundarschullehrer hatten unser Wochenblättchen mit Episteln für die Unabhängigkeit überschwemmt. Sie hatten sogar in der Grundschule eine Probeabstimmung initiiert, bei der sechzig Prozent der Kinder die Unabhängigkeit unterstützten. Siâns fünfjährige Tochter hatte ihren schockierten Eltern die Nachricht mit nach Hause gebracht, sie hoffe, Schottland werde unabhängig, »damit die Briten sich nicht mehr bei uns einmischen«. Ihr Vater ist Engländer. Siân lud mich zur Feier des Tages zu Kaffee und Kuchen ein. Ich schlug den Ceilidh Place vor, Ullapools angesagtester Treff, der Besuchern nur noch auf Gälisch kundtut, was sie drinnen erwartet. »Okay, aber bring mich bitte nicht in Verlegenheit!«, flehte sie mich an. Das Gasthaus gehört einer prominenten Nationalistin, die im Edinburgher Parlament ein Hochlandmandat vertritt. Sie war nicht da, nur ihre Tochter. Die vermied Augenkontakt. Ich nahm mir die Bitte meiner Tochter zu Herzen und beschränkte mich auf wohlwollende Bemerkungen über ihr Baby.

Der Smalltalk währte nicht lange. An der Bar ließ sich ein junger Mann mit *fucking* dies und *fucking* das darüber aus, dass Schottland sein Land sei, niemand könne es ihm stehlen. Seine Augen leuchteten aggressiv. Seine Kumpel schütteten schweigend ein Bier nach dem anderen in sich hinein. Wir setzten uns abseits an einen Tisch. Am späten Nachmittag des emotionsvollen Tages kündigte der nationalistische Rattenfänger Alex Salmond seinen Rücktritt mit einer Anleihe bei Ted Kennedy an: »Der Kampf geht weiter. *The dream will never die.*« Am Abend brachen in Glasgow Unruhen aus. Der Bodensatz des Rangers-Anhangs machte Jagd auf Nationalisten, die seit dem Vorabend den George Square im Stadtzentrum besetzten, den sie Freedom Square nannten. Bobbys trieben die Randalierer mit Schlagstöcken auseinander, berittene Polizisten drängten *Rule Britannia* grölende Hetzer in Seitenstraßen ab. Erst um zwei Uhr morgens kehrte Ruhe ein. Ich musste wieder an den Historiker Niall Ferguson denken, der sein Heimatland als einen *failed state* der Geschichte beschreibt, an die der Union vorhergehende Selbstzerfleischung durch lokale Machthaber, Warlords und religiöse Fundamentalisten. Im Internet schlug mir die Empörung der Besiegten entgegen. Mister McSporran hämmerte wutentbrannt in seine Facebook-Chronik: »Nein-Wähler, entfreundet euch und hebt euch die Beschämung für später auf … Ihr kotzt mich an, ihr Feiglinge und Verräter, ihr seid der Abschaum. Jetzt schaut, wie ihr zurechtkommt. Von mir werdet ihr keine Wir-gehören-alle-zusammen-Reden hören. Das tun wir nicht. Verpisst euch.«

Der Kirchenmann David Robertson gab zum Besten, »Angstmacherei und schnöde Mammonverehrung haben gesiegt«, und zitierte den Nationaldichter Robert Burns: »Verkauft und verraten wurden wir für englisches Gold von den Schurken in unserer Mitte«. Eine eigentlich sehr intelligente Freundin wollte schlechterdings nicht wahrhaben, dass das Volksbegehren den Bach hinuntergegangen war. »Wo sind denn all die feiernden Wahlgewinner«, jammerte sie, »wo ist die sogenannte Mehrheit? Schottland trauert, Schottland ist mit Schmerz erfüllt. Etwas ganz Schlimmes ist passiert.«

Sie schloss sich einer neuen Volksbewegung an, die nannte sich »45« nach der schicksalsschweren Zahl, die das ja schon erwähnte, geschichtsschwangere Jahr 1745 wachruft, vor allem aber für die fünfundvierzig Prozent »entrechteter« Wähler steht. Die 45er setzten Gerüchte in Umlauf, es gäbe zahllose Beweise für Wahlbetrug. Bald schwirrten Videos von Stapeln angeblich falsch ausgezählter Wahlzettel im Internet herum. Verschwörungstheorien machten die Runde, warum das Zählzentrum bei Edinburgh nach einem Feueralarm zwei Mal kurz evakuiert worden war. Edinburgh hatte mit großer Mehrheit gegen die Unabhängigkeit gestimmt. Ein vom Kreml entsandter Wahlbeobachter gab zum Besten, das Referendum habe internationalen Standards nicht entsprochen. Die 45er forderten eine Neuauszählung unter Aufsicht internationaler Beobachter. Eine Petition brachte es in kürzester Zeit auf fast hunderttausend Unterschriften. Die Scottish National Party rekrutierte Zehntausende Neumitglieder. Bald machte ein Pamphlet die Runde, das »bewies«, der Geheimdienst MI5 habe die Abstimmung manipuliert.

Ich schrieb auf meinem Blog: »Ich habe lange darüber nachgedacht, aber ich kann absolut nicht glauben, dass 55 Prozent meiner Mitbürger es für wahr halten, dass Ross County bis heute alle Spiele in der schottischen Premier League verloren hat. Das kann einfach nicht sein. Ross

County startete die Saison als Meisterschaftsfavorit. Ich bin einer der stolzen 45 Fans, die überzeugt sind, unser Verein wurde betrogen. Sogenannte Schiedsrichter machten gemeinsame Sache mit der elitären Tory/Cameron/Eton-Gang, mit den thatcheristischen Verrätern der Labourpartei und den verachtungswürdigen Speichelleckern der Liberaldemokraten. Russische Experten, die auf Geheiß Präsident Putins Ross Countys angebliche ›Niederlagen‹ beobachteten, sind zu dem einhelligen Urteil gelangt, dass es dabei nicht mit rechten Dingen zuging. Wir, die 45, fordern eine Wiederholung aller Spiele unter Aufsicht internationaler Torzählspezialisten. Schottland trauert, Schottland ist mit Schmerz erfüllt. Etwas ganz Schlimmes ist passiert. Was die Situation besonders verschlimmert ist die Tatsache, dass das Londoner Establishment den Abtritt unseres Trainers Alex ›der Rote‹ Hering erzwang. In seiner bewegenden Abschiedsrede rief er uns 45 Anhängern zu, ›Der Kampf geht weiter. *The dream will never die.*‹ Wir werden ihm die Treue halten.«

Vielleicht gibt es lustigere Persiflagen. Aber ich fand das einen für meine Verhältnisse ganz guten Versuch. Er trug mir eine Abmahnung von einem Unionistenfreund ein, der sonst zu jedem Blödsinn aufgelegt ist. Bitte keine Triumphgebärden, mahnte er mich. Er habe Nachbarn, die fast ein halbes Jahrhundert ihres Lebens der schottischen Unabhängigkeit gewidmet hätten. Die trauerten tatsächlich, sie seien am Boden zerstört. »Du darfst dich nicht über sie lustig machen.«

Das zum schottischen Witz, wenn Schotten die Schotten dichtmachen.

Neil MacKenzie bei Sians Hochzeit

Neil MacKenzie

Ein Jahr ist seit dem ersten Kapitel vergangen. Siebenunddreißig Jahre ist es her, seit ein Hans Castorp im zweiten Kapitel seinen Zauberberg nicht in den Schweizer Alpen, sondern im schottischen Hochland fand. Jetzt ist er ein alter Mann und hat fünf Enkelkinder. Der Kradfahrer, der heute sein sattelloses Gefährt wie einen Bronco über das Moor reitet, ist ein Sohn jenes Auslieferers der *Ullapool News*, den sich die Polizei im dritten Kapitel wegen seines total gesetzwidrigen Verkehrsmittels beinahe geschnappt hätte. Den Bewohner des langgestreckten, einstöckigen Baus mit zwei Speichergaupen im Schieferdach und dem modernen Glasvorbau, in dem früher Granny Muir wohnte, diesen ergrauten, stoppelbärtigen Junggesellen, der sich selbst nur P. nennt, haben wir nicht nur »erst einmal« in Ruhe gelassen, wie wir uns am Anfang dieses Buches vornahmen, weil er immer »zu tun« hat, sondern bis zum Ende. Wir sollten dennoch erwähnen, dass er sich wie Mister MacSporran einen Bart wachsen ließ. Neben diesen Vorkommnissen eher lokaler Bedeutung war 2014 sicher eines der aufregendsten Jahre schottischer Geschichte seit 1707. Wir – aus dieser Formulierung lässt sich ersehen, dass das naive Ich des modernen Hans Castorp sich nun als ein Teil von Schottland begreift, obwohl er nie ein Schotte sein wird, dazu ist dieses Volk viel zu sehr in sich abgeschlossen –, wir haben mit ziemlich überwältigender Mehrheit die vor über drei Jahrhunderten von unserem und dem englischen Parlament getroffene Entscheidung abgesegnet, beide Länder in Großbritannien zu vereinigen. Aber ich möchte so ein Jahr nicht wieder erleben. Ich werde zu alt für diese Art menschenentzweiender Demokratie.

Beim Neujahrsfrühstück raune ich meinem nach wie vor heißgeliebten Weib zu, »wieder dem Tod ein Jahr näher«. Sheileagh gibt zurück, »sei nicht so moros«.

Es ist an der Zeit, von den Schlenkern in die Welt der Fantasie, von den meiner Einbildung entsprungenen Chimären und ihren Machenschaften in das wahre Achiltibuie zurückzufinden, an jenen glücklichen, wenngleich etwas langweiligen Ort, in dem sich jeder mit jedem versteht, alle einen gemeinsamen Lebenszweck verfolgen und in dem es keine Hast und keine Hetze gibt. Wo die Menschen Zeit füreinander haben. Wo sie sich lustige Geschichten erzählen, zu *Cèilidhs* treffen und ihren Harfen und Violinen in gemeinsamer Anstrengung zugegebenermaßen oft kratzige, aber von Herzen kommende Weisen entlocken. Jener Ort also, der auch Killochyett, Auchtermuchty, Muldoanich oder Stromness heißen könnte. Das *Ba'game* ist unentschieden ausgegangen. Am späten Nachmittag des Neujahrstages trifft sich die Gemeinde in der Dorfhalle, um gemeinsam das neue Jahr zu begehen. Midge Drake und ihr Männe Pete eilen wichtigmienig mit unter den Arm geklemmten Geigenkästen herein. Ali Post trägt sein Neujahrslächeln zur Schau. Alis Schwester Sheila bringt mit Sandwiches beladene Teller und berichtet, ihre Tochter Eilean – jene feingliedrige Eilean, die bei unserem ersten *Ba'Game* unseren blondschöpfigen Freund Neil MacKenzie erbarmungslos durch die Luft segeln ließ – sei nicht mitgekommen, weil sie in der letzten Nacht bis um halb vier Uhr früh gälische Lieder gesungen habe. Wie stolz sie ist, dass Eilean *gälische* Lieder singt und keinen englischen Schmalz!

Meine nur ihren Namen gälisch buchstabierende Sheileagh findet die Gemeindeseligkeit zu harmonisch. Sie bestimmt, wir sollten Murdo und Sandra »Scallie« MacLeod besuchen, die sich der Eintracht entzogen haben. Murdo ist ihr Vetter und ein Neffe jenes großknochigen, halsstarrigen Schafbauern Kenny Stewart, der nie ohne einen Hirtenstab und einen im amerikanischen Montana erworbenen Hut anzutreffen war, wo er etliche Jahre die Herden einer riesigen Farm hütete, bevor das Heimweh ihn zurück nach Achiltibuie trieb, dem wir im Dudelsackkapitel mit seiner selbstgefertigten Sackpfeife zuhörten und dem wir während eines von ihm provozierten Altmännerstreites wiederbegegneten. Murdo hat einen Charakterschädel wie sein Onkel. Sandra, das haben wir ebenfalls schon erfahren, nimmt nie ein Blatt vor den Mund. Sie ist eine geborene Komödiantin. Drei Stunden lang hält sie uns mit ihren Sketchen gefangen, mal über den offenbar nicht gerade düsengetriebenen Freund ihrer Tochter, der jeden Satz mit *hey, man* beendet, mal über einen Pubbesuch mit Murdo im Schwulenviertel in Edinburgh, dann über den Delikatessenladen in Ullapool, in dem sie ihre Mittagsbrötchen kauft, um die Vorurteile ihrer Arbeitskolleginnen im Altersheim zu schüren, dass wir in Achiltibuie versnobte Typen seien, für die Sandwiches aus dem Supermarkt nicht gut genug seien. In ihrer

Starrolle des Abends spielt sie mehrere Rollen zugleich auf einer Konferenz des örtlichen Gesundheitskomitees, bei der sie von einem Fettnäpfchen ins nächste tritt, weil sie nicht weiß, was alle anderen Teilnehmer wissen, nämlich, dass einer der Doktoren nach einer Affäre mit der Frau eines Kollegen von seiner Gemahlin den Laufpass bekam und sich vor seinem Wegzug von allen Anwesenden verabschieden will.

Auf der Heimfahrt schauen wir noch einmal auf dem Gemeindefest vorbei. Da tummelt sich nur noch der harte Kern. Der Vorsitzende des Dorfhallenkomitees verkündet nach dem soundsovielten auf ex hinuntergekippten Glas, jetzt habe er genug. Er verfällt auf seinem Stuhl in trunkenen Tiefschlaf und benässt sich. Der grundgute und schwerhörige Ian »Babba« MacLeod, den eine Dame älterer Jahre namens Eleanor Puddleduck in unseren Ausflügen in die Fantasiewelt der Zugehörigkeit zu einer *Free-Church*-Mafia bezichtigt hatte, strahlt wie die in Kriegsnöten unter Whiskyentzug leidenden Crofter der Insel Eriskay, nachdem ein Frachter 1941 auf Grund gelaufen war und dessen Cargo von fünfzigtausend Kisten des bernsteinfarbenen Safts ihnen einen neuen Daseinsinhalt bescherte. Jene Insel, deren Boden Sheileagh und ich vor vielen Jahren auf unserer hastigen Flucht vor der durch unsere voreheliche Liebesbeziehung ausgelösten Schmach kurz betraten.

Die Tage nach Neujahr waren früher Tage gegenseitiger Hausbesuche. Man trank und räumte vom alten Jahr übriggebliebene Missstimmungen aus. Dieses Jahr traut sich kaum jemand auf die Straße. Unsere Regierung hat die Promillegrenze herabgesetzt, die Polizei tut sich durch fundamentalistischen Diensteifer hervor. Sie verschafft dem neuen Gesetz Geltung, als habe John Knox es persönlich verhängt, sie veranstaltet zu jeder Tag- und Nachtzeit Razzien mit unmarkierten Streifenwagen, errichtet Straßensperren und stoppt jedes Auto. Wir ducken uns. Wir sind auf unserer entlegenen Halbinsel, wie schon einmal erwähnt, ein ziemlich obrigkeitshöriger Verein geworden. Nur bei seltenen Anlässen begehren wir verzagt auf. Letzten Sommer zum Beispiel, als ein selbstherrlicher Bürokrat die Sperrung des alten Piers anordnete, der Landebrücke eines Dampffrachters vor dem Bau einer Straße im frühen 20. Jahrhundert, von dem in jüngerer Zeit Angler Makrelen und Rochen fingen und Ausflugsboote zu den Summer Isles ablegten. Angeblich stellte dieser Pier plötzlich eine Gefahr für Leib und Leben dar. Am Morgen nach der Sperrung lag das drei Meter hohe Gittertor, das der Regionalverwaltungsmann aufrichten ließ, im Meer. Als ein gesetzestreuer Bürger ihm das mitteilte, ließ er eine zweite, diesmal mit schweren Ketten befestigte Absperrung bauen. Am folgenden Morgen lag auch die im Wasser. Wieder meldete ihm das einer unserer Braven. Der Staatsdiener rastete aus und strengte eine Strafverfolgung gegen Unbekannt wegen vorsätzlicher Lebensgefährdung an, ein Delikt, das mit lebenslänglichem Gefängnis geahndet werden kann. Ein paar Tage herrschte fast so etwas wie Ausnahmezustand. Die Polizei fuhr täglich Streife, verhörte ein paar Leute, fand aber nichts heraus. Doch das Gittertor blieb seither an Ort und Stelle.

Am zweiten Januar besuche ich Kenny Manager. Er füttert Schafe in seinem Schober, in dem er einmal einen Minister der schottischen Regierung zur Schnecke gemacht hatte, als der kam, um den von seinem Amt bezuschussten Bau zu eröffnen. Wenn er in Fahrt ist, hält niemand unseren Manager auf. In der Küche stoßen wir auf das neue Jahr mit zwei kleinen Gläschen an, die im Regal der MacLennans einen Ehrenplatz einnehmen. Auf den Gläsern sind die Buchstaben S&J und die Jahreszahl 2008 eingraviert. S&J steht für Siân und James. Jeder Gast auf der Hochzeit unserer ältesten Tochter bekam ein Glas. Mittlerweile ist deren drittes Kind geboren, sie halten sich beim Nachwuchszeugen an das Vorbild ihrer Eltern. Die Hochzeit war die letzte echte Hochlandfeier, bei der sämtliche einhundertzwanzig Gäste nach alter Tradition verköstigt wurden. Ich kann mich nicht mehr erinnern, tischten wir zwanzig oder dreißig *poached salmon* auf? *Poached* bedeutet »pochiert«. Das Wort beschreibt aber auch eine Art des Fangs, mit der sich Misses Longstaff in ihren Tagen um des Teilens willen abfand. Das Hochzeitsmahl erfüllte beide Kriterien.

Kenny erzählt mir eine dieser wunderschönen Geschichten aus alter Zeit, die man an Neujahr austauscht. Der alte Donnie Shaw, einer der drei »Ds«, fuhr seinerzeit mit dem Fahrrad durchs Dorf, gefolgt von einem zahmen Kalb, zwei zahmen Lämmern und einem ihm treuergebenen Collie. Ganz in unserer Nachbarschaft stand damals eine Wellblechhütte, die als örtliches Schlachthaus diente. Dort hatten sie gerade einer alten Zibbe den Garaus gemacht, als Donnie Shaw des Weges radelte. Damals wurde viel geteilt; er bekam einen Zinkeimer mit Blut und einen zweiten Eimer mit Talg zum Blutwurstmachen. Er hängte die Eimer rechts und links an seine Lenkstange und machte sich auf den Nachhauseweg, jedoch erst nach dem

Genuss von ein paar Gläschen des bernsteinfarbenen *juice of the barrel*. Kurz vor der Abzweigung zu seinem Haus stürzte er und verhedderte sich hoffnungslos im Gestell seines Fahrrads und in einem Zaun. Der Bluteimer ergoss seinen Inhalt über ihn. So fand ihn ein Tourist. Der geriet in Panik, stürzte ins nächste Haus und rief die Bezirkskrankenschwester zu Hilfe, Sheileaghs Großtante Rachel, die damals diese verantwortungsvolle Position bekleidete; jene Rachel, die in Rhodesien dem Charme von Gin Tonic verfallen war. Sie war schnellstens in ihrem verbeulten roten Mini zur Stelle, hatte aber auch schon etliche intus. Dennoch überriss sie sogleich, was passiert war, als sie die Bescherung in Augenschein nahm. »Steh auf!«, schrie sie den Gestrauchelten an. Der Tourist gaffte mit offenem Mund, als die betrunkene Frau den vermeintlich schwerverletzten Mann mit wenigen Griffen auf die Beine brachte und er in Lazarusmanier mit seinen zahmen Tieren im Gefolge blutbesudelt nach Hause radelte.

Die Blutwurst, die aus dem Eimerinhalt hätte entstehen sollen, heißt in Schottland »Schwarzer Pudding«. Zum Frühstück aufgebraten schmeckt das aus Blut, Talg, Haferschrot und Zwiebeln vermanschte Gericht nicht viel besser als gebrutzelter Schorf, es sei denn, er wurde von den Hebridenmetzgern Charles MacLeod oder MacLeod & MacLeod aus Stornoway oder von W. W. Brown aus Aultbea hergestellt, jenem Schlachtermeister, der mich an einem sonnigen Apriltag des Jahres 1978 in seinem Kleinlieferwagen der Marke Morris von Inverness aus über das Hochmoor des Inlandes in meine neue Heimat expediert hatte. Die Produkte dieser Metzger sind qualitätsmäßig einer bayerischen Weißwurst gleichzusetzen, und dass es nichts Besseres als eine original bayerische Weißwurst gibt, sollte jedem deutschen Leser hinlänglich bekannt sein. Zur Feinschmeckerdelikatesse wird die schottische Blutwurst allerdings erst als Unterlage für heiß angebratene Jacobsmuscheln mit einer Soße aus faschierten Erbsen und Minzblättern.

Unser Wikingerhüne Hamish kommt am zehnten Januar zu Besuch, dem alten Neujahrstag. Genau genommen fällt der nach dem vorgregorianischen Kalender auf den zwölften Januar, aber zu genau sollte man solche Dinge nicht nehmen. Hamish kann sich gar nicht genug darüber auslassen, dass Sheileagh minutiös im Bilde ist, wie er Weihnachten und das neue Neujahr verbracht hat. Als ob er nicht selbst eine Ratschkatl erster Ordnung wäre! Mehr ist von diesem Jahreswechsel nicht zu berichten. Ihm folgen endlose Stürme. Im Hafen zerren die Boote an ihren Ankerketten, die Glühbirnen flirren, der Strom fällt aus. Der Wind zischelt tagelang winselnd durch jede Ritze und jede Fuge unseres alten Hauses. Nachts steigert sich das Winseln zu einem Heulen und Jaulen und Grollen wie von vorbeirasenden Expresszügen. Die schweren Schieferschindeln auf dem Dach klappern wie eine tonlose Klaviatur. In der dritten Nacht dreht der Sturm auf Nordwest; seine Böen pfeifen wie aus aufgedrehten Düsen eines Jumbojets. Saugwirbel reißen explosionsartig am ganzen Dach. Der Boden unseres Schlafzimmers zittert. Bäume stürzen um. Nach vier schlaflosen Nächten fühlen wir uns völlig erschlagen.

Am fünften Tag erreicht uns eine schreckliche Nachricht. Neil MacKenzie ist tot. Unser Freund Neil … mir entfährt ein Schluchzen. Neil MacKenzie …

Ich will es nicht glauben. Ich rufe seinen Vater an. Ja, es stimmt. Er ist sehr gefasst. Er ist noch nicht aus dem Schock erwacht. Um halb vier Uhr früh klingelten zwei Polizeibeamte am Haus der Eltern und fragten, ob sie hereinkommen dürften, sie hätten schlimme Neuigkeiten. Neil war einer von drei Bergsteigern, die in einem Couloir des Mount Joffre in der kanadischen Provinz British Columbia sechshundert Meter in die Tiefe stürzten. Alle drei kamen ums Leben.

Ich blicke zum Fenster hinaus und sehe jenseits der Bucht den mächtigen, schneebedeckten An Teallach. Tränen verschleiern meinen Blick, Erinnerungen überfluten mich. Ich sehe uns wieder an jenem Wintertag 2013, als Neil und ich den vereisten Drei-Gipfel-Grat überquerten, eine zwölfstündige Kletterei, er der Führer und ich der Neuling, der die epische Tour unbedingt einmal machen wollte. »Episch« war eines seiner Lieblingswörter, und *wicked* und *boomtown*. Alle beschrieben auf die Neil-MacKenzie-Art etwas, das seine Begeisterung zum Ausdruck brachte. Wenn etwas »rockte«. Dazu gehörte alles, was mit Bergen und Schnee zu tun hatte. Nicht die industrialisierte Variante mit Liften und Urlaubsorten, sondern die Berge in ihrer Urform. Um sechs Uhr früh trafen wir uns an jenem Tag. Auf halbem Weg, bevor wir die Stelle erreichten, an der wir unsere Steigeisen anschnallten und uns anseilten, tauchte die aufgehende Sonne das schroffe, in Eis gefrorene Massiv in ein ockergelbes Morgenlicht, das ich in dieser Tönung so nie wieder gesehen habe. Auf dem ersten Gipfel kreisten drei Steinadler über uns. Den Grat zum zweiten Gipfel, kaum zwei Fuß breit mit einem tiefen Abgrund zu beiden Seiten, hätte ich ohne mein abgrundtiefes Vertrauen in Neil niemals gemeistert. In einem anderen Felsen fanden wir einen völlig veralteten Profilhaken. Er saß bombenfest. Wir beschlossen, der berühmte Bergsteiger Tom Longstaff, der in fortgeschrittenen Jahren unserer mondänen späteren Landlady verfiel, müsse ihn vor vielen Jahrzehnten eingehauen haben. Wir vertrauten ihm unser Leben an. Ein Stück weiter nahm ich am Fuß einer Zinne, die nach einem Lord Berkeley benannt ist, der dort oben sitzend sein Pfeifchen zu schmauchen beliebte und seine Beine über einem vierhundert Meter tiefen Überhang baumeln ließ, allerdings im Sommer, ein Bild von Neil auf, auf dem er sich grinsend umdreht und es dem Lord fast gleichzutun scheint.

Etliche Jahre vorher hatte ich Neil die Verlockung der Hochalpen nahegebracht. Eine Woche lang unternahmen wir von der ziemlich abgelegenen Jenatschhütte in den Graubündener Bergen Gletschertouren. Er nicht mit Skiern, sondern mit einem selbstgebastelten Splitboard. Er überwand die Mängel der Eigenkonstruktion mit unerschöpflicher Energie und nie versiegender guter Laune. Neil war Schotte in Reinkultur, ein Schotte vom Besten, vom Allerbesten. Er war so etwas wie unser dritter Sohn. Seit ihren Internatstagen war er erst mit unserem älteren Sohn, dann mit dem zweiten Sohn und schließlich mit der ganzen Familie befreundet. Er war bei jeder Familienfeier dabei. Er wurde Patenonkel unseres vierjährigen Enkels Seumas. Wenn der von etwas nicht überzeugt war, das sein Vater ihm erklärte, fragte er, ob Neil MacKenzie – er nannte ihn immer beim vollen Namen – das wohl auch so sehe? Neil MacKenzie war sein »bester erwachsener Freund«.

Neil behandelte unser Haus wie sein zweites Zuhause.

Er schleppte Freunde an, die er irgendwo beim Klettern aufgegabelt hatte. Irgendwie brachten wir sie unter, meistens nach einer ausgiebigen Behandlung des keltischen Gebrechens. Die Medizin brachte er selbst mit, eine Flasche Macallan oder Balvenie. Wie oft verwandelte er unsere Küche in ein Kasino für alberne Kartenspiele, wie viele Nächte raubte er uns den Schlaf! Wir liebten ihn inniglich. Neil ist tot …

Er hatte Freunde im ganzen Land, in Europa, in aller Welt. Als sich die Nachricht von seinem Tod ausbreitete, verwandelten sie seine Facebookseite in ein Kondolenzbuch. Jemand postet einen YouTube-Clip eines Runrig-Konzerts im »Jahr der Flut«. Links sieht man die Keltrocker unter einem Zeltdach trommeln und singen, rechts führen Neil und unsere Annabel einen wilden Tanz im Schlamm auf, er in einem von uns ausgeliehenen Mackintosh und sie mit einem Altherrenhut auf dem Kopf. Ich erinnere mich gut, wie sie am nächsten Tag von oben bis unten mit Lehm verschmiert zurückkamen. Auf Siâns Hochzeit wirbelte er Annabel mit seiner Version schottischen Freistiltanzens in die Musikanlage der Band. In Edinburgh verweigerten ihm Türsteher den Zutritt zu Discos, weil sie ihn für volltrunken hielten, selbst wenn er stocknüchtern war. Wenn er sich doch hineinbluffte, drangsalierte er die Discjockeys in null Komma nichts, Runrig oder Phat Beats aufzulegen. Ein Freund erinnert sich, wie er in einer Bar in Österreich mit einer um den nackten Oberkörper gewickelten schottischen Flagge über den Tresen sprang, den jubelnden Einheimischen Bier ausschenkte und dazu aus voller Seele den Runrig-Song *You' ll take the high road and I' ll take the low road …* zum

Besten gab, »ein noch nie dagewesenes Erlebnis für den Wirt«.

Seine Freunde nannten ihn Bell. Oder Eckie, oder Kenzie, oder Bellkenzie. Niemand weiß, wie viele Spitznamen er hatte. Seine Studentenbude in Glasgow firmierte unter dem Namen »Bellodrome«. Mit vollem Namen hieß er Doktor Neil Charles MacKenzie; seinen Doktor hatte er an jenem Roslin-Institut gemacht, das durch das geklonte Schaf Dolly Berühmtheit erlangte. Ich fragte ihn einmal, worüber. Er erklärte mir, was es mit *appearance and modulation of osteocyte marker expression during calcification of vascular smooth muscle cells* auf sich hatte, und vorübergehend bildete ich mir ein, ihn verstanden zu haben, doch wenig später entschlüpfte die Einsicht wieder meinen weniger anspruchsvoll konstruierten Hirnwindungen. Wir eingten uns darauf, dass er schottische Mäuse genetisch modifizierte mit dem Ziel, dass sie eines Tages alle mit dem nationalheiligen Andreaskreuz im Fell herumhuschen würden. Sein letztes Lebensjahr verbrachte er in Vancouver. Jetzt erst erfuhren wir, dass eine amerikanische wissenschaftliche Gesellschaft ihn als vielversprechendsten Nachwuchsforscher des Jahres ausgezeichnet hatte. Er machte nie ein Aufhebens um solche Dinge. Er erwähnte höchstens, dass irgendein Verein ihn nicht für den Volltrottel hielt, den seine Lehrer im Internat in ihm gesehen hätten, und dass er deshalb an einer Konferenz an einem Ort teilnehmen könne, den er sich selbstverständlich nach dem bergsteigerischen Potential der Umgebung ausgesucht hatte.

Eine Woche nach Neils Tod erklettern mein Schwiegersohn James, mein Sohn Jörg, mein treuer Collie Max und ich den winterlichen Ben Mhor Assynt, um unserem Freund auf dem Gipfel mit einem Schluck Whisky Tribut zu zollen. Das Wetter stellt uns auf eine harte Probe. Wolken hüllen den Berg ein, ein eisiger Wind lässt die Temperatur ins Bodenlose stürzen, Hagelkörner stechen wie Nadeln im Gesicht. Im Andenken an Neil geben wir nicht auf. Auf dem Gipfel legt sich Max wie ein sibirischer Husky in den Schnee und hält ein Nickerchen. Wir reichen den Flachmann herum. Als die Reihe an mir ist, steigen mir wieder die Tränen in die Augen. Sie fallen als Eistropfen zu Boden.

Zu Hause gehe ich noch einmal Neils Facebookseite mit den Erinnerungen seiner Freunde durch. Erst jetzt entdecke ich, dass sein letzter Eintrag ein von mir übernommener Text über das *Charlie Hebdo*-Attentat war, der mit den Worten endet, »Jetzt gilt es vor allem, gegen Intoleranz gemeinsame Sache zu machen, insbesondere gegen Intoleranz von Humor. Humor in all seinen Formen ist die beste Art, Dinge ins rechte Licht zu rücken. Humor darf nie zugrunde gehen«.

Neil schrieb darunter: »Du hast nie etwas Wahreres gesagt, Reiner (das meiste, was du sagst, ist Kokolores!).«

Sheileagh